班组安全 100 丛书

违章违纪与操作失误事故分析精编

“班组安全 100 丛书” 编委会　组织编写

中国劳动社会保障出版社

图书在版编目(CIP)数据

违章违纪与操作失误事故分析精编/“班组安全100丛书”编委会组织编写. -- 北京：中国劳动社会保障出版社，2020

(班组安全100丛书)

ISBN 978-7-5167-4576-2

Ⅰ.①违… Ⅱ.①班… Ⅲ.①生产小组-工业企业管理-安全事故-事故分析 Ⅳ.①F406.6

中国版本图书馆CIP数据核字(2020)第122931号

中国劳动社会保障出版社出版发行

(北京市惠新东街1号　邮政编码：100029)

*

北京市艺辉印刷有限公司印刷装订　新华书店经销

880毫米×1230毫米　32开本　8.875印张　207千字

2020年12月第1版　2020年12月第1次印刷

定价：26.00元

读者服务部电话：(010) 64929211/84209101/64921644

营销中心电话：(010) 64962347

出版社网址：http://www.class.com.cn

"班组安全100丛书"编委会

内容简介

在本书中，针对班组员工常见多发的违章违纪和操作失误事故案例，分为七个类别，即违章违纪、着装不正确、缺乏安全生产知识、疏忽大意、违章操作、冒险作业、其他操作引发的事故，通过事故相关情况、事故发生经过、事故原因分析、事故教训和相关知识的层次，对每个事故案例都进行了详细的分析，语言深入浅出、明白畅晓，非常适合班组员工学习。在每个类别事故之后，还有针对性地提出班组应对措施和讨论，以深化班组员工的理解。本书不仅是班组员工的有益读物，也是企业进行班组长培训的优秀教材。

前言

随着科学技术的进步，工业化大生产应用于各行各业，机械、电子设备的广泛使用极大地提高了劳动生产率，也使工作环境日益得到改善。然而，工业化也带来了由于工作环境越来越复杂所产生的安全问题，要么不发生事故，要么会发生更加严重的事故。因此，生产方式的进步对作业人员安全意识的提高和安全习惯的养成提出了更高的要求。

俗话说“安全不安全，自己管一半”。有些伤害是操作者本人引发的事故造成的，有些伤害是他人引发的事故造成的。因此，管住自己违章的“手”，就能有效地减少事故的发生，在减少由此给自己带来的伤害的同时，也减少对别人的伤害。如果每个人都能做到这一点，事故的发生率就会大大降低。另外，如果掌握了充分的安全知识和应急避害技能，即使遇到了事故，人们也能有效地采取合理的措施，减少甚至避免伤害的发生。从这个角度讲，“安全不安全，自己管一半”可以改为“安全不安全，自己说了算”。

大量事实表明，许多刚参加工作的人员非常重视工作技能的学习，但却忽视了安全知识的掌握，非得经历一次事故才能真正明白安全生产的重要性。但是，一次安全生产事故有可能导致非常严重的后果，甚至使人遗憾终身。因此，企业一定要贯彻“安全第一、预防为主、综合治理”的方针，督促员工学习安全生产知识和技能，养成遵章守纪、不随意妄为的良好习惯，确保安全生产，从而保障企业、员工的切身利益。

“班组安全 100 丛书”以案例的形式，从事故预防的角度教育企业负责人和作业人员，从以往发生的事故中吸取教训，从而提高安全生产意识，以免重蹈事故伤害的覆辙。

“班组安全 100 丛书”共有十三个分册，分别是：

《班组安全管理经验和方法精编》《违章违纪与操作失误事故分析精编》《危险作业现场隐患事故分析精编》《设备设施潜在隐患事故分析精编》《生产班组亲历事故教训精编》《机械制造企业班组安全生产事故分析精编》《冶金企业班组安全生产事故分析精编》《矿山企业班组安全生产事故分析精编》《道路交通运输企业班组安全生产事故分析精编》《化工企业班组安全生产事故分析精编》《建筑企业班组安全生产事故分析精编》《企业负责人安全生产责任分析与事故预防精编》《企业管理人员安全生产责任分析与事故预防精编》。

丛书案例均选自真实发生的生产事故，有的还来自当事人的自述，按照企业培训和员工自学的使用要求进行分类，经过精心编排，具有很重要的参考意义，适合企业对员工的安全生产培训，有助于员工安全生产意识的提高。

编者

2020 年 12 月

目录

CONTENTS

一、违章违纪引发的事故/1

四、疏忽大意引发的事故/78

五、违章操作引发的事故/125

六、冒险作业引发的事故/184

七、其他操作引发的事故/228

一、违章违纪引发的事故

古人云："没有规矩，不成方圆。"对于生产企业，劳动纪律和规章制度是维持企业正常生产经营的需要，也是保障人员安全、设备安全、财产安全的需要。对于劳动者，遵守劳动纪律和规章制度是自己的职责和义务，在维护企业安全、有序运行的同时，也保护自己和他人的安全和健康。违反劳动纪律和规章制度的行为，不仅要受到相应处罚，甚至会被追究法律责任。

1. 作业人员违规在厌氧罐顶吸烟导致爆炸事故

2016年1月15日12时40分，杭州萧山某养殖公司（本案例以下简称养殖公司）发生一起爆炸事故，造成2人死亡、1人轻伤，直接经济损失167万元。

（1）事故相关情况

养殖公司经营范围：种猪繁殖，生猪养殖。该公司有员工100多人，其中管理人员有20人。

2015年10月，养殖公司实施沼气利用及污水处理二期工程（一期工程于2013年2月投入使用)，由某环保公司（本案例以下简称环保公司）负责施工图设计、设备安装工作，项目总投资为633万元，污水处理后，出水达到国家污水综合排放一级标准。该二期工程主要建设项目有：集水池、酸化池、进料配水池、竖流式沉淀池以及厌氧罐、双膜储气柜等。事故发生前，主体工程基本完工。发生爆炸的3号厌氧罐高12 m、直径12.99 m、容积1 500 m^3，主壁采用5~8 mm厚的搪瓷钢板拼接方式（使用密封胶密封）、使用角钢加固，外层为10~12 mm厚的聚四氟乙烯保温板，表层为彩钢板铆接。罐顶中心设有沼气导出口，侧边设有溢流口，均有安全水封装置。2016年1月13日，厌氧罐体、管道及保温层基本施工完毕，沼气导出口管道已安装完成，阀门呈关闭状态。1月14日，作业人员对3号厌氧罐顶保温层工艺孔进行修补（打孔、铆接)，当日14时，开始向3号厌氧罐内阶段性进料（主要是具有厌氧活性污泥成分的污水)，至事故发生时罐内污水约为330 m^3（液位约为2.5 m)。1月15日中午，罐顶保温层修补完毕后开始清扫工作，此时，沼气导出口和物料溢流口水封装置均未进行水封，罐内外气体直接相通。

（2）事故发生经过

1月15日12时30分，环保公司项目负责人周某某，安排韩某伟、武某某2人到3号厌氧罐顶做清扫工作，安排刘某、王某某、韩某峰、左某飞和左某伟5人到2号厌氧罐顶（距3号厌氧罐2 m左右）进行打铆钉及清扫工作，左某刚、周某某、贾某某3人到竖流式沉淀池刷油漆，3个厌氧罐同时继续进料。

12时40分，3号厌氧罐突然发生爆炸，罐顶（约2 t）向西南方向飞出30 m左右后落下，在罐顶作业的韩某伟被甩到罐顶西南方向10 m左右的河面上，武某某被甩到罐顶东南方向10 m左右的河面上，2人相距15 m左右。2号厌氧罐顶的5人，左某伟昏厥、腿部骨折，被其他4人抬下厌氧罐，韩某峰脸部轻伤。周某某从距离厌氧罐50 m左右的地方跑过来，查看情况后立即安排车辆将伤者送往医院，并继续寻找韩某伟、武某某，同时拨打“120”急救电话。现场其他人员寻找到韩某伟、武某某2人后，把2人救上岸，120救护车到达现场后，将2人送往医院进行抢救，但是2人因伤势过重经抢救无效死亡。

（3）事故原因分析

1）直接原因

环保公司违反工程施工组织方案，在厌氧罐体施工未完成全部安装、未投入使用的情况下向罐内进料，导致污水发酵产生的沼气（主要成分为甲烷）与厌氧罐内部空气混合，形成爆炸性混合气体，从沼气导出口水封装置不断向罐顶泄漏。在进料的同时，在罐顶作业的韩某伟违规在罐顶吸烟形成点火源，引发爆炸，产生巨大能量将罐顶掀飞。致使韩某伟、武某某两人随同罐顶飞出，从高处坠落至水面，经抢救无效死亡。

2）间接原因

①环保公司施工组织管理不到位。该公司未严格按照工程施工组织设计和施工组织方案开展罐体安装工作，在厌氧罐体施工未完成全部安装、未投入使用的情况下就安排作业人员进行作业，形成了边运行、边施工的交叉作业环境。

②环保公司对施工现场安全管理不到位。施工现场管理只有项目负责人周某某一人，同时担负现场施工的安全管理，未配备专职安全管理人员，未能有效进行安全监管；施工作业前该公司只交代工作任务和施工注意事项，没有讲明施工现场存在的事故隐患，也没有采取检查现场火种等措施，未发现作业人员携带火种上罐进行施工的违章行为。

③环保公司员工的安全教育不到位。该公司未对新员工进行岗前

安全教育，现场作业人员中，韩某伟等 3 人于 1 月 14 日直接到工地上岗，未进行任何安全教育，致使员工缺乏基本的安全意识和安全生产知识；作业前未进行施工现场安全技术交底，未告知作业人员厌氧罐内的气体为易燃气体，遇火源后可能发生爆炸，致使作业人员对现场吸烟可能引发爆炸的危险性认知不足。

④环保公司管理及作业人员安全意识不到位。该公司管理人员对危险、有害因素辨识能力不足，公司总经理、总工程师、工程部经理（兼安全员）及项目负责人都知道厌氧罐进料后产生的沼气具有爆炸危险性，但均认为动火作业完毕后就可以进料，致使管理层从上到下违章指挥，违反施工组织方案、简化施工程序；作业人员安全意识薄弱，对施工组织方案和工程安装操作规程不理解、不掌握，导致未拒绝现场管理人员的违章指挥，在有沼气产生的罐体顶部进行作业，并违规使用明火。

（4）事故教训和相关知识

吸烟不仅危害健康，还可能引发火灾。据相关资料统计，我国每年的火灾中有 10% 以上系吸烟引发。据北京、上海、江苏等省市统计，因吸烟引发的火灾占 10%～20%，在各种火灾原因中居第三位。吸烟引发火灾的形式多种多样，其中最为惨烈的事故案例，是 1994 年 11 月 27 日发生的辽宁省阜新市某歌舞厅特别重大火灾事故，造成 233 人死亡、16 人受伤。经调查，火灾发生的直接原因是该歌舞厅员工邢某某用卷着的报纸燃火点烟，随手将未熄灭的报纸扔进沙发的破损洞内，引燃沙发导致该歌舞厅起火。

因此，企业应对员工在工作中吸烟进行严格管理，如凡是吸烟者一律到企业指定的吸烟点吸烟，吸烟点要有明显标志，并注明“吸烟点”字样。吸烟点要有盛装烟蒂的器具，其器具应使用耐火材料，并按时清洁。在吸烟点吸烟必须注意防火，不准将易燃易爆物带入吸烟点。当附近有易燃易爆作业时应立即停止吸烟。一般不得在吸烟点附近装卸危险化学品，如必须作业，要在作业现场安排监护人，告知相关人员禁止在附近吸烟。凡是不听劝阻的人员，一律按照违反企业规章制度进行处罚。

吸烟完毕后，烟头必须放在装烟灰的器具里，不准将烟头扔在地面或者草地等处。除吸烟点以外的任何区域严禁吸烟。

任何部门和人员不准以任何理由设置吸烟点。凡是不在企业指定吸烟点内吸烟的人员均视为违反规章制度。

事故企业应认真吸取本次事故教训，建立、健全各项规章制度，认真落实安全生产责任制，进一步落实施工现场的安全监管职责；加强施工现场的安全检查，督促施工单位按照施工组织方案施工，对施工现场发现的事故隐患，要及时通知施工单位立即整改。事故企业应认真分析这起事故的原因，切实落实安全生产责任制，加强施工现场安全管理和日常检查，做好施工现场安全技术交底工作；科学编制施工组织方案，严格按照施工组织方案进行施工，防止此类事故再次发生，确保安全生产。

此外，事故企业还应加强对作业人员的安全教育，提高作业人员的安全意识，使作业人员充分认识到在危险环境吸烟的危害，提高遵章守纪的自觉性。

2. 新员工饮酒后操作搅拌车导致机械伤害事故

2010 年 12 月 22 日 15 时左右，北京某养殖中心的一名新员工在向搅拌车内添加酒糟的过程中，发生一起机械伤害事故，造成 1 人死亡。

（1）事故相关情况

该养殖中心主要业务为养殖奶牛，在职员工共 60 人。

（2）事故发生经过

丁某某于 2010 年 11 月 25 日到该养殖中心工作，主要负责给奶牛加工饲料。

2010 年 12 月 22 日，丁某某中午吃饭时饮了酒，15 时左右到该养殖中心饲料加工车间作业，与同事赵某某共同操作全混日粮搅拌车（本案例以下简称搅拌车）加工饲料。丁某某将袋装酒糟打开口后直接倒进搅拌车的入口，在倒时发现装酒糟的包装物一同被倒了进去，在忙乱之中，丁某某想直接用手将异物拽出，结果被搅拌车顺势将其右臂卷入。与丁某某一同作业的赵某某听到丁某某的叫声后迅速切断搅拌车的电源，并立即喊人进行救援，此时丁某某的右侧上半身已经被卷入搅拌车。事故发生后，赵某某立即通知该养殖中心负责人并及时拨打“120”急救电话。大约半个小时后，抢救人员将丁某某从搅拌车内拖出，经医护人员确认，丁某某已经死亡。

（3）事故原因分析

1）直接原因

丁某某违反劳动纪律在工作期间饮酒，并且直接将袋装酒糟倒入搅拌车，属于违章操作，是造成事故的直接原因。

2）间接原因

①该养殖中心未严格落实安全生产责任制，对作业现场的安全生产工作监督检查不到位，未及时消除丁某某酒后上岗作业并违章操作的事故隐患。

②该养殖中心对员工的安全教育培训落实不到位。对于新员工，没有进行有针对性的岗前安全教育培训，没有告知其作业时重要的安全注意事项，也没有严格要求其遵章守纪，禁止酒后作业。

（4）事故教训和相关知识

这起事故的发生，与饮酒存在一定的关系。酒的主要成分是酒精，化学名为乙醇。乙醇进入人体，会产生多方面的破坏作用。一是血液中的乙醇浓度达到0.05%时，人会出现兴奋和愉悦感；当血液中的乙醇浓度达到0.1%时，人会失去自制能力；当血液中的乙醇浓度达到0.2%时，人通常会酩酊大醉；当血液中的乙醇浓度达到0.4%时，人就会失去知觉，昏迷不醒，甚至有生命危险。二是酒精对人的损害，最重要的是中枢神经系统，酒精能够使神经系统从极度兴奋到高度抑制，严重破坏神经系统的正常功能。过量饮酒还会损害肝脏。

由于饮酒后会对人的行为产生不良影响，所以企业都会明确规定上班前、上班期间不准饮酒，饮酒后不准上岗作业。因饮酒发生事故的情况也很多，有位建筑工人，饮酒后进行高处作业，而且不听管理人员的劝告，没有佩戴安全带，结果从8 m高的架子上掉下来造成重伤。

从事机械设备作业的操作人员，易造成碰撞、夹击、剪切、卷入等多种伤害，特别是旋转部件和运动部件，会对人直接造成危害。因此，生产经营单位要落实安全生产责任，建立、健全安全管理制度和安全操作规程，同时要加强对操作人员的安全教育培训，遵守安全操作规程，严格劳动纪律，严禁酒后上岗作业，预防此类事故再次发生。

3. 醉酒后驾驶小汽车超速行驶追尾事故

2017年2月20日0时05分，广州市某路段发生一起小汽车追尾一辆重型半挂牵引车的较大道路交通事故，造成3人死亡，直接经济损失约41.1万元。

(1) 事故相关情况

发生事故的小汽车，核载5人，事发时实载3人，车辆质检合格。该车登记车主：耿某某，实际使用人：沙某某。

事发路段为双向六车道，中心绿化隔离带分离，单车道宽 3 m，有标志标线，限速 60 km/h。当日天气为阴天，地面湿滑，事发时为夜晚，道路平直，视线一般。

（2）事故发生经过

2017 年 2 月 19 日 18 时左右，卢某某与两位同事沙某某、岳某某在他家里吃饭、喝酒。喝完酒后，3 人一起驾车外出。

2 月 20 日凌晨 0 时 05 分，醉酒（事发时血液中酒精含量：288.5 mg/100 ml）的沙某某超速（车速 75.37 km/h）驾驶小汽车（车上乘坐的有卢某某和岳某某），在事发路段，追尾临时停车的由艾某某驾驶的重型半挂牵引车，造成小汽车驾驶员沙某某及乘客岳某某当场死亡，另一名乘客卢某某受重伤，经医院抢救无效于当日死亡。

事发前，该重型半挂牵引车根据广州某物流有限公司的安排，运输一车屈臣氏蒸馏水的货物（装载蒸馏水的货箱超长 185 cm、超宽 17 cm、车辆超载 41%），准备前往珠海，司机艾某某因事在事发路段临时停车。

（3）事故原因分析

1）直接原因

①沙某某醉酒后驾驶小汽车上路超速行驶，是造成此次事故的主要原因。

②艾某某驾驶载物超长、超宽、超载的重型半挂牵引车在机动车道上临时停车，妨碍其他车辆通行，是造成此次事故的次要原因。

2）间接原因

①沙某某法制观念淡薄，无视法律、法规的相关规定，饮酒后驾驶机动车，而且超速行驶，乘车人对沙某某饮酒后驾驶机动车的违法

行为未进行劝阻和制止。

②广东某物流有限公司对公司所属车辆排查不彻底，对事故重型半挂牵引车长期超长、超宽的违章行为不进行纠正。

（4）事故教训和相关知识

在这起事故中，驾驶员无视法律、法规的相关规定，饮酒后驾驶机动车，而且达到醉酒程度（事发时血液中酒精含量：288.5 mg/100 ml）。按照有关规定，车辆驾驶人员血液中的酒精含量大于或者等于 80 mg/100 ml 为醉酒后驾驶机动车，应处吊销机动车驾驶证，依法追究刑事责任，五年内不得重新取得机动车驾驶证。

在醉酒的状态下驾驶机动车，由于酒精的刺激作用，会使人大脑思维能力受到阻碍，完全丧失或部分丧失个人意志，而且还会导致意识不清、精神恍惚，易发生交通事故。

相关部门要加强对广大群众，特别是机动车驾驶员的交通安全教育，充分利用辖区服务区及收费站进行交通安全知识宣传，组织媒体曝光相关案例，切实增强广大群众交通安全意识。通过本案例，进一步警醒驾驶员“珍惜生命，开车不饮酒、饮酒不开车”，以及切勿超速、超载驾驶车辆。

4. 饮酒后夜间驾驶货车与小汽车路口相撞事故

2016 年 3 月 1 日 2 时 15 分，广东省阳江市阳西县 G325 国道某村路口处发生一起重型半挂牵引车与小汽车碰撞的较大道路交通事故，造成 5 人死亡，直接经济损失约 320 万元。

（1）事故相关情况

发生事故的小汽车，车主为陈某某，核载 5 人，实载 5 人。驾驶员为沙某某，男，20 岁，驾驶证在有效期内。事发后经血液检验，血液中酒精含量52.2 mg/100 ml，属于酒后驾驶。

事故发生时间为2时15分，事发路段为交叉路口，道路平直、干燥，道路双向宽度为16 m，单向两车道，每车道宽4 m，有路口标志和分道标线，该路段设置有限速80 km/h的标志牌。通往某村的道路无标志、标线。当日天气晴朗，无路灯照明，能见度较差。

（2）事故发生经过

3月1日2时15分，沙某某驾驶小汽车（未悬挂机动车号牌）搭载4人沿G325国道从湛江往广州方向行驶，行至阳西县某村路口处时，遇温某某驾驶重型半挂牵引车从小汽车行向的右侧左转弯驶出，两车发生碰撞，造成小汽车驾驶员沙某某及4名乘客当场死亡。

（3）事故原因分析

1）直接原因

①驾驶员沙某某交通安全意识淡薄，驾驶小汽车未按规定悬挂机动车号牌，饮酒后驾驶车辆超过限速标志标明的最高时速行驶，是导致事故发生的直接原因之一。

②驾驶员温某某交通安全意识淡薄，驾驶安全设施不全和机件不符合技术标准的重型半挂牵引车，该车辆载物超过核定载质量，在通过没有交通信号灯控制也没有交通警察指挥的交叉路口，转弯时未让直行的车辆先行，是导致事故发生的直接原因之二。

2）间接原因

①使用货运机动车的公司未认真落实企业安全生产主体责任，未按规定履行货运源头企业安全管理职责，未建立货物装载工作制度，未明确货物装载、开票、计重工作人员职责，未对经营性货物运输车辆道路运输证和驾驶员从业资格证等有关信息进行登记，对重型半挂牵引车违规装载并放行。

②相关交通管理部门监督管理职责落实不到位，未采取有效措施

督促货运源头企业签订“货运安全责任书”；对货运源头企业建立、执行货物装载工作制度监督检查不到位。

③道路交通安全管理不到位，道路交通安全工作机构不全、人员职责不清，对辖区内道路交通事故隐患排查治理工作不到位，未采取有效措施完善事故发生路段交通信号灯、交通标志、标线等交通安全设施。

④当地车辆管理所车辆年审查验工作不规范、把关不严，为存在问题的重型半挂牵引车违规通过查验。

（4）事故教训和相关知识

近些年来通过广泛宣传“饮酒不开车，开车不饮酒”的驾车理念已逐渐深入人心，成为人们的共识。

酒精对人体有麻醉作用，饮酒后大脑中枢神经活动会变得迟钝，影响人的精神状态，使人的思维、感知和注意力及情感等心理活动都会出现异常状态。酒后驾车会导致驾驶员的思考判断能力发生障碍，手脚活动迟缓，注意力降低，视觉、触觉反应变差。这起事故的发生，与驾驶员酒后驾车有直接的关系。

为吸取本次事故教训，要加强道路交通安全宣传教育。各地、各有关单位要坚持宣传先行的原则，通过印发宣传单、海报等方式，通过广播、电视、新媒体等多种手段，结合“安全生产月”活动，进一步加强道路交通安全宣传教育，提升广大人民群众的道路交通安全意识。同时还要加大重点路段道路交通安全整治。各有关部门要加强对辖区内道路交通安全形势的研判，确定重点路段，加大道路交通安全隐患排查整治力度；加强重点路段、重点时段交通安全巡逻管控，维护交通安全秩序。

5. 酒后驾车致使车辆倾翻落入基坑事故

2012 年 6 月 20 日 2 时左右，河南某施工单位负责某轻轨工程的建设，该施工单位的一名驾驶员在饮酒后驾驶已装满土的自卸汽车向弃土场行驶，与对面驶来的另一辆自卸汽车会车时发生侧翻，落入基坑中，造成 1 人死亡。

（1）事故发生经过

2012 年 6 月，该施工单位负责某轻轨工程的建设，由于工期紧张，在基础承台基坑开挖作业时，项目部安排用 2 台挖掘机开挖装土，8 辆自卸汽车运输，日夜不间断施工。6 月 20 日 2 时左右，王某驾驶已装满土的自卸汽车向弃土场行驶，与对面驶来的另一辆自卸汽车会车时，由于夜间施工现场视线不好，施工便道较窄，王某驾驶的自卸汽车侧翻落入已经挖好的约 4 m 深的基坑中，车辆严重变形，王某因抢救无效死亡。

经调查，王某现年 40 岁，身体健康，有近 20 年的驾龄，平时爱喝酒，事发前有少量饮酒。现场临近基坑设置的施工便道较窄，但可以容许 2 辆自卸汽车同时通过。通过现场勘查发现，共有 8 个基坑，采用木棍和线绳作为防护措施，夜间施工现场灯光昏暗。基坑土质较好，按照 1 : 0.5 的放坡系数放坡开挖，车辆侧翻处基坑边缘未出现较明显的坍塌。基础承台施工前，该施工单位已将基坑开挖施工方案及安全防护措施报有关单位审批备案。

（2）事故原因分析

1）直接原因

该施工单位虽然向有关单位上报了基坑施工的安全防护措施，但并未按照措施要求落实，基坑周围安全防护措施不到位；夜间施工未增设反光标志、安全警示灯和安全监管人员；夜间施工现场灯光不明；驾驶员王某酒后驾车，意识不清，缺乏有效判断。

2）间接原因

①该施工单位安全生产责任落实不到位，安全保障体系和制度不健全，安全管理混乱，安全防范意识淡薄。

②该施工单位安全监督检查不到位，没有及时发现现场作业人员饮酒后驾驶车辆，也没有及时消除施工便道存在的事故隐患。

③该施工单位各项安全生产规章制度落实不严格、不到位，对饮酒后上岗作业处罚不严，姑息迁就。

（3）事故教训和相关知识

统计资料表明，酒后开车肇事的占交通事故的4%以上，死亡人数约占10%。其主要原因是酒精影响人的心理和生理器官，尤其是大脑。因此，严禁驾驶员酒后开车是安全行车有力的措施和保证。

引发这起事故的原因，除了驾驶员酒后开车之外，还有施工道路安全的问题。施工便道应尽量远离基坑边缘，由于现场限制无法远离时要增设支护设施。如在事故施工现场虽然土质情况良好，基坑并未发生坍塌，但由于与施工便道紧邻，施工重载车辆往来，应在临便道一侧增设支护设施，如钢板桩、型钢桩、钢管桩等。要充分考虑到水的影响，在基坑边缘外围设置排水边沟，当地下水位较高时，应增加降水装置。夜间施工时，应增加必要的照明设施。在已挖好的基坑周围，应按要求设置防护栏杆，护栏周围悬挂“禁止翻越”“当心坠落”等禁止、警告标志。临便道一侧护栏应粘贴反光膜，设置红色警示灯。

6. 酒后驾车、超载行驶连续碰撞前方车辆事故

2013年12月8日，成自泸高速公路眉山市某县境内发生一起17

车相撞的较大道路交通事故，造成 7 人死亡、23 人受伤，直接经济损失约 500 万元。

（1）事故发生经过

2013 年 12 月 8 日 9 时左右，成都某物流有限公司的驾驶员王某驾驶重型半挂牵引车牵引罐式挂车在宜宾某粉煤灰开发有限公司装载 31. 71 t 粉煤灰。9 时 45 分，该车通过宜宾市公路路政管理支队设立于南广公路的超限超载检测站，经检测车货总质量为 55. 05 t，符合检测标准和误差范围，被登记放行。11 时左右，该车到达宜宾市翠屏区象鼻街道办事处方水村 6 组土地堂附近，在何某所开设的粉煤灰加注点再次向罐式挂车加注粉煤灰约 40 t（经事故后计量，粉煤灰质量为 73. 98 t，严重超载）。12 时 09 分，该车通过宜宾北收费站进入内宜高速公路。13 时左右，王某在服务区吃饭时喝了约 2 两白酒，然后让其儿子驾驶该车转成自泸高速公路往成都方向行驶，自己在车上睡觉。在距离事故现场约 10 km 的地方，王某睡醒后重新驾驶货车。

当日 15 时左右，一辆小型轿车因单车事故侧翻于成自泸高速公路 95 km 处的应急车道上。15 时 20 分，四川高速交警某支队民警带领协警到达事故现场处置，在距后方来车方向 300 m 以内设置了锥形桶警示标志，在 300~500 m 分别放置有“前方事故”“限速 40 km”等安全提示牌，协警李某某和管护人员唐某一起通过手势指挥途经车辆缓慢通行。

15 时 50 分，王某驾驶的车辆行驶至距离小型轿车事故发生点约 400~500 m 时，就已经发现警示标志，但未采取减速行驶措施。在距离事发地点约 100 m 时，王某才采取紧急制动措施，致使所驾车辆连续碰撞前方正在缓慢行驶的其他车辆，并起火燃烧。

（2）事故原因分析

1）直接原因

王某饮酒后驾驶不符合国家安全技术标准的机动车上路行驶且严重超载，在行驶中因操作失误，致使所驾车辆连续碰撞前方其他车辆。

2）间接原因

①事故货车所属公司未认真履行安全生产主体责任，未健全并落实该企业的安全管理制度，未按规定对驾驶员进行安全教育培训，致使驾驶员安全意识淡薄，饮酒后驾驶机动车上路行驶。

②该公司未按规定落实车辆二级维护工作，并违规购买伪造的机动车二级维护竣工出厂合格证应付相关监管部门的检查，致使不符合国家安全技术标准的重型半挂牵引车上路行驶且严重超载，车辆制动性能降低。

③该公司安全管理不严，检查不够，对重型半挂牵引车的超载行为失察。

（3）事故教训和相关知识

饮酒后驾驶机动车是一种危害极大的行为，不仅会对自己造成伤害，还会对其他人造成伤害，属于法律、法规明确禁止的行为。《中华人民共和国道路交通安全法》第九十一条明确规定：

饮酒后驾驶机动车的，处暂扣六个月机动车驾驶证，并处一千元以上二千元以下罚款。因饮酒后驾驶机动车被处罚，再次饮酒后驾驶机动车的，处十日以下拘留，并处一千元以上二千元以下罚款，吊销机动车驾驶证。

醉酒驾驶机动车的，由公安机关交通管理部门约束至酒醒，吊销机动车驾驶证，依法追究刑事责任；五年内不得重新取得机动车驾驶证。

饮酒后驾驶营运机动车的，处十五日拘留，并处五千元罚款，吊销机动车驾驶证，五年内不得重新取得机动车驾驶证。

醉酒驾驶营运机动车的，由公安机关交通管理部门约束至酒醒，吊销机动车驾驶证，依法追究刑事责任；十年内不得重新取得机动车驾驶证，重新取得机动车驾驶证后，不得驾驶营运机动车。

饮酒后或者醉酒驾驶机动车发生重大交通事故，构成犯罪的，依法追究刑事责任，并由公安机关交通管理部门吊销机动车驾驶证，终生不得重新取得机动车驾驶证。

道路交通管理部门应加强对驾驶员的安全教育，提高驾驶员的安全意识；还应运用多种形式开展交通安全警示教育，提高驾驶员的交通安全意识，做到警钟长鸣。此外，道路交通管理部门应积极加大对辖区主次干道、事故多发路段交通安全隐患的排查与治理，严格各大队夜间勤务的落实，强化夜间路面的巡逻密度，夜间不定期、不定时、不定点在辖区设点查车，持之以恒，继续加大力度严查严处酒后驾驶、超速驾车、货车超长超载和车辆乱停乱放等交通违法行为的打击力度，减少交通事故发生率。

7. 擅自离开工作岗位跨越水泥输送管线导致机械伤害事故

2010 年 5 月 28 日 4 时 50 分，北京市房山区某水泥厂（本案例以下简称水泥厂），在生产中水泥输送管线发生堵塞，1 名员工在跨越水泥输送管线时发生一起机械伤害事故，造成 1 人死亡。

（1）事故相关情况

水泥厂主要从事水泥生产，现有员工 300 余人。

（2）事故发生经过

5 月 28 日 4 时 50 分，水泥厂包装工李某，在水泥输送管线发生堵塞，包装线停止工作后，擅自离开工作岗位，串岗至水泥输送工段。由于水泥输送工段水泥灰堵塞，水泥灰将2号水泥输送管线的观察口掩盖顶开，李某在跨越水泥输送管线时，右脚踩进观察口，右腿被水泥输送铰刀铰伤。在2号上料口正在关闭阀门的丁某发现后，立即通知操作工王某切断水泥输送铰刀电源，随后向厂领导报告，厂领导立即组织现场工作人员进行救援，并拨打“120”急救电话。李某在被送往医院时，因失血过多经抢救无效死亡。

（3）事故原因分析

1）直接原因

李某作为水泥厂包装工，在包装线停止工作后，违反该厂规定，擅自离开工作岗位，串岗至水泥输送工段过程中跨越水泥输送管线，是造成此次事故的直接原因。

2）间接原因

①水泥厂虽然制定了相关安全管理制度，并建立了岗位责任制，但水泥厂内部安全管理机制不完善，安全管理不严格，对员工的违章违纪行为未能有效制止。

②水泥厂对作业人员的安全教育培训不落实，没有增强作业人员的安全意识，没有抓好作业人员遵章守纪的安全教育。

（4）事故教训和相关知识

在这起事故中的水泥输送管线，是胶带输送机（又称皮带输送机），输送带根据摩擦传动原理运动，适用于输送粉状、粒状、小块状的物料及袋装物料，如煤、碎石、沙土、水泥、化肥、粮食等，应用十分普遍。

胶带输送机在开机前须检查传动装置是否正常，轴瓦、滚轮是否松动，胶带上有无工具杂物，安全防护是否牢固，各润滑系统是否有足够的油量。开机后，将卸料车开到放料仓位，停机前必须把胶带上的物料卸完，停机后须做好清扫工作。

在胶带输送机运转过程中，作业人员不能擅自离开工作岗位，需要时刻注意输送带的运转情况，有异常情况要及时处理。如果需要临时办理其他事情，可以停机，机器运转时作业人员必须在岗。

在这起事故中，由于作业人员安全意识淡薄，擅自离开工作岗位导致生产安全责任事故。对此，事故企业应从事故中认真吸取教训，做好对作业人员的安全教育培训，增强作业人员安全意识，提高安全操作技能。同时事故企业要建立、健全安全管理制度和岗位责任制，完善企业内部安全监管机制，及时制止作业人员的违章违纪行为。

8. 擅自离开操作台导致伤害事故

2014 年 8 月 7 日 5 时左右，河北省廊坊市某钢铁公司（本案例以下简称钢铁公司）球团厂出料皮带输送机卡料，在排除故障的过程中，作业人员在操作料车上行输料时，钢丝绳突然断绳，料车将正在底部清料的 3 名作业人员撞倒，并被球团料不同程度掩埋，造成 2 人死亡、1 人受伤。

（1）事故相关情况

钢铁公司成立于 2001 年 12 月 25 日，下设 12 个分厂，现有员工 3 000 人。

（2）事故发生经过

8 月 7 日 5 时左右，球团厂出料皮带输送机出现卡料，导致料仓不能正常排料，改由链板输送机出料生产。球团厂值班主任张某安通知代理班长徐某某组织作业人员清理东侧卷扬机斜坡底部散落的球团料，徐某某安排成品工张某民、樊某某、曹某某进行清理。5 时 10 分，东侧料车装载了半车成品球团准备上行，因卷扬工侯某某、王某某前去清理设备余料未在操作室，徐某某便违章操作卷扬机开始上行输料。在提升过程中，他擅自离开操作台，走到卷扬机操作室门口观察底部清料情况。当料车运行至门轮轨道处，钢丝绳突然断绳，料车失去控制后沿轨道斜坡跑车，将正在底部清料的张某民、樊某某和曹某某撞倒，并被球团料不同程度掩埋。

事故发生后，钢铁公司立即组织了救援，先后将 3 人救出，6 时 15 分，救护车将 3 人送往医院救治。曹某某受轻伤，樊某某、张某民经抢救无效死亡。

（3）事故原因分析

1）直接原因

徐某某违章操作卷扬机，在机器运行过程中，擅自离开操作台，致使料车遇到异常情况时不能及时停车，导致钢丝绳突然断绳跑车而发生事故。

2）间接原因

①钢铁公司安全管理不到位，安全管理人员未认真履行安全管理职责，对现场作业人员违章作业行为没有及时发现并制止。

②钢铁公司对作业人员安全教育培训不到位，致使作业人员安全意识淡薄，对违规作业过程中存在的危险、有害因素没有足够认识。

③钢铁公司对作业区域安全设施管理不到位，卷扬机操作台未设置紧急停车装置和电流表，未设置提升信号系统，设备在运行过程中不能及时发现异常情况和切断控制系统。

（4）事故教训和相关知识

作业人员在工作期间不能擅自脱离工作岗位，否则容易导致事故发生。在这起事故中，就是因为卷扬机操作人员擅自离开操作台，致使料车遇到异常情况不能及时停车，导致钢丝绳突然断绳跑车而发生事故。

作为企业员工，要认真学习和严格执行各项安全生产规章制度和操作规程，必须做到：①了解本岗位机械设备的性能、安全上的薄弱环节及发生意外情况时应采取的防范措施。②知道本人应遵守的各项安全生产规章制度和安全职责，并能熟练地操作。③知道本单位、本岗位的安全生产特点，能正确处理安全与生产的关系，提高安全生产的自觉性。

对于企业来讲，要加强对员工日常的安全教育，提高员工的安全意识，使其认识到生产过程中的危险性和危害性。

9. 当班水解工擅自离岗导致锅炉爆炸事故

2018 年 6 月 18 日 10 时 50 分，吉林省长春市某糠醛有限公司（本案例以下简称糠醛公司）发生一起爆炸事故，造成 3 人死亡、3 人受伤，直接经济损失约 600 万元。

（1）事故相关情况

糠醛公司成立于 2004 年，主要经营玉米糠醛化工生产。该公司采用的是国内常用的以硫酸为催化剂的直接法间歇式的生产工艺流程，主要是以玉米芯为原料，加入定量催化剂（5%的稀硫酸），经加温、加压，使原料中的戊聚糖水解成戊糖，经脱水、分离出粗醛，然后再经过中和、蒸馏最终得到产品糠醛。

（2）事故发生经过

6 月 18 日 9 时 30 分，10 号水解锅装料封罐完成，同时蒸汽阀开启进行水解，计划在 10 时 20 分开启蒸汽出口阀排气。10 时 50 分，一名工作人员发现 10 号水解锅下部冒出黑烟，于是就边往车间外跑边用对讲机喊话，但对讲机无人应答，当他跑到水解车间门口处时，10 号水解锅发生爆炸，爆炸导致水解车间部分楼体瞬间倒塌。

（3）事故原因分析

1）直接原因

该公司糠醛生产线12台水解锅设计压力为0.84 MPa，最高工作压力为0.8 MPa，通过调取事故发生前9天的锅炉运行记录，显示锅炉运行压力一直在0.85~1.2 MPa，由于锅炉分气缸未按设计要求安装安全阀，造成水解锅经常处于超压运行状态；事发时当班水解工擅自离岗，未在规定时间开启蒸汽出口阀，从而导致10号水解锅运行压力不断升高，超过承受极限，发生爆炸。

2）间接原因

①糠醛公司未落实企业安全生产主体责任，违法建设经营，未履行“三同时”（安全设施与主体工程同时设计、同时安装、同时投入生产和使用）相关手续，私自组织试生产活动。

②糠醛公司私自加装4台水解锅，锅炉分气缸未按设计要求安装安全阀。该公司盲目规定锅炉工作压力并要求工人操作，致使水解锅和锅炉分气缸超压运行。

③锅炉技术负责人不掌握设备的安全性能，盲目听从指挥，按法定代表人规定压力作业。企业安全管理秩序混乱，未严格按规定组织安全教育培训，致使员工安全意识淡薄。

④没有建立生产安全事故隐患排查治理制度，且未采取有效措施及时发现并消除事故隐患；虽然制定了各项安全生产规章制度和操作规程，但没有严格执行。

（4）事故教训和相关知识

在企业生产过程中，无论是作业人员或值班人员，尤其是重要的关键岗位当班人员，必须忠于职守、坚守岗位，密切监视设备运行情况，发现问题后及时处理，不能擅自脱岗，任何的疏忽大意都有可能造成严重的人员伤亡和财产损失，其后果往往是难以预测的。类似的事故案例很多，教训也极其深刻。例如1994年9月29日3时20分，河南某采油厂油气集输大队污水处理站锅炉房当班司炉工周某，不认真履行岗位职责，当班期间擅自离开锅炉房，导致锅炉严重缺水，在这种情况下，周某又违反操作规程盲目加水，致使锅炉发生爆炸，周某被炸身亡，锅炉报废。

对类似事故应吸取的一个重要教训，就是企业应建立严格的安全生产规章制度并加强对员工的安全教育培训，并在制度上完善当班人员若擅自脱岗可能造成后果的补救措施，不论是否发生事故，对于擅自脱岗人员都应该予以严厉处罚。

对于企业，应吸取此次事故教训，严格按照国家标准和规范，制定并完善各项安全生产规章制度和操作规程，并督促作业人员严格执行；要提高管理人员及操作人员的准入门槛，在保证基本从业素质的基础上，加强对员工进行安全教育培训，未经安全教育培训合格的人员，坚决不能上岗作业。

10. 重型半挂牵引车违法在高速公路上倒车引发的事故

2013年10月25日23时25分，一辆重型半挂牵引车牵引重型低平板半挂车，沿广河高速公路由东往西行驶，在错过广州市白云区北二环高速公路匝道入口后违章进行倒车，企图倒回该匝道入口，导致一辆小型轿车撞入该挂车尾部，造成小型轿车上3人当场死亡、1人受伤，直接经济损失约193.67万元。

（1）事故发生经过

2013年10月20日晚，车主蓝某在吉林省白城市货运市场承揽了业务后，雇请当地货车驾驶员李某驾驶该挂车，从吉林省白城市出发运送30多吨牧草到广东省珠海市。

10 月 25 日晚，李某驾车进入广河高速公路，计划从广州市广河高速路段转北二环高速公路前往珠海市。当晚在到达北二环高速公路匝道入口前，李某将正在副驾驶座上睡觉的车主蓝某叫醒，要求蓝某帮忙观察是否到了匝道入口。由于车速过快，当发现车辆到达匝道入口时，蓝某和司机李某均未来得及反应，车辆便开过入口 30 多米远。此后，李某建议驾车倒回到入口处。据蓝某事后讲，他知道在高速公路上倒车是属于严重的违法行为，一经发现司机的驾驶证将会被扣掉 12 分，所以他采取了用不吭声来默许的方法。倒车时，蓝某站在车头前指挥倒车。经过 4 min 左右的倒车，李某仍未顺利将车倒回到匝道入口。

当日 23 时 25 分，正在指挥倒车的蓝某突然发现有一道白光撞进了该挂车的尾部，随即就听到了一声巨响，随后又看到该挂车尾部冒起了一股白烟。经调查，当时司机林某驾驶小型轿车在第一车道以 90 km/h 的速度由东往西行驶，与在高速公路上倒车的该挂车发生碰撞。

（2）事故原因分析

1）直接原因

①李某违法驾驶该挂车在高速公路上倒车，造成了重大道路交通安全隐患。

②该挂车的反光标志不符合相关规定。事发时，该挂车的反光标志大部分被遮挡，且未在被遮挡的车身后部和侧面固定柔性反光标志。反光标志的设置不符合相关规定，未起到警示反光作用。

2）间接原因

①蓝某未履行普通货运个体户负责人的安全生产工作职责，未制定安全生产规章制度，对道路货物运输过程中的安全生产工作督促、检查不到位。

②蓝某未及时检查发现和消除挂车反光标志不符合相关规定的安全隐患。

③当李某驾车错过高速公路匝道入口时，蓝某无视交通安全法规，同意并协助李某进行违法倒车，造成了重大道路交通安全隐患。

（3）事故教训和相关知识

在高速公路上倒车是一种违法行为，会给后方正常行驶的车辆带来道路交通安全隐患。正常行驶的车辆很难判断前方车辆驾驶意图，很少会意识到前方车辆在倒车行驶，易发生追尾、碰撞等严重交通事故。这起事故就是因为驾驶员在高速公路上违法倒车导致的生产安全责任事故。

为进一步加强道路交通安全管理工作，防止类似事故再次发生，公安机关交通管理部门要采取常态查处和突击行动相结合的工作方式，进一步加大对高速公路违法行为的查处力度，严厉打击在高速公路上逆行、遮挡反光标志等违法行为，发现一起，查处一起，并严肃处理肇事人员，坚决遏制此类交通违法行为。同时要建设和完善高速公路视频监控系统，实时查看高速公路通行状况，及时发现交通违法行为。

11. 驾驶非法改装、严重超载的货车上路行驶引发的事故

2013 年 9 月 15 日 13 时 11 分，四川省达州市渠县某路段发生一起重大道路交通事故，造成 21 人死亡、7 人受伤，直接经济损失 1 069 万元。

（1）事故相关情况

某运业有限公司（本案例以下简称运业公司）于 2009 年 11 月 18 日注册成立，主要从事货物专用运输以及普通货运服务。

（2）事故发生经过

2013 年 9 月 15 日 9 时 20 分，运业公司驾驶员孙某驾驶货车在渠县某石膏矿业有限公司装载 46. 8 t（核载 15. 67t）石膏，运往渠县某水泥厂。12 时左右，另一公司驾驶员罗某驾驶客车从渠县某汽车站出发前往渠县县城，出站时实载 24 人（核载 24 人），客运途中共上下客 5 次，至事故发生时，客车实载 27 人。

13 时 11 分，货车行至事发路段处，在左转弯过程中车辆失控向右侧翻，将右侧同向正常行驶的客车撞翻坠至 5. 4 m 高的桥下河沟内，货车所载约 80%的石膏倾泻于桥下，将客车中后部掩埋。

（3）事故原因分析

1）直接原因

孙某驾驶非法改装、严重超载的货车上路行驶，超载后的车辆在长下坡时制动效能降低，因孙某在转弯时处置不当，致使车辆失控向右侧翻。

2）间接原因

①运业公司未严格履行安全生产主体责任，未健全并落实安全生产相关管理制度。该公司未按规定对驾驶员进行安全教育培训；未及时督促整改货车存在的非法改装、长期严重超载运输问题；未按规定落实机动车二级维护工作，并违规购买虚假机动车二级维护竣工出厂合格证应付监管部门检查；该货车在 2013 年 1 月进行年检前，运业公司曾安排人员临时调换货厢。

②渠县某汽车维修部违反相关规定，于 2011 年 11 月，对该货车货厢、大梁、钢板弹簧等部件进行非法改装、加装，致使该货车重心升高，造成重大事故隐患。另一个汽车修理厂违反相关规定，多次为该货车开具虚假机动车二级维护竣工出厂合格证。

③相关交通运输管理部门开展道路运输安全管理、路政管理工作

不到位；未能有效督促有关职能部门认真履行监管职责。

(4) 事故教训和相关知识

根据统计，近些年来，货车数量占机动车总量不到1/10，而与货车相关的道路交通事故，尤其是造成人员伤亡的重特大事故数量却占机动车事故总量的1/3。货车有如此高的事故发生率和伤亡率，与货车改装有直接的关系。

货车改装后造成的最大危害主要表现在以下三个方面。一是易抛洒、散落货物，引发事故。用于运输主要以沙石、水泥、废铁、木材等物料为主货物的大货车，由于改变了原来的容积且拉的货物又超出改装前车辆的承载能力，在运送途中一旦急刹车、转弯或者颠簸，就会出现货物抛洒、散落现象，散落后的物体得不到及时处理，对后面正常行驶的车辆造成极大事故隐患。二是驾驶员视线不清导致事故。货车加宽改装后，驾驶员通过反光镜完全看不见后方来车，无法了解后方来车与自身车辆的距离，一旦货车要变道超车，会对后方来车造成影响，从而造成事故隐患。三是货车本身存在事故隐患。由于车辆改装后超载，车辆制动距离必然会增大，同时由于制动负荷大，使用寿命变短，遇到下坡道路容易发生制动效能降低、驾驶处置不当的事故。

这起事故就与非法改装、严重超载直接相关。对此，车辆管理部门要加强车辆安全检测、登记上户、年检年审工作，对非法拼装、改装和加装的车辆一律不得上户、一律不得年审、一律现场整改。交通管理部门要进一步加大执法力度，对超载车辆要严格执行《道路交通安全法》规定的处罚。对于货车驾驶员来讲，应遵章守纪，不私自改装车辆，不超载运输，保障自身和他人的安全。

班组应对措施和讨论

企业员工在生产中违反劳动纪律和规章制度，主要是指工作不负责任，自律意识差，安全意识淡薄，具体表现为：工作期间擅自脱岗、睡岗、串岗；班前、班中喝酒；在禁止吸烟区域吸烟；在工作时间内从事与本职工作无关的活动；未经批准任意动用非本人操作的设备和车辆等。违反劳动纪律和规章制度，不论是否造成事故，都属于违章违纪行为，都应当予以严厉处罚，如果造成重大伤亡事故，还要依法追究刑事责任。所以，在班组的日常安全管理中，首先要对违章违纪行为进行严格管理。

1. 违章违纪通常受到伤害的是自己

在安全生产工作中违章违纪，受到伤害的，通常是违章违纪行为本人。我们来看2个案例。

（1）永远难忘的一天

时间可以冲淡一切。但是井下皮带司机冯某某却不这么认为，2000年5月8日的一声巨响，让他深深地认识到，在工作中绝对不能违章违纪，安全生产工作绝对容不下半点麻痹大意。

那天，他和工友们正常到达各自的工作岗位，刚检查完井下皮带输送机，准备交接班，忽然“轰”的一声巨响，岗位上的照明灯一下全熄灭了，紧接着从巷道顶部掉下许多煤渣，一瞬间，矿灯的光线已经照不出1 m远，眼前黑蒙蒙的一片，呼吸到的是呛人的煤灰味，他估计是什么地方出大事了。由于他对巷道比较熟悉，立刻迎风摸索到进风巷，寻找新鲜风流。就在他刚摸索到一号门口准备呼吸新鲜空气时，忽然听见附近发出悲惨的呼救声：“救救我！救救我！”他捂住嘴巴，在巷道的水沟里摸到了求救的蒙某。当他把蒙某扶到进风巷一看，只见蒙某的矿帽、矿灯、工具都被冲击波冲没了，全身都是稀泥，带着血迹的脸显得是那么痛苦和恐慌。他赶紧寻找电话向调度室汇报了现场情况，然后扶着蒙某朝井口方向跑去，在巷道里看到往外跑的工友们惊慌失措，神情十分紧张。当他和蒙某安全升井后到医院检查时，一幅惨不忍睹的画面映入了他们的眼帘：一辆救护车拉着4具血淋淋的尸体进了太平间，他们就是事发地点的4位工友。

这起事故，是事发地点一名员工违反《煤矿安全操作规程》，在井下吸烟，引爆煤仓内聚集的瓦斯，导致了事故的发生。当然，这名违章吸烟的员工也倒在了血泊之中。这起事故案例给了我们深刻的警醒，就是在工作中一定要遵章守纪，千万不要害了自己又害了他人。

(2) 因人员脱岗造成的膨胀机烧瓦事故

这起事故发生于2004年12月17日。当日19时18分，某公司空分装置在生产过程中，正在运行的1号膨胀机发生连锁故障。此前该膨胀机的紧急切断阀一直内漏不能完全关闭，但当时在主控室里的是一名刚转岗4个多月、没有任何操作经验的新操作工，当班主操作工及现场其他岗位人员均脱岗，因此没有人在第一时间按要求关闭现场手动截止阀将膨胀机完全停下。大约3 min后，班长闻讯赶到现场，膨胀机增压端和膨胀端的轴温已分别由最初的49.7 ℃和43.4 ℃快速上升至194.2 ℃和184.6 ℃，导致发生烧瓦事故，直接经济损失2万余元。

这起事故发生的主要原因就在于当班人员严重脱岗。

2. 班组的应对措施

班组是企业安全生产的最基层单位，是预防事故的前沿阵地。在班组安全管理中，要端正对班组安全的认识，认识到班组安全的重要性。

(1) 班组是安全生产之基

班组是企业安全生产的执行层，是执行安全操作规程和各项规章制度的主体，更是杜绝违章操作和重大人身伤亡事故的主体。企业的各项工作都要通过班组去落实，“上有千条线，班组一针穿”。国家有关安全生产法律、法规的落实，安全生产规章制度和操作规程的执行，都要依靠和通过班组来实现。企业安全文化建设、安全管理体系的运行等，最终都必须落实到班组。反之，班组的多项安全生产措施不到位，安全生产规章制度得不到执行，是事故发生的土壤和温床。

（2）班组是事故发生之源

据生产企业所发生的事故资料统计，98%的事故发生在班组，其中80%以上事故原因直接与班组人员有关。在班组内，只有一个人或一部分人的积极性和热情是不够的。因为个别员工、个别工作环节上的缺陷和失误，就会破坏安全生产保障系统。因此，班组要把功夫下在生产作业现场，措施落实在每个岗位，具体操作落实在每一个细节。通过班组安全文化建设，夯实安全生产基础，遏制事故发生的源头，这是企业安全生产保障的根本。

（3）班组长和班组成员要敢于对违章违纪行为说“不”

在同一个班组工作和生活，朝夕相处，相互熟悉，当班组成员有人发生违章违纪行为时，有的同事抹不开情面，不敢劝阻或制止，听之任之，这样做其实是害了他。很有可能，在发生违章违纪行为之后，他就在事故中受到伤害。我们来看2个案例。

1）若是酒后在高处作业该有多么危险！

2012年的一天下午，某建设企业安全主任王某某到施工现场进行消防检查。到了施工人员的宿舍，一进门，他就闻到一股浓浓的酒气。他随口问了床边一位醉醺醺的员工：“老哥，你喝酒了？上班期间不能喝酒啊！”那名员工不好意思地“嗯”了一声。王某某突然想到，这个时候还在宿舍，不会是准备上夜班的员工吧，于是他又追问道：“你在哪个施工作业面上班啊？”那名员工回答道：“在3号导流洞的钢模台车。”王某某说：“今天你上什么班?”，员工低声说：“准备上夜班。”王某某激动地大声说：“喝酒怎么可以上班!”，他随即打电话对该醉酒员工带班班长说：“某楼某房间的醉酒员工不能上班，否则整个班组一起进行处罚。”事后经了解，那名员工与老婆闹矛盾，自己喝了闷酒，好在被王某某及时发现，若是酒后在20多米的高处进行作业，该有多么危险!

2）第一堂课——失去了一根手指的教训

那是初春的某一个晚上，我和工程建设质量安全部的2名同事负责对新员工进行安全培训工作。

我按照惯例客套了一番，然后切入正题，根据安全管理的相关规定，新员工首先要经过三级安全教育，然后经过考试合格后方可上岗作业。今天就由我来给大家进行项目部级的安全培训。不知不觉一个半小时过去了，我抬头看了一眼围坐在会议桌旁的那些年轻的新员工，他们或昏昏欲睡，或窃窃私语，或低头摆弄着手机，看到他们的状态，我不由得暗暗担心，这样的讲解他们听明白了吗?

我讲完之后，把时间交给小纪。他以前是技术员，现在是工地的安全员。只见小纪重重地咳嗽了一声，大家打起精神盯着他，想知道他要说些什么。然而小纪什么也没说，只是缓缓地举起他的右手。大家吃惊地张大了嘴巴，他的右手分明缺少了一根中指！过了几秒钟，小纪才轻轻叹了口气。他垂着头，像是自言自语道：“朋友们，大家看到我的手了吗？3年前，我和你们一样，刚刚走出校园，怀揣着理想来到工作单位，希望在这里实现我的人生价值。那时，我很喜欢弹吉他，还有一个温柔美丽的女朋友。可是进入工作单位不久，一起事故突然降临在我头上。某一天中午上班前，我喝了点酒，结果在检查模板切割机的时候，不小心……”说到这，小纪哽咽了。他又伸出右臂，用袖口用力擦了两下桌子。

“从那以后，我失去了一根手指，我再也不能弹吉他了，女朋友也离我远去，可这些仅仅是我所承受痛苦的一角。受伤治疗期间，我无法吃饭，无法洗澡，无法洗衣服，整个人都是臭烘烘的……”大家更安静了，有个女孩摘下眼镜，用纸巾抹了抹眼睛。小纪停顿了一下，继续说道：“我今天在开会之前也没准备什么，只能给大家讲讲我的故事。看见你们，我就想起了当年的我。我真的希望你们每一个人都能健康幸福，希望同样的事故不会落在你们的头上！”房间里沉寂了一下，随即响起了热烈的掌声。

3. 班组讨论

(1) 遇到班组成员班前、班中饮酒，你会听之任之还是进行劝阻？你会把班组成员饮酒的事情报告班长吗？

(2) 在禁止吸烟的场所你会吸烟吗？你会劝阻他人吸烟吗？

(3) “开车不饮酒，饮酒不开车”已经成为人们的共识，在饭桌上，遇到开车的朋友饮酒你会进行劝阻吗？

(4) 在生产作业中，若遇到私事需要离开岗位，你会向班长请假还是偷偷溜走？

(5) 在你身边，有没有因违章违纪行为造成事故的案例，如果有，你能讲给大家听吗？

二、着装不正确引发的事故

工作服不仅是企业的门面和员工精神面貌的反映，同时也是为保护劳动者在生产过程中安全和健康设计的服装。不同行业、不同企业、不同性质的工作有不同的着装要求，各自的保护功能也有所不同。例如，在机械加工车间应该穿紧身的衣服，因为穿宽松的衣服，运行中的机械设备有可能缠绕衣服的袖口、衣角，不加以注意就会被卷进机械设备里，进行高处作业的员工就要佩戴安全帽、安全带。以防遭受坠落物体或自己坠落时对人体头部的伤害。员工在正常上班期间做到正确着装并不难，难的是在特殊气候、特殊情况下，这个时候最容易发生因着装不正确而引发的事故。

12. 穿棉大衣顶管作业导致死亡事故

2017 年 3 月 7 日 22 时左右，江苏省徐州市某施工队在进行顶管作业时，1 名施工人员的棉大衣不慎被旋转的钻杆卷住，因摆脱不开被挤压致死，事故造成直接经济损失约 140 万元。

（1）事故相关情况

2017年3月初，该施工队包工头万某某带领6名施工人员，使用铺管钻机在地下进行顶管作业。作业范围为从牛山路向北穿越玉泉河至天津路南口。其中高某负责操作钻机，董某某、杨某某在牛山路北口作业，刘某某、庄某、李某某在天津路南口负责接钻杆。

（2）事故发生经过

3月7日晚，施工人员刘某某负责守夜；庄某、李某某在天津路南口负责接钻杆，庄某带着对讲机负责与操作钻机的高某联系。22时左右，庄某在前、李某某在后，2人抬着一节钻杆，准备与正在旋转的钻杆连接。李某某突然看到庄某的大衣被正在旋转的钻杆卷住，随后整个身体也被卷起来，并随着钻杆转动。李某某边控制钻杆边喊刘某某，听到喊声的刘某某连忙跑了过来，并赶紧寻找对讲机，李某某告诉他对讲机在庄某大衣口袋里，已无法取出，刘某某就给高某打电话，让其把钻机停下来。当钻机停下来时，庄某已经不能说话，刘某某、李某某用刀割开庄某身上的大衣，对其进行施救。随后，万某某也赶到现场，并拨打了“120”急救电话，在医护人员的帮助下，将庄某从钻杆上救下，并送往医院救治，经抢救无效死亡。

（3）事故原因分析

1）直接原因

庄某在施工过程中，违反了相关规定中“不要穿宽松衣服”的要求，冒险作业，导致自身被伤害身亡。

2）间接原因

万某某未经过任何部门批准，擅自从事地下顶管作业。对安全生产所必需的资金投入不足，对施工现场疏于管理，没有明确的现场安全管理人员和专职安全员进行监管，未对施工人员进行安全教育培训，导致施工人员安全意识淡薄，违反安全操作规程。

（4）事故教训和相关知识

事故发生的时间为 3 月初，天气还比较冷，施工人员因为天气寒冷穿着棉大衣，在钻杆连接作业的时候，由于疏忽大意，没有脱下棉大衣，被旋转的钻杆卷住，导致自身被伤害身亡。

旋转机械的传动方式多种多样，在操作旋转机械时容易发生缠绕、绞伤事故，关于“不要穿宽松衣服”的要求，也是为防止旋转机械把衣服卷入，导致人员伤亡。应该严格规定劳动防护用品的配备及上岗着装检查，从根本上杜绝施工人员违规着装的现象。

13. 穿衣不当从事续接钻杆作业导致机械伤害事故

2016 年 12 月 28 日 9 时 50 分，江苏省宿迁市某建设有限公司（本案例以下简称建设公司）在该市湖滨新区晓店镇进行的过路顶管施工过程中，发生一起机械伤害事故，造成 1 人死亡，直接经济损失约 90 万元。

（1）事故相关情况

2016 年 11 月 16 日，湖滨新区晓店镇 10 kV121 井架线三峰路过路电缆发生接地故障。11 月 17 日下午，某供电公司配电运检室的工作人员夏某某带领某抢修单位检修部负责人吴某到现场勘察、协商维修方案，初步提出了从 10 kV121 井架线 068 号杆到 069 号杆过路顶管施工和从 068 号杆到 069 南－1 号杆过路顶管施工两种维修施工方案。

12 月 12 日，闫某安排建设公司带班工人方某某带领相关作业人员进行过路顶管施工。12 月 15 日至 12 月 16 日，方某某带领相关作业人员完成了过路顶管施工工程的顶管出土部分。12 月 17 日至 12 月 26 日，该工地一直停止施工，工人们便将钻机运离施工现场。12

月27日下午，方某某带领相关作业人员再次将钻机运到068号杆处，准备完成后续的施工任务。

（2）事故发生经过

12月28日7时03分，方某某及作业人员沈某某、晁某某、周某某、邱某某到达施工地点，进行施工前准备。完成准备工作后，方某某在入土点处负责操作钻机，晁某某和周某某在钻机处负责接卸下的钻杆，沈某某和邱某某到出土点处负责续接钻杆。钻杆长约3 m，钻杆两端一端为螺栓一端为螺母，在续接钻杆时，邱某某站在前面（相对靠近钻机）负责把钻杆螺母端和螺栓端对正，沈某某在后面捧着钻杆螺栓端进行协助。拉钻杆过程中，卸钻杆与续接钻杆交替进行。拉出一根钻杆后，入土点作业人员操控钻机让地下钻杆停止旋转，通过动力头反转卸掉拉出的钻杆，同时出土点一侧抬起钻杆准备续接；当作业人员操控钻机再给进动力头时，地下钻杆开始旋转，出土点一侧通过把上下钻杆的螺母端和螺栓端接头对正，利用地下钻杆的旋转拧上钻杆。

当日9时50分，沈某某和邱某某在续接第四根钻杆时，沈某某突然喊叫起来，邱某某回头看到沈某某的长大衣被缠到钻杆上，随后人被绞起并随着钻杆转动。事故发生后，现场人员连忙停机，把沈某某从钻杆上救下来，然后拨打“120”急救电话，救援的医护人员赶到现场，进行检查后确认沈某某已经死亡。

（3）事故原因分析

1）直接原因

①施工过程中，与钻机连接的地下钻管处于旋转状态，作业人员沈某某穿着长大衣从事续接钻杆作业时，衣服被绞导致事故发生。

②施工过程中，作业环节密切相关的两处作业区域间隔着三峰路，未采用对讲机等设备进行实时沟通，也是导致事故发生的原因。

2）间接原因

①建设公司安全生产主体责任落实不到位，企业的安全生产规章制度和操作规程不健全，未制定钻机操作工安全操作规程。

②建设公司未对从业人员进行安全教育培训，作业人员进入新的岗位或施工现场前，未接受安全教育培训且通过考核。

③建设公司事故隐患排查治理不到位，未能采取有效技术、管理措施，及时发现并消除事故隐患。

（4）事故教训和相关知识

这起事故发生的时间是冬季，天气寒冷，施工人员露天作业，自然会添加衣服保暖。在进行续接钻杆作业时，由于疏忽大意，没有把外面穿着的保暖衣服脱去，结果造成人员伤亡。

事故之后，事故企业针对安全生产主体责任落实不到位，安全教育培训工作不扎实，从业人员安全意识淡薄等问题，采取了以下整改措施：一是完善企业安全生产责任制、安全生产规章制度和操作规程，建立、健全生产安全事故隐患排查治理制度，进一步完善技术、管理措施，明确专门人员负责现场安全管理，及时发现并消除事故隐患，防止类似事故再次发生。二是切实加强对从业人员的安全教育培训，保证从业人员具备必要的安全生产知识，熟悉有关安全生产规章制度和操作规程，从而提高从业人员的安全意识和事故防范能力，严格执行有关安全生产法律法规、规章制度，杜绝“三违”现象的发生。

14. 水井油管修复作业穿衣不当导致机械伤害事故

2017 年 4 月 24 日 14 时左右，山东省东营市某工贸有限公司（本案例以下简称工贸公司）在某采油厂所属区域进行水井油管修复作业时，发生一起机械伤害事故，造成 1 人死亡，直接经济损失 120 万元。

（1）事故相关情况

工贸公司成立于 1998 年 1 月，法定代表人为王某武，经营范围：机械修理，工业用泵、管道、抽油杆修复业务，复合油管加工及修复等业务。

（2）事故发生经过

2017 年 4 月 24 日 13 时左右，工贸公司施工人员朱某某、张某刚、张某良、王某军、张某武、张某广共 6 人，在轻钢框架结构车间开始水井油管修复作业。张某刚和张某良 2 人一组负责清洗水井油管内壁，张某刚在被清洗水井油管的北面，张某良则在靠近清洗设备钻杆头部的位置，张某良通过遥控器操作清洗设备进行水井油管修复作业。当时，两人相距约 9 m（一根水井油管的长度），作业时张某良将旧上衣系在腰间。

14 时左右，张某刚等人突然听到清洗设备发出“咣当咣当”的声响，发现张某良旧上衣被钻杆缠住，被迫跟着钻杆旋转起来。朱某某喊：“赶快停电！”行吊操作员张某武迅速跑到配电箱处切断了电源。此时，现场的其他人员也赶了过来，把张某良从钻杆上救下来（衣服和钻杆头部的钢丝交织缠绕在了一起）。现场人员立即将张某良送往医院救治，经抢救无效死亡。

（3）事故原因分析

1）直接原因

①违反安全操作规程进行作业。张某良在水井油管修复作业中违反安全操作规程相关规定，在工装外又系上一件旧上衣，致使旋转钻头将旧上衣缠住，导致事故发生。

②设备缺乏本质安全管理。事故清洗设备旋转钻头、推进杆、电

机联轴器等旋转部位无任何防护设施，操作区未设置紧急停车装置。事故发生后，张某良手中的遥控器不知去向，现场人员只能通过远处的配电箱切断电源，延误了紧急处置时间。

2）间接原因

①水井油管修复作业现场负责人王某金未履行其职责，未组织从业人员进行安全教育培训，未及时组织事故隐患排查，对从业人员的违规作业行为未及时发现并制止。

②工贸公司安全意识淡薄，安全生产主体责任不落实，生产安全事故隐患排查治理、安全教育培训等制度形同虚设，未及时消除事故隐患，致使从业人员安全意识淡薄，违规作业。

③该采油厂对所属区域内的安全管理工作未全面覆盖，仍存在死角、盲区。对王某金在其所属区域内私自建设的厂房和生产经营活动未及时发现，安全管理不到位。

（4）事故教训和相关知识

为切实吸取事故教训，举一反三，杜绝此类事故再次发生，提出以下整改措施：

1）立即全面排查、整改存在的事故隐患和安全问题。事故企业要认真吸取事故教训，结合此次事故暴露出的问题，立即组织开展安全生产大检查活动。对排查出来的事故隐患和安全问题，能够立即整改的要立即整改，不能立即整改的，要制定科学有效的整改方案，确保整改期间安全生产，确保查出的事故隐患和安全问题得到彻底整改。

2）切实落实企业安全生产主体责任。事故企业要自觉遵守安全生产法律法规、标准规范和操作规程，全面加强安全生产管理。

3）事故企业要按照安全生产的具体要求，建立、健全“横向到边、纵向到底”的安全生产责任体系，切实把安全生产责任落实到生产经营的每个环节、每个岗位和每名员工。健全完善安全风险防控制度、事故隐患排查治理制度，自觉运行管控风险、事故隐患自查自纠机制，确保各类风险处于监控、可控、在控状态，确保事故隐患及时发现、及时消除。严格落实安全教育培训职责，确保三级安全教育培训、日常安全教育培训扎实有效，杜绝违章指挥、违规操作、违反劳动纪律“三违”现象。保障安全生产资金有效投入，及时淘汰落后技术、工艺和设备设施。

15. 作业中衣服被转盘上的锯齿缠住导致机械伤害事故

2016 年 9 月 11 日 1 时 28 分，山东省胶州市某橡塑有限公司（本案例以下简称橡塑公司），在生产过程中发生一起机械伤害事故，造成 1 人死亡，直接经济损失约 90 万元。

（1）事故相关情况

橡塑公司成立于 2002 年 6 月，经营范围：橡胶板、塑料板的制造销售，有在职员工 220 人。

事故发生在该公司的配料车间。配料车间共有 4 台高速混合机，实行两班倒工作制，白班从 7 时到 19 时，夜班从 19 时到第二天 7 时。事故当天作业人员侯某某上夜班，操作南侧的高速混合机，高速混合机的支撑柱可调节升降高度，转轴底部有转盘（直径为 24 cm，外端有 9 个向上的小锯齿），工作时将装有混合料的铁桶放在转盘下，转盘顺时针转动搅拌混合料，还设计有高低两档转速。

（2）事故发生经过

9 月 11 日 1 时 26 分，配料车间作业人员侯某某单独操作高速混合机搅拌完炭黑与油的混合料后，侯某某将一些钙粉洒在转轴及转盘上准备清理上面的炭黑残料。1 时 28 分，侯某某打开高速混合机的开关，双手拿着剪成小块的塑料编织袋贴在转轴上，试图通过转轴自转清除残料时，衣服左袖子被转盘上的锯齿缠住，左胳膊随之弯曲抱在转盘上，腋窝被转盘卡住，侯某某身体无法挣脱并随之转动。

听到侯某某的叫喊声后，同车间的宋某某和李某某赶紧赶来并关闭设备的开关，将侯某某从高速混合机上解救下来，随后宋某某向车间主任王某某报告情况，王某某立即拨打了“120”急救电话并电话报告公司领导，医护人员赶到现场后，将侯某某送往医院救治，经抢救无效死亡。

（3）事故原因分析

1）直接原因

侯某某违章操作，在高速混合机开机转动时将小块的塑料编织袋紧贴在转轴上，试图通过转轴自转清除残料，衣服左袖子被转盘上的锯齿缠住，导致事故的发生。

2）间接原因

①橡塑公司安全生产主体责任落实不到位，未制定高速混合机清理安全操作规程，未明确清理高速混合机时必须先停机。

②橡塑公司未按规定对侯某某进行岗前三级安全教育培训并经考核合格后上岗。

③橡塑公司总经理刘某某作为该公司安全生产第一责任人，未按规定建立、健全并严格落实各项安全生产规章制度和操作规程，未按规定组织制定并实施安全教育培训计划，未检查本单位的安全生产工作并及时消除事故隐患。

④橡塑公司生产厂长乔某某和车间主任王某某未按规定对侯某某进行安全教育培训，车间安全检查和事故隐患排查治理不到位，未及时发现并制止侯某某在高速混合机运转时进行清理残料的违章行为。

(4) 事故教训和相关知识

事故发生于9月，天气还比较热，时间为凌晨1时28分，在这样的季节和时间段，比较容易发生着装不正确的情况。如果作业人员把袖口的纽扣扣好，就不会发生这样的事故。

作业人员的现场着装与安全生产有着直接的关系。在作业现场，作业人员不可避免地要使用到各种机械设备，而这些机械设备上的齿轮、轴、联轴器、链传动装置等都有可能对人造成伤害。因此，为机械操作人员选择合适的工作服，是避免事故的一项重要措施。机械操作人员工作服的一个特点就是“三紧”（即袖口紧、领口紧、下摆紧），之所以需要“三紧”，目的就是预防此类事故的发生。

通过此次事故的教训，企业要认真落实安全生产责任制、健全各项安全生产规章制度，并将其真正落实到企业的安全管理工作中，做到“安全生产，人人有责”。同时制定并完善包括高速混合机清理在内的各项安全操作规程，建立配套的监督检查和奖惩机制，督促作业人员认真学习并遵守；规范并加强对作业人员的安全教育培训，全面提高作业人员的安全意识、克服麻痹大意思想。

16. 衣袖被真空过滤机搅拌轴卷入导致机械伤害事故

2015年7月17日7时20分，云南省临沧市某矿业有限公司（本案例以下简称矿业公司）1名员工在操作真空过滤机过程中，发生机械伤害事故并受伤。

(1) 事故相关情况

矿业公司于2005年12月8日成立，经营范围：铁矿开采、选矿、矿产品加工及销售、五金建材等。

（2）事故发生经过

7月17日7时20分，矿业公司原采选作业区脱水工段当班员工曾某某，在操作真空过滤机过程中，发现2号真空过滤机搅拌轴盘根松动，有矿浆泄漏现象。曾某某在该设备未停机的情况下，用扳手紧固盘根压盖时，不料扳手滑脱，导致身体前倾，衣袖被运转中的真空过滤机搅拌轴卷入，致使曾某某肋骨受伤。事故发生后，矿业公司立即将曾某某送往医院进行救治。

（3）事故原因分析

1）直接原因

曾某某严重违反安全操作规程、设备维护检修操作规程，违章对机械旋转部位进行维护。同时，曾某某未按规定正确佩戴劳动防护用品，未按规定将其衣袖的纽扣扣好。

2）间接原因

①矿业公司班组未认真按照安全生产标准化开展安全管理工作，对该公司制定的安全生产规章制度落实不到位，对员工的日常安全教育培训不重视，班前、班后会及班组学习活动质量不高，对安全操作规程、设备维护检修规程等执行情况督促不到位。

②矿业公司原采选作业区未能认真贯彻落实安全生产规章制度，对作业现场缺乏检查指导，开展“反三违”活动力度不够。未能按照班组安全生产标准化实施班组安全管理。

③矿业公司安全环保监督部对作业区安全管理监督指导不到位，对安全生产管理规章制度执行情况检查、跟踪不到位。

④矿业公司生产管理部在制订、安排生产计划时，未同时制订、安排安全技术措施计划。设备管理部对设备、设施安全状况和安全操作规程执行情况检查考核不到位。

（4）事故教训

事故之后，该公司按规定对与本起事故相关的5名责任人进行处罚，并采取以下防范措施：一是加强对车间、班组负责人及安全管理人员的安全教育培训，掌握本职工作所必备的安全生产知识，增强安全意识。二是认真组织对岗位和设备的安全管理、操作、维护、检修规程进行梳理，认真组织员工进行学习，并定期对员工的学习情况进行考核。三是加强对各项安全生产规章制度的培训、执行情况进行检查落实，确保制度执行，加大对“三违”现象的检查考核力度。四是严格落实车间、班组安全生产标准化，加强对作业区、班组安全生产管理的指导检查，加大事故隐患排查治理力度，杜绝不安全因素。

17. 钻孔作业未停机衣服被钻杆绞入导致机械伤害事故

2017年5月13日20时50分，江苏省镇江市镇江学府路某项目施工工地，南通某建筑公司的1名员工在对某车库东侧进行护坡加固作业过程中，衣服被钻杆绞入，致其当场死亡。

（1）事故发生经过

5月12日，南通某建筑公司项目部副经理丁某按照项目施工计划，安排护坡班组长王某某对某车库东侧进行护坡加固作业。

5月13日6时30分，王某某带领高某、于某等5人开始对该车库东侧进行护坡加固作业，一直工作至17时30分下班。随后他们几人在吃过晚饭后于18时30分回到工地加班，李某在17时左右也来到工地加班。王某某负责操作钻孔机，于某和李某负责连接钻杆。20时50分左右，在接好钻杆后，王某某打开钻机进行钻孔，李某发现钻杆没有接到位，在钻机未停机的情况下伸手进行调整，衣服被钻杆绞住，钻杆在惯性作用下也将李某绞入，致其当场死亡。

（2）事故原因分析

1）直接原因

员工李某安全意识淡薄，违反相关安全操作规程，在钻机未停机的情况下进行违章操作，导致衣服被钻杆绞住，致其当场死亡。

2）间接原因

①该公司项目部在临时加班情况下，对施工现场的安全管理、安全检查以及作业人员的安全教育不到位。

②该公司未严格督促项目部在加班情况下对施工现场的安全管理，未落实现场检查和事故隐患排查治理，未督促项目部按照安全操作规程进行钻孔施工。

③监理公司对施工现场安全监理不到位，未能严格履行其监理职责。

（3）事故教训和相关知识

这起事故的发生与作业人员的服装有很大关系，如果作业人员穿的是“三紧”式（即袖口紧、领口紧、下摆紧）工作服，就不会发生衣服被钻杆绞入的情况。因此，为预防此类事故再次发生，应该先从最简单的防护服装的改善做起。

事故企业要严格落实安全生产责任制，加强安全管理，健全安全生产管理制度；切实加强日常对事故隐患的排查治理；加强对作业人员的安全教育培训，提高作业人员的安全意识。加强对项目部作业现场的日常监理和管理，全面排查事故隐患并进行整改，确保安全工作落实到位。

班组应对措施和讨论

工作服是为工作需要而特制的服装，是保护劳动者安全健康的一道防线。统一的工作服具有树立企业形象、提高企业凝聚力、创造独特的企业文化的作用。除此之外，工作服还应适应工作环境，工作服的面料应具有较好的吸湿性、保温性、通气性、耐汗性等性能，这样能使员工穿着时感觉舒适，并且容易清洗，同时也有利于保护员工的安全与健康。

1. 正确着装还包括佩戴安全帽和系安全带

员工在进行危险作业的时候要佩戴安全帽和系安全带。如果嫌麻烦不佩戴安全帽和系安全带，会在危险来临时，失去基础的保护。

我们来看4个有关案例。

(1) 安全帽上留有痕迹的故事

闫某某有一顶红色的安全帽，每次看到帽子上面那条红色的痕迹，他都会禁不住想起发生在自己身上的一件事情。

2005年7月21日，他跟随矿产督察员下井去正在施工的31101运输巷检查。由于该运输巷温度高、路程远，当他们一行行进到运输巷中段时，已经汗流浃背，慢慢地他掉队了。看着其他人渐渐远去的背影，他心里直骂自己不争气。于是他索性把上衣脱掉，安全帽摘掉，想尽情地凉快一下，以便待会尽快赶上去。休息了一会儿后，当他急匆匆穿上衣服戴上帽子时却忘记系帽带。在行进到一处比较狭窄的地段时，只听“砰”的一声，他瞬间跌倒在地，失去了知觉。恢复知觉后，他头痛欲裂，第一眼便看到掉落在离他3 m处地板上的安全帽。他伸出手来摸了摸头，被帽檐卡过的头部留下了一个深深的圆圈，耳朵也被帽檐撕破了。原来由于自己走得过急忘记系帽带，又没有顾及看看头上脚下，不幸撞上巷道超长的锚杆，多亏安全帽替他挡住了危险。从那以后，每一次下井前，他都会按照要求仔细地检查工作服的每一个细节，戴好留下痕迹的安全帽，因为这顶帽子时刻提醒着他：当危险来临时，它在生命前面。

(2) 老代头顶上的“保护神”

老代是某煤业公司350变电所的一名普通员工。进入工作现场前，他总是“两穿一戴”（穿工作服、穿工作鞋和戴安全帽），非常符合标准。特别是他头顶上的“保护神”——一顶安全帽，与他形影不离，连开会他也要带在身边。老代为啥与这顶安全帽的感情那么深呢？

这要从1992年说起，当时，该公司决定对高压配电室进行改造。为了不影响工期，在变电所上班的老代组织几名员工争分夺秒地搬迁高压配电室内的旧设备。他与几名员工一道把一个2 m高的大铁柜移出门时，不想用力过猛，正在弯腰操作的老代的头一下被挤在铁柜与门之间。此时，老代虽然遇险，但反应机敏，一边大喊他的头被挤住了，一边迅速松开了安全帽的带子，来了个“金蝉脱壳”，倒退而出。当现场人员闻声停止动作后一看，老代的安全帽被紧紧地挤在铁柜与门之间，怎么也拿不出来。人们惊叹：“好险，要不是安全帽，老代的脑袋就挤扁了。”自此以后，老代就把安全帽当成他的“保护神”，逢人就讲安全帽如何救了他的命。

(3) 安全帽的带子系住了生命

2000年9月13日10时，某发电厂检修公司起重工唐某某在进行卸车作业。他抓住大货车左侧附加的车厢板正往车上爬时，附加板前端与固定部件脱离，整个附加板突然从槽钢内滑出横飞，唐某某脱手从2 m的高处仰面摔下，头部摔在布满拇指粗的带刺玫瑰花的花台上，幸亏安全帽牢固护住了头部，挽救了一条生命。

唐某某从高处仰面摔下时，如果没有正确系好安全帽带子，安全帽势必会飞离头部，唐某某的头部也会被玫瑰花刺刺穿。事发后，唐某某深有感触地说：“未去卸车之前，安全帽的带子就已经松了。接到卸车任务后，想到最近公司查得严，我就边走边系好安全帽带子。

这次若不是正确佩戴了安全帽，我肯定完了。看来，带子系住的不仅是安全帽，还有宝贵的生命。”

（4）多亏系了安全带救了一命

那是夏季的一天上午，室外气温高达 35 ℃。在山东省某石油化工公司建筑工地 15 m 高的钢结构装置上，管道安装工陈某某正在进行施工作业。由于天气比较热，又长时间蹲着作业，陈某某忽然两脚发麻，不由自主后退了两步，眼前一黑，一头栽了下去！在周围作业的同事、地面管理人员共 20 多人目睹了这一惊心动魄的瞬间。伴随着一声尖叫，陈某某头朝下从高处栽了下去，所有人都为他捏了一把汗，有些人紧张得把眼睛也闭上了。然而令人惊奇的一幕出现了：由于陈某某在作业过程中系挂了安全带，他被安全带牢牢地挂在了半空中，大家终于松了口气。

面对这戏剧化的一幕，大伙感慨万千：“如果陈某某没有遵守安全操作规程，按要求系好安全带，那后果真是不堪设想！”陈某某也心有余悸地说道：“幸亏我按要求佩戴了安全帽、系好了安全带，不然命就丢了。我以后一定得继续遵守安全操作规程，不怕任何麻烦。”

2. 正确着装要靠习惯养成

在行为心理学中，人们把一个人新习惯的形成并得以巩固至少需要 21 天的现象称为 21 天效应。就是说，一个人要想形成一个新的习惯，需要重复 21 天做同样的事情才会逐渐演变并且得到巩固。为什么会需要 21 天呢？据研究发现，影响 21 天效应的主要因素有如下三个方面：

一是旧习惯对新习惯形成的干扰。当两种习惯在形式上有很大的差别时，会发生干扰。实践表明，旧习惯越是顽固，新习惯的形成就越容易受到干扰。因此，在旧习惯干扰下养成一种新习惯，就会时常出现某些顽固性的错误，这些错误来自旧习惯中的成分。可见，一个新习惯的形成需要21天，是与旧习惯的干扰有密切关系的，是产生21天效应的主要影响因素。

二是新习惯的形成需要一个过程。按照心理学家的研究，一个新习惯的形成需要经过三个阶段。第一阶段为顺从。即表面接纳并开始新习惯，在外显行为上尽量与新习惯要求一样，而在实质上未发生任何变化。此时，最易受到外部奖励和惩罚的影响，因为顺从可以获得奖励，不顺从就会遭到惩罚。可见，新习惯的形成一开始多数是受到外在压力影响而产生的，自发的是极为少见的。第二阶段为认同。认同是在心理中主动接纳新习惯的影响，比顺从更深入一层，因此，此时意识成分更加浓厚，不再是被动的、无奈的，而是主动的、有意识的，使自己尽可能接近新习惯。第三阶段为内化。此时新习惯已完全融于自身之中，无任何不适之处，已彻底发挥新习惯的作用。一般而言，这三个阶段对非特异的习惯只需21天便可形成，这是大量实验与实践的结果。

三是新习惯的形成需要不断地重复。21天效应不是说，一个新习惯只要经过21天便可形成，而是21天中这一新习惯要不断地重复才能产生效应。当然，这里所讲的21天是对新习惯的中等程度而言的，强度低的、简单的新习惯形成可能会快一些，强度大的、复杂的新习惯可能会形成得慢一些。

大量实验与实践证明，旧习惯是可以改变的，新习惯是可以形成的，只要不断重复，新的习惯就可以逐渐稳定下来，成为生活的一部分。当然，改变习惯可能会是一个极不舒服、极不情愿的事情，但无论如何，如果不良习惯不改变，就可能产生不良行为，产生不良后果。所以说，安全着装习惯的养成，也是符合这一规律的。

3. 班组讨论

（1）在天气炎热的时候，看见别人解开工作服的衣扣为凉快一点，你会不会也跟着效仿？相反，你会不会上前纠正？

（2）看见别人不系安全带进行高处作业，你会进行制止吗？

（3）你相信新习惯的养成需要21天的说法吗？如果让你养成一个新的安全习惯，你认为需要多少天？

（4）你相信“违章必然出事故”的说法吗？这个说法你觉得有道理吗？

（5）你相信一旦养成了良好的、安全的行为和习惯，将会受益终生吗？如果相信，你可不可以在班组会上分享一下？

三、缺乏安全生产知识引发的事故

按照《中华人民共和国安全生产法》的相关规定，生产经营单位应当对从业人员进行安全教育培训，保证从业人员具备必要的安全生产知识，熟悉有关的安全生产规章制度和操作规程，掌握本岗位的安全操作技能，了解事故应急处理措施，知悉自身在安全生产方面的权利和义务。未经安全教育培训合格的从业人员，不得上岗作业。安全生产知识是施工作业人员不可缺少的，只有掌握了相关知识，才能够在具体生产岗位作业时辨识危险源，减少和避免事故的发生。因为作业人员不了解、不掌握安全生产相关知识，而发生事故的案例很多，所以需要企业加强对作业人员的安全教育培训。

18. 移动铝合金梯子引发触电事故

2011年7月28日11时左右，北京市大兴区西红门镇某科技发展有限公司（本案例以下简称科技公司）在某加油站东侧的绿化地内进行作业时，发生一起触电事故，造成1人死亡，直接经济损失约

33万元。

（1）事故相关情况

科技公司于2008年5月9日注册成立，该公司主要经营通信设备、电线电缆、照明设备、建筑材料、装饰材料、电气设备、电子产品等。

（2）事故发生经过

2011年7月28日6时左右，科技公司的法定代表人刘某某，安排作业人员余某某、王某某、张某某到该加油站东侧的绿化地内，由东向西在4根电力线杆上架设通信光缆钢绞线。11时左右，余某某和王某某在准备固定第三根电力线杆上的钢绞线时，2人移动铝合金梯子不慎触碰到上方的220 V路灯线，发生触电后倒地。张某某立即拨打“120”急救电话。医护人员来到现场后，检查确认余某某已经死亡，王某某被送往医院救治，已无生命危险。

（3）事故原因分析

1）直接原因

科技公司无通信工程施工资质，也没有建立通信光缆架设方面的安全生产规章制度，无施工方案、无安全技术交底和未组织安全教育培训。

2）间接原因

①科技公司在施工前没有对作业人员进行安全教育培训，没有对作业现场进行安全风险辨识及事故隐患排查，也没有采取安全防范措施，致使作业人员不具备必要的安全生产知识。

②作业人员在施工过程中没有穿符合安全要求的绝缘服和绝缘鞋，发生触电后，电流直接对人体造成伤害。

（4）事故教训和相关知识

作业人员在移动铝合金梯子时，由于缺乏相应的安全生产知识，没有穿符合安全要求的绝缘服和绝缘鞋，又由于麻痹大意，将铝合金梯子接触到上方的220 V路灯线，发生触电事故。

触电伤害属于常见多发性事故，与其他事故相比，其特点是事故的预兆性不直观、不明显，而事故的危害性非常大。当流经人体的电流大于10 mA时，人体将会产生危险的病理生理效应，并随着电流的增大、时间的延长将会产生心室纤维性颤动，乃至人体窒息（“假死”），在瞬间或两三分钟内就会夺去人的生命。在保护设施不完备的情况下，人体触电伤害极易发生。所以，在施工中应做好预防工作，发生触电事故时要正确处理，抢救伤者。

对施工单位来讲，在线路施工维护作业时，若遇有电力线在电信线杆上方或用户线下方交越且间距较小的情况下，必须停电后作业，且所用的工具与材料不准接近电力线及其附属设施，在高压线下方或附近进行作业时，作业人员的身体与高压线及电力设施应保持足够的安全距离。作业人员在作业时，必须穿符合安全要求的绝缘服和绝缘鞋，使用符合安全要求的工具。同时作业人员应经过相关安全教育培训，生产经营单位应当向作业人员如实告知作业场所和工作岗位存在的危险、有害因素和应采取的安全防范措施，作业人员自己也要了解和掌握相关安全生产知识，不能麻痹大意，这样才能避免类似事故再次发生。

19. 移动轮式脚手架途经高压输电线路触电事故

2016年4月19日14时27分，吉林省梅河口市某粮库发包的千吨囤建设项目施工过程中，发生一起触电事故，造成4名员工触电死亡，直接经济损失约350万元。

(1) 事故相关情况

粮库千吨囤建设项目位于该粮库库区内，其中，李某负责承包建设2个钢结构千吨囤，后又将其转包给蔡某。2016年4月18日，李某组织4名员工进入施工现场作业。施工中使用的轮式脚手架为钢管门型，底部有4个塑胶轮，每节高度为1.93 m、宽度为1.25 m、长度为1.87 m、轮高为0.17 m，4节脚手架安装在一起，总高度为7.89 m（带底轮）。事故发生前，该脚手架已完成组装，在另外地点存放。

(2) 事故发生经过

4月19日14时27分，李某所雇用的员工王某某、胡某某、刘某伟和刘某振从库区办公室附近将轮式脚手架推移至施工现场过程中，在途经高压输电线路时，高压输电线路产生放电，上述4人发生触电。事发时，轮式脚手架竖立在地面上，脚手架上部与高压线路之间产生电弧放电现象，躺在地上的4人身上发出蓝色火光。

事故发生后，该粮库员工杨某某、苏某某、赫某某等人，用绳子将脚手架兜倒，触电的4人身上开始着火，现场工作人员用灭火器将4人身上的火焰扑灭。医护人员赶到现场后，经检查确认4人已全部死亡。

(3) 事故原因分析

1) 直接原因

施工人员移动轮式脚手架途经高压输电线路时，脚手架与高压线路之间安全距离不足，导致电弧放电，造成触电事故。

2) 间接原因

①施工人员违法从事登高架设特种作业，未取得特种作业操作证便上岗作业。施工人员安全教育培训缺失，安全意识淡薄，自我防范意识差，对其作业场所和工作岗位存在的危险、有害因

素和防范措施缺乏了解，在施工作业时未能及时排查生产安全事故隐患。

②项目施工负责人蔡某，违法从事生产经营活动，不具备国家规定的安全生产条件。未按规定建立安全生产责任制、制定并落实安全生产规章制度和操作规程；未对从业人员进行安全教育培训；施工前，没有制定相应的安全防范措施，没有进行安全技术交底；未在施工现场安排专门人员进行现场安全管理，未向从业人员如实告知作业场所和工作岗位存在的危险、有害因素和防范措施；对施工现场相邻高压线路可能造成的危害，没有采取专项防护措施；安排不具有特种作业资格的人员上岗作业。

③项目承包人李某，违法从事生产经营活动，不具备国家规定的安全生产条件。未按规定建立安全生产责任制、制定并落实安全生产规章制度和操作规程；未对从业人员进行安全教育培训；未督促、检查安全生产管理工作，及时消除生产安全事故隐患；未在施工现场安排专门人员进行现场安全管理；未向施工人员如实告知作业场所和工作岗位存在的危险、有害因素和防范措施；对施工现场相邻高压线路可能造成的危害，没有采取专项防护措施；将千吨囤建设项目转包给不具备安全生产条件的个人。

④该粮库安全生产主体责任落实不到位。安全生产规章制度和操作规程不规范，管理混乱；对从业人员进行安全教育培训不到位；安全检查不全面、不规范；生产安全事故隐患排查治理工作不彻底，没有及时消除事故隐患；未向从业人员如实告知作业场所和工作岗位存在的危险、有害因素和防范措施；未在有较大危险、有害因素的生产经营场所设置明显的安全警示标志；将生产经营项目发包给不具备安全生产条件的个人；未对承包单位进行安全生产工作统一协调、管理和定期安全检查。

⑤高压线路产权所有单位的某煤矿存在日常安全管理不到位，电力设施未设置安全警示标志，对高压输电线路定期巡视、检查工作不规范、不认真。

（4）事故教训和相关知识

事故发生后，经调查，该粮库库区内高压输电线路为某煤矿一井到二井高压线路。该线路于 1971 年 11 月以前投入使用，线路总长约 3.54 km，其中该线路的 8 号杆和 9 号杆位于粮库库区内。事故发生在 8 号杆附近。经实地测量，事发地面与高压输电线路垂直距离为 7.74 m，施工人员使用的轮式脚手架每节高度为 1.93 m，4 节脚手架安装在一起，总高度为 7.89 m（带底轮），已经超过高压线路的高度，极易发生触电事故。

高压线就在头顶，一目了然，而轮式脚手架的高度也明明白白摆在那里，只要在施工前进行风险辨识和事故隐患排查，就能够发现其中的危险性。

20. 擅自进行电工作业触电事故

2010 年 10 月 13 日 13 时 06 分，北京某音响设备有限公司（本案例以下简称音响公司）在某酒店地下二层会议室进行组装灯控设备时，发生一起触电事故，造成 1 人死亡，直接经济损失约 22 万元。

（1）事故相关情况

音响公司成立于 2002 年 10 月，主要提供音响、灯光设备、LED 视频设备租赁服务。

（2）事故发生经过

2010 年 9 月 28 日，某教育科技有限公司总经理李某某与某传媒文化有限公司（本案例以下简称传媒公司）法定代表人王某某达成口头协议，由传媒公司负责准备10月13日在该酒店地下二层会议室举行发布会的会场布置及服务工作。9月30日，某教育科技有限公司与该酒店签订协议书，承租了10月13日该酒店地下二层会议室。10月11日，传媒公司执行总监柴某某与音响公司法定代表人蒋某某达成口头协议，由音响公司负责10月13日发布会现场灯控设备安装工程。

10月13日9时左右，音响公司安排施工人员郭某某、霍某某进入该酒店地下二层会议室进行组装灯控设备。11时左右，施工人员郭某某在安装硅箱电路时，把配电箱的零线及火线接错，导致电源短路，硅箱烧毁。13时06分，郭某某、霍某某找来新的硅箱准备重新安装时，郭某某发生触电事故，经抢救无效死亡。

（3）事故原因分析

1）直接原因

音响公司施工人员郭某某缺乏安全生产知识，不懂电气线路的连接，在电工未到达施工现场的情况下，违章擅自进行电工作业，造成触电事故。

2）间接原因

①音响公司未建立安全生产责任制、制定并落实安全生产规章制度；安全管理混乱，未在施工现场派驻专门人员进行现场安全管理，对施工现场安全管理、检查不到位。

②音响公司对施工人员安全教育培训不到位，未对其进行安全技术交底，致使施工人员安全意识淡薄。

③传媒公司安全管理不到位，未与音响公司签订施工承包合同及安全生产管理协议，未对其安全生产工作进行统一协调、管理。

（4）事故教训和相关知识

这起事故的发生，主要原因在于施工人员缺乏相关安全生产知识。

电工作业，特别是电工的接线作业常常使人感觉接线并不复杂，两根电线连接在一起，然后缠上绝缘胶带就完成了，似乎很简单。许多人在家里，遇到需要线路连接的时候经常是自己动手。要知道，在家里，连接的线路通常是两根线，即火线与零线。在营业场所、工业场所通常是三根线，这三根线是不能混淆的，混淆之后会对电气设备产生危害。在这起事故中，郭某某、霍某某组装灯控设备，就是把配电箱的零线及火线接错，导致电源短路将硅箱烧毁。

电工属于特种作业人员，电工的分类也很多，比如按工作性质可分为安装电工、运行（值班）电工、维修电工和生产管理电工；按工作范围可分为企业电工、农村电工、建筑电工、物业电工；按技术等级可分为初级电工、中级电工、高级电工等；按电压性质可分为高压电工、低压电工和特种电工。电工作业容易发生触电事故，是对操作者本人、他人及周围设施、设备的安全有重大危害因素的作业，没有接受过专业学习、培训的施工人员，就更容易发生触电事故。

通过这起事故，企业应认真吸取教训，加强对从业人员进行安全教育培训，保证从业人员具备必要的安全生产知识，熟悉有关的安全生产规章制度和操作规程，掌握本岗位的安全操作技能。未经安全教育培训合格的从业人员，不得上岗作业。

21. 使用白电油清洗地毯爆燃事故

2014 年 10 月 18 日 13 时 06 分，深圳市某科技有限公司（本案例以下简称科技公司）发生一起爆燃事故，造成 3 人死亡、1 人受伤，过火面积约 100 m^2，直接经济损失 274 万元。

（1）事故相关情况

科技公司成立于2012年7月26日，经营范围：塑胶制品、五金制品的技术开发、生产与销售等。事故发生时，该公司主要在生产手机外壳，生产过程中需使用白电油（学名正庚烷，闪点为-4 ℃），极易燃，其蒸气与空气可形成爆炸性混合物，遇明火、高热极易燃烧、爆炸。白电油与氧化剂接触发生强烈反应，甚至引起燃烧。

（2）事故发生经过

10月18日（周六）12时25分，行政人事主管濮阳某某组织员工丘某某、钟某某、段某、祁某某、白某某、周某某和崔某某7人，使用白电油对整个办公区域的灰色毛线地毯进行清洗。该地毯沾有油漆污渍，以前曾用洗衣粉水和清水清洗过，但效果不佳。10月17日下午，濮阳某某用500 ml的饮料瓶从公司素材清洗区装了少量白电油试着清洗地毯，结果发现清洁效果非常好，于是便组织员工第二天到公司打扫办公区域卫生。

10月18日12时35分，濮阳某某安排丘某某与周某某、钟某某与段某分别从公司素材清洗区抬出2筐白电油到办公区域，濮阳某某叫崔某某从厕所拿来2个塑胶水勺，并示范如何泼洒白电油和清洗地毯，然后安排崔某某和祁某某用塑胶水勺泼洒白电油，自己和周某某2人蹲下用刷子清洗地毯。

2筐白电油用完后，濮阳某某安排崔某某与丘某某继续从公司素材清洗区抬来2筐白电油，并让崔某某、丘某某2人用小板车拉着刚刚装过白电油的2个胶筐去厕所接清水；又安排祁某某将吸尘吸水机推到办公区域来，祁某某将吸尘吸水机推进办公区域后，丘某某随即推着小板车去厕所接清水，崔某某则去卷公司门口的红色塑胶地毯，由于其力气较小，濮阳某某便安排2名男员工将红色塑胶地毯抬到厕所去清洗。崔某某负责打扫地毯下面留下的灰尘。

13 时 06 分，崔某某听见“砰”的一声响，发现办公区域着火了，紧接着其脚下的地板也都着火了，崔某某连忙向外跑，路过厕所时将着火情况告知 2 名清洗红色塑胶地毯的员工和正在接水的丘某某，4 人一起跑到一楼空地，随后看到周某某身上着火冲出前门。事故造成濮阳某某、白某某、祁某某死亡，周某某受伤。

事故发生后，消防人员接到报警迅速赶往事故现场，并将明火全部扑灭。

事故后经核算，员工们从公司素材清洗区共抬了 4 筐（两个大号筐，两个小号筐）白电油到办公区域，大号筐白电油质量约 30 kg、小号筐白电油质量约 20 kg，4 筐白电油总质量约 100 kg。

（3）事故原因分析

1）直接原因

该公司员工违规使用危险化学品白电油清洗办公区域地毯，白电油挥发的蒸气与空气形成爆炸性混合物，遇吸尘吸水机作业时所产生的电火花发生燃烧、爆炸。

2）间接原因

①该公司安全生产主体责任落实不到位。作为危险化学品的使用单位，未建立、健全本单位使用危险化学品的安全生产管理制度并严格执行。未按照《中华人民共和国安全生产法》的相关规定配备专职或者兼职的安全管理人员，该企业的主要负责人和安全管理人员不具备与本单位所从事的生产经营活动相适应的安全生产知识和管理能力。对作业现场安全管理不到位，未及时检查发现并消除事故隐患，对员工违章作业缺乏有效监管。

②该公司未按照《中华人民共和国安全生产法》的相关规定对本单位从业人员进行安全教育培训。绝大多数员工不了解本公司生产过程中使用的危险化学品白电油的危险特性，不具备必要的安全生产

知识，未拒绝行政人事主管濮阳某某的违章指挥。

③该公司未制定事故应急救援预案，未组织员工进行危险化学品事故应急救援演练，事故发生时，员工应急处置方法不当。

（4）事故教训和相关知识

这起事故中涉及的白电油学名叫正庚烷，是一种无色易燃液体，主要用于丙烯等烯烃聚合时的溶剂，具有一定的毒性，长期接触可导致人体出现头痛、头晕、乏力、四肢麻木等慢性中毒症状，严重的可导致晕倒、神志丧失、甚至死亡。白电油因具有高脂溶性和高挥发性且去污能力特别强的特点，常在工业上用作清洗剂，是五金、电子、印刷和制鞋等行业广泛应用的化学物品。同时，白电油挥发的蒸气与空气可形成爆炸性混合物，遇到电火花会发生燃烧、爆炸。因此，在大量使用白电油的环境中，要特别注意预防燃烧、爆炸事故。

针对类似事故，企业要落实安全生产主体责任，要加强对作业现场的安全管理，加强对危险化学品的安全管理，宣传相关知识，并要求企业员工以及管理人员严格执行安全生产规章制度、操作规程和遵守劳动纪律。

22. 擅自实施开关柜清灰作业触电事故

2017 年 1 月 29 日 8 时 32 分，江苏省张家港市某热电有限公司（本案例以下简称热电公司）在生产过程中，发生一起触电事故，造成 1 人死亡，直接经济损失 100 万元。

（1）事故相关情况

热电公司成立于 2004 年 4 月，经营范围：电力、蒸汽、热水的生产、供应等。

事故发生于热电公司 10 kV 开关室 102 柜处，系 1 号炉送风机电机配套开关，额定电压为 12 kV。102 柜为铠装移开式交流金属封闭开关设备，柜体长×宽×高为 1 600×800×2 300 mm，由上部的继电器室及母线室、中部的断路器室、下部的电缆室组成。当断路器移出，母线侧静触头即被隔板（活门）阻隔，但母线侧静触头仍带电。

（2）事故发生经过

1 月 25 日，热电公司停机、停炉进入年度设备检修阶段。1 月 29 日，电气检修专业工程师赵某某根据设备检修计划安排电气检修人员对 1 号炉附属送风、排风等 5 台电机高压开关柜实施清灰作业，并由电气运行专业工程师季某某签发“第一类工作票”。8 时 25 分，电气检修电工光某某办理完工作票后，会同当班电气运行班班长路某以及其他电气检修人员尤某某、沈某某、金某某、张某 5 人进入 10 kV 开关室，准备实施清灰作业。

路某进入开关室，采取闭合接地闸刀等相关安全措施后，于 8 时 28 分离开。光某某等 5 人利用工具小车将 102 柜、161 柜的断路器移出至通道内，光某某、金某某、沈某某、张某 4 人分 2 组利用抹布、酒精试剂分别对 102 柜、161 柜移出断路器进行清灰作业（即为工作票中的“开关清灰”作业），电气检修人员尤某某则利用毛刷、抹布对 102 柜断路器室内部实施清灰作业。

8 时 32 分，正在实施清灰作业的光某某发现有道弧光闪现，看到尤某某趴倒在 102 柜断路器室内，便立即将其拉出并进行现场急救，然后送尤某某至医院救治。尤某某因伤势过重经抢救无效死亡。

（3）事故原因分析

1）直接原因

作业人员尤某某在不具备高压电工作业操作资格的情况下，冒险进行高压开关柜清灰作业，且在作业过程中，接触到母线侧静触头铜排，作业时未穿戴合格的绝缘鞋、绝缘手套，导致触电事故发生。

2）间接原因

①热电公司未认真落实安全生产责任制，安排不具备高压电工作业操作资格的人员参与高压设备检修。

②热电公司对从业人员安全教育培训不到位，未能督促员工严格执行安全操作规程。

③热电公司对现场作业安全监管不到位，事故隐患排查治理工作不到位。

（4）事故教训和相关知识

在这起事故中，作业人员没有按照规定穿戴合格的绝缘鞋、绝缘手套，这是严重的违章行为，也是遭受高压电击导致伤亡的一个重要原因。

所谓绝缘，是指用绝缘材料把带电体封闭起来，借以隔离带电体或不同电位的导体，使电流能按预定的路径流通。良好的绝缘是保证电气设备和线路正常运行的必要条件，也是防止触电事故的重要措施。绝缘材料往往还起着其他的作用，如散热冷却、机械支撑和固定、储能、灭弧、防潮、防霉以及保护导体等。从业人员在作业时穿戴合格的绝缘鞋、绝缘手套，是一种自我保护措施，当遇到漏电等意外情况时，能够保护自己免受伤害。操作人员从事电工作业时，不穿戴合格的绝缘鞋、绝缘手套，是缺乏基本安全生产知识的表现。

需要注意的是，电工产品的质量和使用寿命，在很大程度上取决于绝缘材料的电、热、机械和理化性质，绝缘材料在外电场的作用下会发生极化、损耗或击穿，在长期使用条件下还会老化。因此，当绝缘鞋、绝缘手套达不到使用标准时，就要及时更换。

对于事故企业，必须深刻吸取此次事故教训，严格执行有关安全生产的法律、法规，建立、健全本单位安全生产规章制度和操作规程，认真开展事故隐患排查治理工作，加大对作业现场的监管力度，及时消除各类事故隐患。企业还应加强从业人员安全教育培训，确保特种作业人员持证上岗，督促从业人员严格执行安全生产规章制度和操作规程，不断提高各类从业人员的安全意识和自我防范意识。

23. 未按照规定要求着装触电事故

2012 年 3 月 24 日 15 时左右，江苏省南京市某专业检修安装公司工作人员在某外资化工企业 10 kV 配电间内，进行高压配电柜维修施工。施工后，在对配电柜进行检修清扫时，1 名工作人员发生触电死亡事故。

（1）事故发生经过

3 月 24 日 8 时 30 分，该专业检修安装公司的工作人员在某外资化工企业 10 kV 配电间内，进行高压配电柜维修施工。在确认 3 kV 变压器已停电、停止 10 kV 侧待检修的高压配电柜运行并采取相关安全措施后开始施工。14 时 50 分，该外资化工企业项目负责人离开现场，当时配电柜的真空断路器已移至配电柜外，由 3 名工作人员对其进行耐压试验。汤某等 2 人对配电柜进行检修清扫等工作，范某等 2 人在 3 kV 配电柜内侧工作，1 名安全员负责施工现场的安全监督工作。15 时左右，现场工作人员听见爆鸣声，发现汤某倒在地上，裤子上有火苗。现场工作人员立即取来干布，将汤某身上的火扑灭并实施人工呼吸，安全员拨打了“120”急救电话。15 时 45 分，现场工作人员将汤某送往附近医院救治，后经抢救无效死亡。

（2）事故原因分析

1）直接原因

①汤某使用酒精清洁剂对配电柜进行清洁保养，该配电柜的真空断路器事发时正在做耐压试验，加载电压为 40 kV。汤某身体与真空

断路器背面加压试验的端子距离小于 0.7 m（10 kV 线路最小安全作业距离），产生放电并引燃身上的酒精等可燃物。

②配电间地面未全部铺设高压绝缘垫，暴露部分水泥地面，降低了人体接地电阻。

③汤某未按照规定穿戴耐高压绝缘手套和绝缘鞋，只是穿着普通绝缘鞋，不满足高压环境作业需要，没有起到防护作用。

2）间接原因

①该专业检修安装公司检修现场混乱，项目负责人不在现场，施工安全员曾经中途离开后又返回，对现场出现的违章行为未及时发现，更没有进行制止。7 名工作人员同时进行 3 项不同的工作，相互之间没有有效的衔接和统一指挥、协调。事发时，对真空断路器进行耐压试验和断电检修的工序交接不清。

②事发前该外资化工企业曾对工作人员进行安全教育培训，但对负有监督管理责任的施工方项目负责人和施工安全员，未进行安全教育培训，未起到实际效果。

③汤某安全意识淡薄，自我保护意识差，未注意观察真空断路器背面处于通电试验状态，未按规定穿戴耐高压绝缘手套和绝缘鞋。

（3）事故教训和相关知识

这起事故的发生，与作业人员的麻痹大意及缺乏安全生产知识有关。7 名作业人员，在一个不宽敞的空间同时进行 3 项不同的工作，相互之间也没有有效的衔接和统一指挥、协调。事故的发生，也印证了这种交叉作业的危害。

对于事故企业，要深刻吸取本次事故教训，加强对安全生产规章制度和操作规程的学习，加强对作业人员的安全教育培训，提高其操作水平和安全意识。要严格作业人员的着装，从事电力作业人员必须按照规定穿戴耐高压绝缘手套和绝缘鞋。事故企业应在全公司范围内开展反“三违”活动，对岗位上存在的“三违”现象，进行排查登记并采取相应的防范措施，在活动开展过程中严格考核，形成人人遵章守纪保安全的局面。

24. 将汽油泼洒在柴油发电机上爆燃事故

2010 年 9 月 16 日 17 时 40 分，江苏省某设备制造公司装配油漆工段发生一起爆燃事故，造成 4 人死亡、2 人重伤。

（1）事故相关情况

7 月初，该设备制造公司由于生产任务重、人手紧，拟将柴油发电机组表面清洗油漆施工工程进行外包。8 月初，王某以表面喷涂防腐和船舶主辅机油漆工程施工为经营范围，专门向当地工商行政管理机关注册登记建立新公司，并临时招聘人员准备承包该项工程。为获得承包资格的认可，王某向该设备制造公司提供了虚假营业执照复印件、虚假业绩表和员工名单，将营业执照的实际注册时间由 2010 年修改为 2007 年。获得初审认可后，王某陆续招聘人员进入新公司进行实习培训。8 月 12 日，王某的新公司在该设备制造公司师傅的指导下开始独立试生产。8 月 16 日，王某的新公司通过了该设备制造公司的审查。8 月 24 日，在该设备制造公司生产调度会上，正式安排王某的新公司独立进行柴油发电机组表面清洗油漆工作。应王某的要求，该设备制造公司指派 2 名师傅指导王某的新公司人员进行清洗油漆作业。生产调度会后，该设备制造公司生产管理部负责外包合同、安全生产管理协议的起草工作，并启动公司签署外包合同的审查程序，9 月 16 日事故发生时，外包合同和安全生产管理协议均未签署。

（2）事故发生经过

9 月 16 日 17 时 20 分，王某安排新公司的 6 名作业人员陆续进入该设备制造公司装配油漆工段开始作业，其任务是为 6 台柴油发电机组进行表面清洗和喷漆。现场采取 1 人负责 1 台设备进行作业，3 人 3 台设备为一组。作业时，作业人员先采用工业汽油擦洗柴油发电机组设备，为下道工序喷漆做准备。作业人员在擦洗过程中，由于设备数量多、表面积较大，以及使用汽油量大，加之违规作业，造成汽油大量挥发，使操作空间内形成浓度较大的汽油蒸气与空气的混合物。17 时 29 分，站在设备上清洗的刘某对旁边作业的王某说："我开始有点头晕了。"17 时 40 分，现场突然发生爆燃，6 名作业人员当场严重烧伤。

事故发生后，与该工段南北毗连的总装和试验 2 个工段的当班人员闻讯后迅速赶到现场，抢救伤员和扑救火灾。17 时 50 分，消防人员将大火扑灭，把伤员送往医院抢救。

（3）事故原因分析

1）直接原因

作业人员在使用低闪点、易燃的工业汽油擦洗柴油发电机组的过程中，由于作业空间过于狭窄，人员过于集中，设备清洗表面积大，使用汽油量大，违规将装在小桶内的汽油直接泼洒在柴油发电机组上，造成汽油大量挥发，使操作空间内形成浓度较大的汽油蒸气与空气的混合物，遇到点火源就发生爆炸、燃烧。

2）间接原因

①王某的新公司没有履行安全生产责任制和制定安全生产规章制度；企业主要负责人未经过安全教育培训，未取得安全资格证书上岗；没有对新进员工进行三级安全教育，安全管理严重缺失，未设置安全生产管理机构和配备专职安全生产管理员，现场作业负责人不明确，作业人员职责分工未落实；未经请示报告，随意调换现场作业人员。

②王某的新公司在资质申报上弄虚作假，不具备从事清洗油漆危险作业的安全生产能力和条件。

③王某的新公司对清洗油漆作业的危险性、危害性认识不足，安全防范意识不强。未能严格控制汽油使用量，未能正确掌握其使用方法；未能严格执行相关管理规定，给作业人员配发的劳动防护用品，不符合安全规范要求。

④未能严格遵守有关安全生产规章制度和操作规程等。工人进入清洗油漆危险作业区域操作时，违反相关规定，未穿防静电服，甚至携带香烟、打火机等物品。

⑤安全管理人员不明确，检查不严格。清洗油漆危险作业区域人员随意进出，无人过问。

（4）事故教训与相关知识

事故发生后，经过对现场的勘查发现以下情况：

现场有装过汽油的 5 只手提式小油桶和 2 只大油桶留有被烧残痕。

事故现场地面有打火机、手机、香烟（非整盒）和铁质工具等遗留物品存在。车间内墙壁装有普通电气开关盒和 5 台普通空调主机（不防爆）；其中 1 台空调主机排水管有过火痕迹。现场设有员工更衣柜和员工休息区，休息区茶几上的茶杯里有残留烟头。

经分析，造成爆燃的点火源可能有以下几种：有人吸烟或使用打火机、化纤工作服产生静电火花、金属物件撞击或摩擦产生火花、不防爆的电气开关设备产生的火花或电弧、使用手机等。

从事故现场情况来看，在约 1 100 m^2 的空间内，大规模毫无节制地使用工业汽油，必然导致作业空间内形成浓度较大的汽油蒸气与空气的混合物，遇到点火源会发生爆炸、燃烧。

25. 新员工钻入设备内部机械伤害事故

2018 年 4 月 3 日 19 时 10 分，浙江省常州市某橡塑制品有限公司（本案例以下简称橡塑公司）三车间在生产中，1 名操作人员在对塑料压延膜收卷机手动换卷时，被高速旋转的卷轴卷入受伤，经抢救无效死亡。

（1）事故相关情况

橡塑公司成立于 1999 年 4 月 13 日，经营范围：电子元件、机械零部件制造加工等。该公司目前有员工 250 人。

事故设备为全自动中心收卷机，用于服装、箱包、雨衣等人造革类的收卷。该设备外形尺寸：长 2. 4 m、宽 2. 35 m、高 3. 1 m，卷取线速度为 0～120 m/min。该设备自 2016 年 10 月使用以来未出现过故障。

（2）事故发生经过

4 月 3 日晚，橡塑公司三车间组织正常夜间作业，由班长吴某某、副班长车某、操作工胡某某负责操作塑料压延膜收卷机。19 时 10 分，在对塑料压延膜收卷机进行换卷后，后续的塑料膜未能卷上新卷轴，操作工胡某某看到后未听副班长车某的劝阻，在设备运转的情况下，冒险从设备左侧底部钻入卷轴下方，徒手将塑料膜扶到卷轴上时，被高速旋转的卷轴卷入受伤。

事故发生后，现场人员立即将设备关停，并迅速把胡某某送至医院抢救，但因伤势过重经抢救无效死亡。

（3）事故原因分析

1）直接原因

操作工胡某某是该公司新员工，安全意识淡薄，在发现设备不能自动卷塑料膜的异常情况下，未能及时向机修人员报告并停车检查，未听副班长车某的劝阻，而是在设备运转的情况下钻入卷轴下方，徒手将塑料膜扶到高速（速度约 60~100 m/min）旋转的卷轴上时被卷入受伤，胡某某的违章作业行为是事故发生的直接原因。

2）间接原因

①橡塑公司安全管理工作不到位，安全教育培训工作不到位，未制订安全教育培训计划，新员工接受培训学时不足，未能及时发现并制止员工违章作业行为。

②橡塑公司安全生产主体责任落实不到位，一是安全教育培训工作开展不到位，尤其是新员工的三级安全教育培训工作不到位。二是事故隐患排查治理不到位，未在设备传动部位增设相关的安全防护栏，未张贴“禁止进入”等安全警示标志。三是对设备可能出现的故障没有采取有效的安全防范措施。

（4）事故教训与相关知识

新入职的员工一般比较年轻，有活力，但是新员工对安全生产工作的认识不足、安全意识淡薄、责任心不够强。因为绝大多数的新员工入职后虽然经过短时间的安全教育培训，初步了解了相关安全生产规章制度，但缺乏工作实践和亲身体验，对安全生产工作的重要性认识仍然较浅，往往认为自己最主要的任务就是用最短的时间学会生产技术，生产出合格的产品。因而忽视学习安全生产知识，甚至还认为自己是学徒工，安全生产是师傅的事，是领导的事，与自己的关系不大。

大量的工伤事故分析统计资料表明，工伤事故与年龄存在着一定的关系，工伤事故发生频率的最大值在 18~30 岁之间，刚入职工作不久的青年新员工最容易发生工伤事故。

在预防事故方面，特别是预防新员工发生事故方面，班组长的责任重大。班组长要组织新员工学习并贯彻执行企业、车间各项安全生产规章制度和操作规程，教育员工遵章守纪，制止违章行为。班组长要经常组织安全活动，坚持班前讲安全、班中检查安全、班后总结安全，加强对新员工（包括实习、代培人员）的岗位安全教育。

这起事故发生后，橡塑公司加强了对从业人员的安全教育培训，尤其是对新员工的三级安全教育培训；认真开展事故隐患排查治理工作，切实加强生产现场的安全防护措施；进一步加强对生产现场的安全监督管理，杜绝员工的“三违”现象，确保安全生产。

26. 错误使用盛装过盐酸的塑料桶盛装双氧水爆炸事故

2013 年 12 月 29 日 13 时 50 分，山东省临沂市某化工厂过氧化甲乙酮生产装置南侧空地上，一辆载有双氧水的槽罐车在卸料至多个双氧水塑料桶过程中，发生一起爆炸事故，造成 3 人死亡，直接经济损失约 200 万元。

（1）事故相关情况

该化工厂成立于 1997 年 5 月，共有员工 21 人，经营范围：生产销售甲酸、过氧化甲乙酮，销售元明粉。该企业设置有安全、生产技术、销售等部门，现有甲酸和过氧化甲乙酮 2 条生产线。

事故发生时，该化工厂工作人员正在过氧化甲乙酮生产装置南侧空地上，从一辆载有双氧水的槽罐车向自备的多个双氧水塑料桶内卸料，发生爆炸的为其中 1 个已装满双氧水的蓝色塑料桶。经询问该化工厂有关人员和现场查验、比对，事故发生前过氧化甲乙酮生产线共有规格型号一致、材质为高密聚乙烯的蓝色 200 L 塑料桶 144 个。其中 130 个桶是该化工厂专门购买的，用于双氧水储存；其他 14 个桶是一个月前从鲁南化工市场一商户抵扣的废盐酸盛装桶，准备用来盛装甲酸，一直露天存放在该化工厂门口南侧，距装卸点约 20 m。

（2）事故发生经过

该化工厂过氧化甲乙酮生产线于12月25日停产。12月27日，该化工厂联系某化工公司购买双氧水准备恢复生产。装载29.36 t双氧水（过氧化氢含量50%）的车辆于12月29日7时到达该化工厂。

押运员负责装好卸车软管后，该化工厂2名员工开始进行卸车作业，1人负责装桶，1人负责转运。13时10分，员工们吃完午饭后继续进行卸车作业，13时50分，位于该车辆西北侧的1个装满双氧水的塑料桶突然发生爆炸。

爆炸造成水泥地面下陷15 cm，形成1个大坑，周围10余个待转运的双氧水塑料桶被炸飞，距爆炸点北侧3 m处的生产厂房外墙倒塌，约100 m范围内的建筑物门窗玻璃不同程度受损。

爆炸发生后，该化工厂员工迅速撤离至安全地带，并立即报警。接警后，当地公安局对事故现场及周边道路实施封闭管理，消防大队出动消防车辆对事故现场及相关装置进行雾状水喷淋，环保部门对生产厂房北侧排水沟进行封堵并对现场进行取样检测，安监部门组织化工专家对现场进行勘查，对运输车辆中残存的双氧水进行取样化验，并对剩余双氧水塑料桶及车辆进行了处置，有效避免了次生灾害的发生。

（3）事故原因分析

1）直接原因

该化工厂员工违规使用盛装过盐酸的塑料桶盛装双氧水，桶内残存的Fe^{3+}离子及其他金属杂质引起双氧水急剧分解导致超压爆炸。

2）间接原因

①该化工厂未按规定使用双氧水专用包装桶盛装双氧水，重复使用前未对双氧水塑料桶进行安全检查。企业员工违规使用盛装过盐酸

的塑料桶盛装双氧水。

②该化工厂主要负责人安全意识不强，安全生产职责履行不到位，企业安全生产责任制不落实，安全生产规章制度和操作规程不健全，没有建立双氧水等危险化学品卸车管理制度和安全操作规程。

③该化工厂安全教育培训工作流于形式，对员工安全教育培训不到位，没有建立从业人员安全教育培训档案，员工对双氧水的物化性质不熟知，特别是对双氧水遇碱、活性金属粉末会发生剧烈化学反应甚至爆炸等危险特性不了解，员工安全防范意识和事故应急处置能力不强。

④该化工厂安全生产自查自纠工作不深入，安全大检查流于形式，生产现场安全管理混乱，使用的危险化学品塑料桶没有显著标志，堆放杂乱，极易导致混用现象的发生。

（4）事故教训和相关知识

过氧化氢（H_2O_2）俗称双氧水，其外观为无色透明液体，是一种氧化剂，其水溶液适用于医用伤口消毒、环境消毒和食品消毒。在一般情况下会分解成水和氧气，但分解速度极其缓慢，加快其反应速度的办法是加入催化剂——二氧化锰或用短波射线照射。双氧水的化学性质不稳定，接触催化杂质时会发生分解放热反应。双氧水的温度和浓度越高，分解速度越快，分解加剧。在塑料桶密封条件下，Fe^{3+}离子催化双氧水加速分解，分解产生的高温水蒸气和氧气不能及时有效排放，促使桶内的双氧水、氧气和水蒸气产生高温高压导致爆炸。

对于这起事故，事故企业要认真吸取教训，切实加强安全管理。

一是加强危险化学品装卸现场管理。现场作业人员必须按有关规定正确佩戴和使用劳动防护用品，按照安全操作规程正确操作；储存设备、电气设施和采用的装卸料方式必须符合国家标准规范的要求，在防火、防爆、防水、防静电、防重压、防摔拖等方面采取安全防范措施；设立危险化学品运输车辆专用停车场，并设置明显的警示标志，按要求注明危险化学品主要品种的特性、危害、处置措施、当地报警电话等。

二是强化对从业人员的安全教育培训。进一步强化危险化学品装卸车从业人员的安全教育培训，使他们熟悉发货和装卸各项安全操作规程，并能够自觉贯彻执行；熟悉自身岗位中存在的危险、有害因素，熟练掌握事故应急处置的程序，确保事故发生时能够正确处置，降低事故的危害程度。

班组应对措施和讨论

企业员工必须了解相关安全生产知识、生产技术知识。企业开展安全培训教育，不仅对新员工来说是需要的，而且对具有一定操作经验的老员工也是需要的，通过不断学习安全生产知识，不断提升自身安全技能，提高防范事故的能力。

1. 要实现安全生产不能缺少知识

从业人员进行生产作业，不能缺少安全生产知识。运用安全生产知识可以识别危险，保护自己，脱离险境。在此，我们来看一正一反2个事例。

(1) 几次受伤让他觉醒过来

袁某，是某化工厂的一名普通员工，工龄虽不长，工伤事故却不少。刚入厂仅15天，有一次往包装桶放黄磷时不慎被黄磷烧伤；1996年3月和9月，吊料作业时发生一氧化碳中毒；1998年2月10日，黄磷电炉排渣时，氧气回火，被烧伤了右手。几年的时间，他为企业创造的价值有限，但治疗费用却花费不少，仅几次工伤事故就花了医疗费8万多元。对连续几次工伤事故的发生，领导没少操心，家人更是忧心着急，他自己也是懊悔不已。每次出事之后，总告诫自己下次一定要小心谨慎，但还是事故不断。

1998年3月，该化工厂归属湖北某化工集团后，集团对安全生产抓得很紧，多次组织厂里搞安全教育培训，让员工系统地学习安全生产知识。袁某联系亲身经历几次事故的实际，痛定思痛，受到了很深刻的教育。他总结多次发生事故的主要原因：一是对安全生产管理制度、安全生产知识知道的不多，掌握得不牢。二是安全生产意识淡薄，干活毛手毛脚。总认为自己体质好，人灵活，干活没问题，不愿多学习安全生产知识和安全操作规程，多次付出血的代价。他以自己的切身经历，唤起同在生产一线的工友们，不能再受迟来觉醒之害，努力学习和掌握安全生产知识和安全操作规程，千万注意安全，时刻警钟长鸣！

（2）运用所学知识成功避险逃生

2004年2月26日，当时张某才参加工作半年，就与徐师傅一起上中班，来到某煤矿北1823初采工作面。采面长92 m，煤厚约3 m，地质条件看起来很好，徐师傅便安排张某攉浮煤。在工作中，他忽然听到顶板上方发出“嘎嘎”的声响，开始还以为是割煤机的声音没有在意，但后来声响越来越大了，他就想起进矿时安全培训老师讲过：“凡采高超过3 m或片帮严重时，液压支架必须有护帮板，防止片帮伤人；如果有异常声响，应立即停止作业。”种种迹象印证了当时老师所讲过的知识。于是，张某马上把这些情况告诉徐师傅，听了他的建议后，徐师傅立即停止了割煤机，撤出了现场工作人员。不一会儿，“轰隆”一声巨响，巷道冒顶垮塌了。

徐师傅和工友们都夸张某有预见性，他谦虚地说，自己就是把安全生产知识牢记在心，才让大家死里逃生，避免了这场恶性伤亡事故的发生。这次事故之后，只要矿上有新员工，矿领导总是让张某把自己的亲身经历讲给他们听，希望能教育这些新员工，在进行安全培训时一定要认真听讲，记住并运用所学到的知识，避免事故的发生。

2. 新员工的特点和安全教育的重点

新员工有自己的特点，归纳起来：一是新员工好奇心强，活泼好动，来到一个新的环境，见到了许多新鲜事物感到新奇，总想摸一摸、看一看、动一动，一不小心就酿成了事故。二是新员工血气方刚、逞强好胜，把许多事情看得很简单，又缺乏相关安全知识，常有大材小用之感，总认为自己什么都行，感觉不到有什么潜在的危险。三是新员工自恃自己身体壮，不注意劳逸结合，过度疲劳也会导致事故的发生。四是新员工涉世不深，在生活上遇到某些事情时容易激动，情绪不稳定，在作业时容易精神恍惚，注意力不集中而发生事故。五是新员工爱美，这是正常的，但在生产过程中，爱美必须以保证安全为前提。例如，操作旋转机床的女员工，长长的头发很美，但在生产中必须戴上安全帽，否则头发露在外面容易被机器绞进去，导致事故。

在班组组织的安全学习和安全活动中，要根据新员工的特点，有针对性地进行安全生产知识的学习和教育，提升其良好的安全素质，增强其预防事故的能力。对新员工进行安全教育主要有以下几方面的内容：

一是安全思想教育。新员工刚刚进入工作岗位，对安全生产基本上处于无知的状态，需要对他们进行安全思想教育。通过安全思想教育，使新员工认识安全生产这个客观事物，掌握和明确什么是安全生产、什么是“安全第一，预防为主，综合治理”的安全生产方针，要保证安全生产，为什么一定要制定各项安全生产规章制度和劳动纪律。只有在思想上对安全生产建立了正确的认识，才能有正确的态度，为以后学习安全生产知识、学习操作技术、搞好安全生产打好基础。

二是安全情感教育。要根据新员工的心理特点，进行安全情感方面的教育，通过教育，促使新员工对安全生产建立良好的情感和情绪，使他们明白安全生产不是与己无关的事情，而是与自己的安全、健康、幸福密切相关的事情。作为新员工，不仅要学习相关安全生产知识，还要在实际生产作业中运用安全生产知识。

三是安全责任教育。“安全生产，人人有责”，这是搞好安全工作的一项重要原则。员工（包括新员工）的责任主要是：自觉遵守安全生产规章制度，不违章作业，并且要随时制止他人违章作业；积极参加各种安全生产的活动，主动提出改进安全工作的意见；爱护和正确使用机器设备、工具及劳动防护用品等。

四是遵章守纪的教育。为了做好安全工作，预防事故的发生，每个企业都制定了各项安全生产规章制度以及工艺规程、安全操作规程等，这些都是保证安全生产所不可缺少的，每位员工都应遵守企业的劳动纪律和各项安全生产规章制度。要做到进入生产作业场所，必须按规定正确使用各种劳动防护用品，包括穿好工作服、戴好安全帽等；严禁穿背心、短裤、裙子、高跟鞋等不符合安全要求的衣着上岗。在有毒有害场所作业，还应按规定佩戴符合防护要求的面具等。

五是安全技术知识方面的教育。大量事故分析统计资料表明，缺乏安全技术知识是新员工发生事故的重要原因。因此，在组织新员工进行安全教育的同时，还应进行安全技术知识教育。由于各企业、各工种、各岗位的不同，所需要的安全技术知识的内容也各不相同。对刚入职的新员工来说，首先应该了解和掌握通用性的安全技术基础知识，如电气、机械、起重、运输、压力容器、防火防爆、防尘防毒、安全色、安全标志等方面等知识。

3. 班组讨论

(1) 你认为学习安全生产知识重要吗？你认为安全生产知识与事故的发生有联系吗？

(2) 你会如何学习安全生产知识？如何提高自己的生产技术水平？

(3) 如果遇到有人发生触电，你会如何实施救助？如果遇到有人在有限空间内发生中毒事故，你会如何实施救助？

(4) 如果班组来了新员工，你会主动帮助他吗？如果新员工向你请教安全生产方面的问题，你会耐心解答吗？

(5) 如果班组新来的员工不爱学习，你会如何做？是进行劝导还是不管不问呢？

四、疏忽大意引发的事故

在生产作业中，由于疏忽大意引发的事故很多，原因虽然各不相同，但是造成的结果都是导致人身伤害和财产损失。疏忽大意导致的过失又被称为无意识的过失，即行为人没有预见自己的行为可能会产生危害。如果在危害产生之前，行为人能够小心谨慎一些、认真负责一些，那么结果可能就会不一样。现在许多企业都在实行标准化作业，标准化作业即安全管理标准化、作业程序标准化、生产操作标准化。采取标准化作业，既能提高生产效率，又可以保证安全生产，尤其是有利于培养员工的安全意识、安全习惯、安全思维，还有利于避免由于疏忽大意引发的事故。

27. 电暖器长时间烘烤有机稀释剂铁桶引发火灾事故

2014年1月10日15时30分，河北省霸州市某家具厂发生一起火灾事故，造成5人死亡，直接经济损失660万元。

（1）事故相关情况

该家具厂主要负责人为王某某，家具厂在未取得营业执照的情况下于2013年2月投入生产，主要生产酒店专用餐桌、餐椅，现有员工约50人。生产厂房为王某某所租赁的房屋，占地面积4 896 m^2，建筑面积4 400 m^2。

（2）事故发生经过

1月10日下午，该家具厂员工张某某和梁某某进入海绵车间作业，梁某某负责喷胶，张某某负责粘海绵。15时30分，梁某某和张某某先后离开车间，待张某某刚走到海绵车间的东门口时，电暖器处突然发生爆燃。张某某迅速跑回爆燃处挪椅子，此时搭在钢结构承重夹层上垂下的胶管烧爆，火势迅速蔓延引燃周围海绵，张某某跑出去喊人，梁某某拿着灭火器去灭火，但火势已无法控制，并产生大量有毒烟气。梁某某和隔壁缝纫车间的4名女员工没有来得及逃离现场而遇难。

事故发生后，车间员工刘某某拨打了“119”报警。15时48分，某消防中队接到命令后，立即出动3辆消防车、12名消防员到场救援。随后，公安消防支队指挥中心相继调集8个中队、15部消防车、84名消防员到场增援。21时55分，经过约6个小时的全力奋战，大火被扑灭。在此期间，救援人员先后在缝纫车间和海绵车间搜寻出5名遇难人员遗体。

（3）事故原因分析

1）直接原因

电暖器长时间烘烤东侧密闭铁桶，致使铁桶内蒸气压力过大，桶盖崩开，桶内有机稀释剂蒸气瞬间大量喷出，遇电暖器发生爆燃，引发火灾。

2）间接原因

①该家具厂安全生产主体责任不落实。该厂安全管理混乱，岗位职责不清，未制定安全生产管理制度和安全操作规程，厂内员工未经

安全教育培训，安全意识淡薄。在明知厂区车间内存放和使用易燃原材料的情况下，违规配置电暖器取暖。

②该家具厂布局不合理，各生产车间彼此相连，车间之间缺少安全间距，未设置疏散通道和安全出口，员工逃生困难。

③该家具厂安全生产环境恶劣，缺少必要的劳动防护用品及安全防护措施。海绵车间内存放大量海绵致使火势迅速蔓延扩大，并产生大量有毒烟气。

④该家具厂厂房安全设施不完备。将厂房出租给不具备安全生产条件和相应资质的生产经营单位。厂房未设置室内、室外消防给水系统，厂房内建筑物之间防火间距不够。

（4）事故教训和相关知识

这起事故是由于电暖器长时间烘烤引发的，也与使用人员疏忽大意有关。所用电暖器依靠电热辐射元件以及反射装置向特定空间方向发射红外线辐射，以实现传热效果。同时利用反射罩将热量以及红外线定向反射取暖。跟其他的取暖器相比较，此种电暖器加热快、耐用性好，但有一个缺点就是它并不能起到均衡室内温度的作用，所以只能用作局部的取暖。

在使用此种电暖器时，使用前要认真检查电暖器的插头、电线和电线与机体的连接处，看是否有漏电或连接不牢固的地方。在使用中，由于电暖器在工作时机体顶部温度比较高，上面不能覆盖物品。特别是衣服或棉被之类，一旦覆盖物品，机体的热量不能及时散发，会造成烧机和发生火灾的危险。同样的道理，在电暖器附近不能存放易燃物品，由于长时间高温烘烤，会导致易燃物品燃烧，引发火灾。

28. 自制金属电热水盆引燃混凝土保温棉被导致火灾事故

2012 年 12 月 22 日 4 时左右，陕西省延安市某大厦发生一起较大火灾事故，过火面积约 5 000 m^2，造成 3 人死亡，直接经济损失 4 983.9 万元。

（1）事故相关情况

某大厦于 1998 年建成并投入使用，主楼建筑高 48 m，总建筑面积 12 600 m^2。1 层至 4 层为对外出租商铺，共有商铺 335 个。

10 月 20 日至 10 月 22 日，该大厦大楼北侧裙楼墙体发生裂缝，为了该建筑物安全，需要对其基础采取托换加固。陕西某土木工程科技有限公司（本案例以下简称土木工程公司）负责实施加固工程。

（2）事故发生经过

根据延安的气候特点，11 月 15 日至次年 3 月 15 日，一般不进行户外施工作业。基于该工程系应急抢险工程，11 月 26 日，土木工程公司进驻施工现场。在施工过程中，为了保温，该公司在建筑物水泥柱周围生了 4 个无烟煤火炉，并用棉被将水泥柱包裹起来，同时从该大厦 2 层搭建彩条布将水泥柱及工地遮盖。

由于工地通风不畅，工人们感觉不适，12 月 21 日下午，施工人员张某某购买了 2 根电热管，回到工地后自制金属电热水盆，改用电烧水方法给水泥柱加热、加湿，但未指定专人看护。12 月 22 日 3 时左右，张某某给 4 个无烟煤火炉加煤后回帐篷睡觉。4 时左右，工友王某从帐篷窗口发现包裹水泥柱的棉被和彩条布着火后，马上叫醒张某某、赵某某、盛某，4 人开始灭火。但由于灭火器材不足，火势太大并沿着包裹水泥柱的棉被迅速向上蔓延，导致该大厦火灾事故的发生。

事故发生后，延安市消防支队作战指挥中心接到报警后，立即调动宝塔、特勤、姚店 3 个中队赶赴火灾现场组织扑救。鉴于火势猛烈，延安市消防支队先后调集了周边多支企业消防队，共 332 名消防员和 53 辆消防车进行灭火，并全力搜救被困人员。大火于 12 时 50

分被扑灭。

（3）事故原因分析

1）直接原因

张某某自制的金属电热水盆因长时间通电，盆中盛的水被完全蒸发后，炽热的盆体引燃用于给水泥柱保温的棉被，是造成事故的直接原因。

2）间接原因

①土木工程公司安全生产主体责任落实不到位。该公司施工前未编制项目施工安全技术措施和应急救援预案，安全管理制度不健全，施工人员未经安全教育培训，安全意识淡薄。

②防火分隔不严密。施工现场占用该大厦部分房屋，在原有外墙拆除后，内部用彩钢板和石膏板制作临时隔墙与外部分隔，但隔墙仅做至吊顶顶部，原有通风管道仍贯通临时隔墙。当火灾发生后，在风力的作用下火焰通过吊顶顶部空间及通风管道迅速进入该大厦内部。

③灭火器材配置不到位。施工现场均未按要求配置灭火器材，火灾初期只能用工地堆放的积雪灭火，未能有效阻止火势蔓延。

④安全用电不符合要求。张某某违反相关规定，私自购置电热管，擅自组装金属电热水盆。在使用过程中，未指定专人看护。

（4）事故教训和相关知识

建筑施工现场易燃、可燃材料多，火势蔓延速度快，企业雇用的外来务工人员，吃住都在工地，生活中使用的物品大多可燃，大幅度增加了施工现场发生火灾的可能性。一旦发生火灾，势必造成猛烈燃烧，迅速蔓延。

为预防施工现场火灾事故的发生，建筑施工企业要做好以下防火工作。一是必须要对临时雇用的外来务工人员进行消防安全教育，使其熟知并掌握基本的消防安全知识，特别是要加强对电焊、气焊等具有火灾危险的作业人员消防安全培训，必须持证上岗。二是要加强施工现场的用火管理。要严格落实危险场地动用明火作业审批制度，氧气、乙炔瓶不能混放，焊接作业时要派专人监护，配置必要的消防器材，并在焊接点附近采用不燃材料板遮挡并清理其周围的可燃物，防止喷溅。三是在外来务工人员宿舍、员工休息室、危险物品库房等区域内设置“严禁吸烟”等消防安全标志，设置吸烟室或指定安全的吸烟区。四是加强施工现场的安全用电管理。要正确合理地安装和维护电气设备，经常检查电气线路、电气设备的运行情况，重点检查线路接头是否良好、有无保险装置、是否存在短路发热、绝缘损坏等现象。

29. 误将无包装标志的化工原料投入釜中导致爆燃事故

2018 年 7 月 12 日 18 时 42 分，四川省宜宾市江安县某科技有限公司（本案例以下简称科技公司）发生一起重大爆燃事故，造成 19 人死亡、12 人受伤，直接经济损失约 4 142 万元。

（1）事故相关情况

科技公司成立于 2015 年 6 月，经营范围：化学原料中间体和化学制品研发、制造、销售、技术服务、设备安装等。

该公司厂区占地面积约 25 亩，总建筑面积 6 339 m^2，建有办公楼、一车间、二车间、三车间、精制车间、库房一、库房二等。一车间、二车间、三车间位于厂区中部西侧由北向南依次排列，均为地上三层钢结构建筑，建筑面积 896. 67 m^2；精制车间位于三车间东侧；库房一、库房二位于厂区东侧；办公楼平行位于一车间北面。

事故装置位于科技公司二车间三楼西北角。编号为 2R301 的搪瓷反应釜（本案例以下简称 2R301 釜）是用于咪草烟合成过程中将原料丁酰胺进行脱水的设备，配置有釜顶螺旋板冷凝器、玻璃材质回流分水器以及甲苯冷凝液接受槽（在二车间底楼）。

（2）事故发生经过

7月12日11时左右，科技公司副总经理陈某某接到四川某物流有限公司江安县营业部送货员肖某的电话，告知其有一批货物已送达。11时30分，宜宾某物流公司吴某将2 t标注为原料的COD去除剂（实为氯酸钠）送至科技公司仓库，随后安排3名工人完成了卸货。入库时，仓库管理人员未对入库原料进行认真核实，将其作为原料丁酰胺进行了入库处理。

14时左右，二车间副主任罗某某开具一张33袋丁酰胺领料单到库房领取，14时30分，叉车工王某某把库房发出的33袋丁酰胺（实为氯酸钠）运至二车间一楼升降机旁。15时30分，二车间当班工作人员通过操作升降机将生产原料丁酰胺提升到二车间三楼，而后用人工液压叉车转运至三楼2R301釜附近堆放。17时20分左右，2R301釜完成投料后夹套开始通入蒸汽进行升温脱水作业。18时42分，正值车间人员现场交接班时间，2R301釜发生化学爆炸。爆炸导致2R301釜严重解体，随着其解体过程冲出的高温甲苯蒸气，迅速与外部空气形成爆炸性混合物并发生二次爆炸。同时引起车间现场存放的氯酸钠、甲苯与甲醇等物料殉爆殉燃和二车间、三车间的燃烧。

（3）事故原因分析

1）直接原因

科技公司在生产咪草烟的过程中，操作人员将无包装标志的氯酸钠当作原料丁酰胺，补充投入到2R301釜中进行脱水操作。在搅拌状态下，引起釜内的丁酰胺与氯酸钠混合物发生化学爆炸，导致釜体解体，随着釜体解体过程冲出的高温甲苯蒸气，迅速与外部空气形成爆炸性混合物并发生二次爆炸。

2）间接原因

①安全管理混乱。该公司安全生产责任制落实不到位，安全生产职责不清，安全生产规章制度不健全，未制定岗位安全操作规程，未建立危险化学品出入库管理制度。未配齐专职安全管理人员，未开展安全风险评估，未认真组织开展事故隐患排查治理，风险管控措施缺失，违规在办公楼设置员工倒班宿舍，应急处置能力严重不足。

②生产工艺未经正规设计。该公司咪草烟生产工艺没有正规技术来源，也没有委托专业机构进行工艺计算和施工图设计。

③安全教育培训不到位。该公司主要负责人和安全管理人员未经安全生产知识和管理能力培训考核。未按规定开展新员工入职三级安全教育培训，日常安全教育培训流于形式，培训时间不足，内容缺乏针对性，无安全教育培训档案，作业人员普遍缺乏化工安全生产基本知识，不清楚本岗位生产过程中存在的安全风险和安全注意事项，不能严格执行生产工艺指标，不能有效处置生产异常情况。

④作业人员资质不符合相关规定要求。事故车间的特种作业人员未持证上岗，不能满足企业安全生产的要求。

（4）事故教训和相关知识

事故装置生产工艺比较复杂，具体操作流程为向 2R301 釜中加入物料甲苯和丁酰胺，边搅拌边向夹套通入蒸汽加热升温，共沸脱水（108 ℃左右）；待分水器内无水脱出后，蒸出甲苯。甲苯回流到 2R301 釜中再次与釜内物料中的水形成共沸物，进而将物料丁酰胺带入的水不断蒸出。由于错误地添加了氯酸钠，导致爆炸事故的发生。

企业生产是一个系统工程，特别是化工企业，在生产的每一个环节，都容不得疏忽大意，必须有严格的安全风险识别和事故隐患排查制度，一个人、一个环节的疏忽大意，就有可能带来灾难性的后果。

30. 未将磨煤机试验短接线拆除导致柜体爆炸事故

2012 年 3 月 28 日 23 时 23 分，江苏省南京市栖霞区某发电有限公司配电运行人员在对 1 号炉磨煤机 E 开关进行由冷备用状态转热备用状态的操作时，发生柜体爆炸，造成 1 人死亡、2 人被严重烧伤。

（1）事故相关情况

该公司设有 14 个职能部门，现有员工 273 人。

（2）事故发生经过

3 月 28 日，某电力检修公司金陵项目部对该公司高压配电房内 1 号炉磨煤机 E 开关进行耐压试验。3 月 31 日试验结束后，配电运行人员季某、于某、刘某对 1 号炉磨煤机 E 开关进行由冷备用状态转热备用状态的操作。当日 23 时 23 分，监控人员听到有较大的异响，并发现高压配电房内有烟冒出，于某、刘某从高压配电房跑出，现场人员急忙开展救援，并将 3 名伤者送至医院救治。季某于 4 月 2 日经抢救无效死亡，于某、刘某被严重烧伤。

（3）事故原因分析

1）直接原因

该电力检修公司人员在试验工作结束后，未将留在 1 号炉磨煤机 E 开关母线侧静触头试验短接线拆除。当运行人员将该磨煤机 E 开关由冷备用状态转入热备用状态时，母线侧静触头电源仍处于接通状态，遗留在静触头上的短接线使得母线侧的两相静触头短路。短路产生极大的热量，将许多元件及部分构件瞬间熔化，瞬时产生的大量热量在狭小的柜体空间内产生巨大的冲击力，造成柜体爆炸。

2）间接原因

①施工方作业不规范。该电力检修公司人员在做耐压试验时，未按规范对各相触头分别进行耐压试验，而是将三相触头短接加压试验。试验结束后，没有仔细检查试验短接线是否清理完毕，造成短接线遗留。

②试验结束后，该电力检修公司电气试验负责人未能认真履行复核检查职责。在1号炉磨煤机开关复位前，检修工作负责人和当班电气工作票签发人没有按相关规程认真检查开关，从而未能及时发现事故隐患。各项工作环节不规范和疏忽大意的累积，导致了事故的发生。

③安全意识淡薄，高压配电房施工安全管理体系形同虚设。

（4）事故教训和相关知识

这起事故中，存在的共性是施工的组织者、管理者、实施者均安全意识淡薄、责任心不强、对工作疏忽大意，管理者违章指挥，作业者违章施工，安全员缺失；施工单位安全生产管理制度齐全却不执行，安全生产规章制度完善而流于形式。出现上述现象的根本原因，不是安全生产规章制度不完善，而是安全教育的松懈造成从业人员安全生产知识和技能的缺乏，导致了不安全行为增多。所以应强化安全教育，重点要努力提高作业人员的责任心，提高管理人员的监督意识和施工人员的自我保护意识。

事故企业应认真吸取本次事故教训，要求在高压配电房内施工前，管理者应编制完善的施工方案，统一协调施工作业面的交接；施工现场应有监护人员，监护人员也应具备电气作业安全知识技能，并不得擅自离开岗位；在高压条件下施工作业前，作业人员应穿戴好专用劳动防护用品，不得用其他劳动防护用品替代；高压配电房内作业要严格执行工作票制度，需要停电检修设备时，须在切断电源处悬挂“停电警示牌”或安排专人值守。

31. 进行井下电缆敷设作业致人员触电事故

2010 年 6 月 14 日 13 时 15 分，北京市西城区某工程安装有限公司（本案例以下简称工程公司）组织作业人员在大兴区采育镇进行井下电缆敷设作业过程中，发生一起触电事故，造成 2 人死亡、2 人重伤。

（1）事故相关情况

工程公司经营范围：10 kV 及以下架空线路、变配电室、电缆安装等。

该公司所实施的项目为采育镇某小区一期南区配电室及外电源电缆敷设工程，由北京某房地产开发有限公司投资兴建，某供电安装公司为施工总承包单位，该工程于 2009 年 9 月 20 日开工。由于施工人员不足，该供电安装公司于 2010 年 4 月 30 日将该小区的 10 kV 外电源电缆敷设，高低压电缆敷设、安装项目分包给工程公司，计划于 6 月 30 日竣工。

（2）事故发生经过

6 月 14 日 13 时左右，工程公司施工现场负责人李某某、现场劳务负责人刘某某，指挥 9 名施工人员在 27 号住宅楼南侧进行井下电缆敷设作业，其中 4 名施工人员在井上负责收电缆，5 名施工人员在井下负责拉拽钢丝绳。

13 时 15 分，井下 5 名施工人员在井内使用钢丝绳固定住新电缆进行穿孔时，因孔内原有带电电缆发生破损，并且钢丝绳与破损处相接触，造成拉拽钢丝绳的 4 名施工人员黄某某、夏某某、李某某、肖某某触电。事故发生后，现场人员立即拨打了“120”急救电话进行求救，其中黄某某、夏某某2人经抢救无效死亡，李某某、肖某某无生命危险。

（3）事故原因分析

1）直接原因

施工人员在进行新电缆穿孔作业时，由于同一个孔内已经存在临时用电线路，在新电缆穿孔过程中，其中一条带电电缆被挤压摩擦至外皮破损，破损处又与拉拽新电缆所使用的钢丝绳搭接，导致施工人员触电。

2）间接原因

①违章指挥。《北京市建筑工程施工安全操作规程》规定：“在已送电运行的变电室沟内进行电缆敷设时，电缆所进入的开关柜必须停电，并应采用绝缘隔板等措施。”施工现场有关负责人在对孔内存在临时用电线路这一事故隐患未及时修改施工方案、也未采取任何安全防范措施的情况下，指挥施工人员下井作业，致使现场施工人员触电。

②未对施工人员进行安全教育培训。工程公司未能根据有关安全生产的法律、法规要求，对有关施工人员进行安全教育培训，造成其安全意识淡薄，缺乏必要的安全生产知识和操作技能，出现违章作业的行为。

③对电缆敷设的现场工作缺乏检查。工程公司主要负责人没有对施工作业现场进行安全检查，未能及时消除穿孔作业过程中的事故隐患。

（4）事故教训和相关知识

电缆通常是由几根或几组导线（每组至少2根）绞合而成，类似绳索，每组导线之间相互绝缘，并常围绕着一根中心扭成，外面包有高度绝缘的覆盖层。电缆多架设在空中或敷设在地下、水底，用于电信或电力输送。电缆按其用途可分为电力电缆、通信电缆和控制电缆等。

电缆主要由以下 4 部分组成。1）导电线心：用高电导率材料（铜或铝）制成。根据敷设使用条件对电缆柔软程度的要求，每根线心可能由单根导线或多根导线绞合而成。2）绝缘层：用作电缆的绝缘材料应当具有高绝缘电阻、很高的击穿电场强度、低介质损耗和低介电常数。电缆中常用的绝缘材料有油浸纸、聚氯乙烯、聚乙烯、交联聚乙烯、橡胶等。3）密封护套：保护绝缘线心免受机械、水分、潮气、化学物品、光等的损伤。对于易受潮的绝缘层，一般采用铅或铝挤压密封护套。4）保护覆盖层：用以保护密封护套免受机械损伤。一般采用镀锌钢带、钢丝或铜带、铜丝等作为铠甲包绕在护套外（称铠装电缆），铠装层可同时起到电场屏蔽和防止外界电磁波干扰的作用。为了避免钢带、钢丝受周围媒质的腐蚀，一般在其外面涂以沥青或包绕浸渍黄麻层或挤压聚乙烯、聚氯乙烯套。

相关企业应吸取事故教训，在进行电缆敷设时，工程技术人员在施工前应对作业现场进行详细调查分析，全面仔细地观察作业方法、环境条件，听取现场作业人员的反映，从而识别作业中所存在的危险、有害因素，并制定相关安全防范措施。具体作业前应对相关人员进行安全技术交底，作业人员必须经过安全教育培训，施工现场负责人在发现作业人员存在违章作业行为时，应及时制止。

32. 未采取有效防倾覆措施导致物体打击事故

2013 年 10 月 10 日 16 时左右，上海宝山区某电力安装公司（本案例以下简称电力公司）在某石油化工股份有限公司热电部实施 3

号、4号炉脱硝除尘改造项目。在4号炉低温省煤器管排安装过程中，发生一起物体打击事故，造成1人重伤，直接经济损失约49.2万元。

（1）事故相关情况

电力公司经营范围：电力设备安装修理、房屋建筑、建筑装潢、钢结构安装、压力管道安装、设备租赁、压力容器及管道的清洗等。

2013年6月，电力公司开始进行施工，按照工程进度，于10月5日安装低温省煤器管排。9月11日，电力公司与南通某船舶舾装工程有限公司签订“工程劳务用工合同”，约定由该公司向电力公司提供合格的现场施工人员，用工内容主要包括省煤器管道的组对、固定、焊接、检查等。

（2）事故发生经过

10月5日，作业人员开始安装低温省煤器管排，作业方式为用汽车起重机将两组管排吊至+29.5 m平台区域，用两组手拉葫芦将单组管排逐一吊至待安装位置区域进行焊接、固定。

10月10日7时30分，电力公司现场负责人白某某组织作业人员高某某等6人在+29.5 m平台区域进行下层管排安装作业。白某某安排作业人员用汽车起重机将待安装的管排分批吊运至+29.5 m平台区域临时堆放点，逐一搬运至待安装位置区域由西向东直立堆放在用于承重的3根槽钢上，并斜靠在钢结构上。同时，作业人员用钢丝每隔3~5组管排进行临时绑扎固定。16时左右，作业人员将第23组管排平放至待安装区域，为使管排对齐，高某某用钢管撬动第22组管排下部时，第7~22组管排突然发生倾覆，压住高某某胸部。

事故发生后，现场作业人员立即用手拉葫芦等将倾覆的管排吊起，救出高某某并抬至地面。待救护车赶到后，高某某被送往医院进行救治，于11月26日出院。

（3）事故原因分析

1）直接原因

现场临时堆放的管排未采取有效防倾覆措施，作业人员在撬动其中一组管排时，其他 16 组管排突然倾覆，压住作业人员，导致事故发生。

2）间接原因

①电力公司现场作业时未按原定施工方案进行逐排吊运、安装，未对施工现场可能存在的危险、有害因素进行充分辨识。

②电力公司项目管理组对施工现场疏于管理，未能及时发现现场作业中存在的事故隐患。

（4）事故教训和相关知识

这起事故的发生，与作业人员的麻痹大意有直接的关系。现场临时堆放的管排未采取有效防倾覆措施，20 多组管排堆放在一起，相互重叠、相互挤压，如果需要把管排堆放整齐，只能从上面开始一点点移动，而不能从下面进行撬动。如果从下面进行撬动，原来相互重叠、相互挤压的管排就会发生滚动以至于倾覆，伤及自己以及他人。

在实际生产过程中，作业人员需要熟悉相关安全生产知识，还需要把学到的相关知识运用到实际工作中去。企业也应加强对员工的安全教育培训，加强安全管理，督促作业人员严格执行各项安全生产规章制度，严格按照施工方案进行施工。在作业现场安全管理中，应加强现场危险源辨识，充分考虑现场作业过程中存在的主要危险、有害因素，制定有针对性和可行性的施工方案或安全技术措施，及时发现并制止违章违纪行为，确保现场作业安全。

33. 修车时未在下方架好支撑杆导致车辆伤害事故

2018 年 1 月 6 日 10 时 50 分，江苏省常州市武进区牛塘镇某汽车销售服务有限公司（本案例以下简称汽车公司）发生一起车辆伤害事故，造成1人死亡。

（1）事故相关情况

汽车公司成立于2016年2月24日，经营范围：二类汽车维修（货车）；汽车销售（除小轿车）；汽车零配件、润滑油的销售等。该公司现有员工7人。

（2）事故发生经过

1月6日10时50分，汽车公司在汽修车间组织修理一辆有故障的清扫车，当清扫车车厢升起后，修理工赵某某开始对车辆底盘进行维修，当其拆下车厢底部的液压控制阀的2根螺钉后，液压系统瞬间失压，厢体下落将其压伤。事故发生后，汽车公司立即组织人员开展救援，将赵某某从车厢下救出，并将其送至医院抢救。因伤势过重，经抢救无效于当天死亡。

（3）事故原因分析

1）直接原因

赵某某安全意识淡薄，操作错误。一是当故障车辆的车厢升起后，他未在下方架好支撑杆；二是维修时误拆液压控制阀的2根螺钉，导致厢体下落被压。赵某某的不安全行为是事故发生的直接原因。

2）间接原因

①汽车公司主要负责人黄某某未切实履行安全生产管理职责，对维修作业现场缺乏安全监督管理，未制定汽车维修岗位安全操作规程，对员工的安全教育培训不够。

②汽车公司的安全生产主体责任落实不到位，安全教育培训工作不到位，以会代训，未对安全教育培训的效果进行评价。

③汽车公司事故隐患排查治理工作不到位，未及时发现并消除现

场存在的事故隐患。

（4）事故教训和相关知识

这起事故的发生与作业人员的疏忽大意有关，通常情况下，进入车辆底部维修作业，都要注意先将车辆固定好，需要支撑杆的要支撑牢固，这样做的目的就是“不怕一万、就怕万一”。

汽车公司要认真吸取事故教训，举一反三，要层层落实责任，完善公司的安全生产规章制度，制定好汽车维修岗位安全操作规程，切实加强员工的安全教育培训工作，加强作业现场的安全监督管理，认真开展事故隐患排查治理工作，及时发现并消除现场存在的事故隐患，切实防止类似事故再次发生。

作业人员应树立安全生产意识，加强安全生产知识学习，提高安全操作技能，杜绝违章操作。在维修过程中，应做好各项安全防护措施，认真了解和熟知在施工过程中涉及的施工工艺、安全设施、机械使用等安全技术要求，达到安全生产的目的。

34. 车顶高处作业未采取安全防护措施导致高处坠落事故

2018 年 1 月 28 日 19 时 30 分，江苏省常州市新北区孟河镇某汽车零部件有限公司（本案例以下简称汽车公司）货物装卸区发生一起高处坠落事故，造成怀远县某物流运输有限公司（本案例以下简称物流公司）1 名员工死亡，直接经济损失 149 万元。

（1）事故相关情况

物流公司成立于 2008 年 10 月 21 日，经营范围：普通货运、货物专用运输（冷藏保鲜、罐式、集装箱）等。

（2）事故发生经过

汽车公司将汽车配件的运输业务发包给物流公司，双方签订了长期合作协议及安全协议，明确了各自的安全教育培训内容和安全生产职责。

1 月 28 日，汽车公司计划将一批汽车配件发往某汽车工业有限公司，物流公司调度员葛某磊将装车任务分配给本单位的叉车司机葛某松和装卸工李某某，运输任务交由驾驶员柏某某负责。当日下午，葛某松驾驶叉车将货物连同货架一起运上车（运输车辆为重型半挂牵引车，牵引车的车身长 17. 5 m、宽 2. 5 m），李某某站在车上将货物和货架摆放整齐。19 时左右，装车完毕，汽车公司的发货员马某某开始清点车上的货物。而此时急于结束当日工作的葛某松、李某某和柏某某 3 人爬上货架准备进行封车作业。19 时 30 分，站在货架上的柏某某拉拽遮盖货物的雨布时突然失去重心，没能抓牢雨布，不慎从高约 4. 2 m 的货架上摔至地面。

现场人员立即将柏某某送至医院抢救，经抢救无效死亡。

（3）事故原因分析

1）直接原因

柏某某安全意识淡薄，未接受过与封车作业相关的安全教育培训。在参与封车作业的过程中，未能认识到在无可靠立足点的车顶高处作业存在的危险、有害因素，在未采取安全防护措施的情况下失去重心，从货架上摔至地面。

2）间接原因

①作业现场安全防护不到位。装卸作业、封车作业现场未落实高处作业人员的安全防护措施，未配备防坠落的劳动防护用品。物流公司只给装卸作业人员配备了安全帽和安全带，忽视了也要上车进行封车作业的驾驶员，没有为他们提供符合规定的劳动防护用品。

②作业现场安全管理缺失，未能及时发现和消除事故隐患。物流公司安全管理人员未对作业现场进行有效的安全检查，也未能对高处

作业过程中可能存在的危险、有害因素进行辨识。无视作业人员未佩戴任何劳动防护用品冒险登高作业、封车作业无可靠立足点、作业现场无监护人等危险、有害因素，未能及时发现和消除事故隐患。

③物流公司安全管理基础薄弱。物流公司未认真落实安全生产责任制，法定代表人和安全管理人员的安全生产职责不落实，日常的安全检查工作流于形式，对现场作业人员的安全教育培训和安全技术交底流于形式，未能制定贴合各岗位实际工作的培训内容，也未让其认识到工作岗位存在的危险、有害因素、防范措施以及事故应急措施。

（4）事故教训和相关知识

这起事故发生时正是冬天，日短夜长，3 个人作业到 19 时 30 分，早已超过下班时间，想早点结束工作，赶快回家休息。在这种心理作用下，不免急急忙忙、慌手慌脚，再加上天色阴暗、视线不清，由此而导致事故。所以，这起事故主要由作业人员疏忽大意造成。

事故之后，物流公司积极落实各项安全生产规章制度和操作规程，加强事故隐患排查治理工作，明确相关安全注意事项，有针对性地制定安全防护措施和应急救援预案，确保各项防控措施落实到位。对于高处作业等危险性较高的作业岗位，该公司加强了现场安全管理工作，充分考虑到可能产生的事故隐患和风险，明确相关安全注意事项，配备必要的劳动防护用品。设置可靠的登高安全措施和作业平台，并严格督促作业人员按规定正确使用、佩戴相应的劳动防护用品。

35. 人员疏忽误登 7 号舱左舷侧舱口围板导致高处坠落事故

2018 年 1 月 4 日 8 时 35 分，上海市浦东新区某维修服务有限公司（本案例以下简称维修公司）发生一起高处坠落事故，造成 1 人死亡。

（1）事故相关情况

维修公司经营范围：从事船用设备和发电设备的修理、更新、技术咨询；提供船舶、船用设备及发电设备的现场维修服务等。2017年2月17日，该公司与某船舶公司签订“试车服务合同”，服务范围包括向该船舶公司提供所交付产品的调试及售后服务。

（2）事故发生经过

1月3日8时45分，维修公司员工马某某与该船舶公司员工王某等5人从某造船公司1号门进入，在3号码头的服务站完成H1413船的试航登记。

9时03分，马某某离开该服务站经2号码头的登船塔登上H1414船，并进入机舱进行辅助发动机调试，其间，该船舶公司调试工程师邹某某等人陆续到机舱配合马某某进行作业。11时28分，马某某、邹某某等一同离开机舱，沿岸侧甲板通道，经登船塔下船，马某某独自去3号码头的服务站吃午饭。14时29分，马某某再次经2号码头的登船塔登上H1414船，在机舱与王某等人汇合继续调试作业。20时左右，H1414船开始辅助发动机测试，在确认无电气设备问题后，马某某离开机舱。

1月4日8时35分，马某某在H1414船7号舱底部被现场作业人员发现，现场人员立即报警并将其送往医院，到院时已经死亡。

（3）事故原因分析

1）直接原因

马某某在经过H1414船左舷甲板时，未能对现场环境进行有效辨识，误登H1414船7号舱左舷侧舱口围板，不慎坠落至舱底。

2）间接原因

①事故发生时天色已晚，照明条件不佳，导致马某某对现场环境

辨识不清，出现路线错误。

②马某某独自上船下船，没有与其他人员结伴而行，导致救援不及时。

（4）事故教训和相关知识

这起事故的发生十分意外，作业人员在船上行走，竟然从 7 号舱左舷侧舱口围板不慎坠落至舱底，让人觉得不可思议。从事故过程来看，事故的发生与作业人员疏忽大意、对现场环境辨识不足、判断失误直接相关，也与相关公司的安全教育不到位、工作安排不妥当有关。

事故发生后，维修公司加强了对员工的安全教育培训，努力提高员工的安全意识，督促员工严格按照安全规范开展作业；科学预估现场作业工作量，合理安排作业人员及作业时间。

36. 拖曳拉绳中第一人距离钢管过近导致吊装绞手事故

2010 年 11 月 14 日，辽宁省沈阳市某发动机设计研究所完成设备的装配任务，准备发运。在发运过程中，由于该设备较重，现场作业人员采取反向拖曳方式将设备缓缓放下斜坡，下坡时该设备突然下滑，绳子快速向前滑动，将 1 名员工左手大拇指绞断。

（1）事故相关情况

该发动机设计研究所成立于 1961 年，是国内大中型航空发动机设计研究中心，先后研制 11 种型号的涡喷、涡扇发动机。

（2）事故发生经过

2010 年 11 月 14 日，该发动机设计研究所完成设备的装配任务，准备发运。因该设备较重（约 8 t），在厂房内无法吊运，因此需要将设备（已在装配运输车上）从厂房内推至厂房外路面，再用吊车进行吊运。厂房至路面之间有一个高 1 m、长 7 m 左右的斜坡。现场作业人员采取一部分人反向拖曳方式，将设备缓缓放下斜坡。考虑到设备较重，在厂房大门两侧事前安装了两个内径 300 mm 的钢筒，放绳时使用一个直径约 80 mm 的钢管插在两个钢筒之间，绳子在钢管上缠绕一圈，起到增加摩擦力的作用。

当班作业员工共 7 人，其中 5 人负责拖曳绳子，拉绳第一人左手距离绳与钢管缠绕处有 1 m 左右的距离，2 人负责向前推设备，使设备从水平面过渡到斜坡上。下坡时设备突然下滑，5 人用力拖曳，绳子快速向前滑动，钢管一端从套管中脱出并被牵引拉弯，其中 1 人松手跑至钢管前查看情况，这时拉绳第一人左手大拇指被卷进绳子与钢管缠绕处而绞断。

（3）事故原因分析

1）直接原因

拖曳拉绳中第一人距离钢管过近，没有留出足够放绳距离，是造成这起事故的直接原因。

2）间接原因

①该发运方案存在事故隐患，绳子与钢管缠绕处是危险部位，人员站位不安全，距离过近，当发生突发事件时，没有足够反应时间。

②作业现场缺乏统一指挥，分工不明确，造成作业人员用力不均。

③事故单位安全管理不到位，发运方案未进行安全评议，未及时排查治理事故隐患，对员工安全教育培训不到位，员工安全意识淡薄。

（4）事故教训和相关知识

事故之后，调查人员分析和计算了设备向下的冲力。设备重约 8 t，坡高 1 m，坡长 7 m，坡度约 8.2°，运输车轮胎半径约为 200 mm，橡胶轮胎与沥青路面滚动摩擦阻力系数约 2.5 mm。通过计算，可知物体滚动摩擦力约 0.1 t，向下重力分量约 1.14 t，向下冲力约 1.04 t。理论上 4 名员工同时用力产生拉力再加上绳子与钢管间摩擦力大于设备向下的冲力，但由于人员用力不均，不能产生最大拉力，由此出现放绳过程失控，进而发生事故。如果简单地说，就是拉绳的员工退后一步，距离远一点，那么就有可能避免事故的发生。

事故之后，该发动机设计研究所通过对发运过程进行危险性分析和识别，重新制定了发运方案，用自重 12.6 t 叉车代替人力拖曳尼龙绳，叉车滑动摩擦力大于设备向下冲力，这样使作业人员远离危险部位，避免类似事故再次发生。此外，通过这起事故，该发动机设计研究所在后期注重加强安全管理，明确现场指挥，制定事故应急救援预案，开展员工安全教育培训，提高员工风险识别能力和自我保护意识。

37. 作业人员走错轨道线导致车辆伤害事故

2015 年 10 月 21 日 9 时 50 分，某集团第五工程有限公司第七分部（本案例以下简称七分部）在某段隧道工程施工运渣过程中，发生一起车辆伤害事故，造成 1 人死亡，直接经济损失 110 万元。

（1）事故相关情况

2010 年 9 月，七分部从某铁路有限公司承包该段隧道工程，总长 50 km。该分部经理为屈某某，现有员工 32 人。该工程监理单位为北京某监理有限公司，现场监理员为朱某某。

（2）事故发生经过

10 月 21 日 8 时 10 分，七分部员工王某某从入口进入该段施工隧道，使用人力手推专用平板轨道车运送发电机。由于王某某未按照现场安全员温某某的指令从铁轨左侧运送，而是走错至铁轨右侧，运渣车（施工用内燃机火车）从沿铁轨右侧倒退行驶，9 时 50 分，当行驶到该段施工隧道处与正在同向而行的平板轨道车相撞，虽然王某某及时躲开，但被平板轨道车拖挂致受伤。

事故发生后，现场人员及时拨打“120”急救电话并把伤者运送至隧道外，10 时 30 分，医护人员到达现场，经检查确认伤者已经死亡。

（3）事故原因分析

1）直接原因

王某某违反指令作业是造成此次事故的直接原因。

2）间接原因

①王某某安全意识不强，由于粗心大意走错至铁轨右侧。

②现场安全员温某某对员工的违章行为未能实施有效监管。

③七分部安全教育培训不到位，安全管理方面存在盲区。

（4）事故教训和相关知识

这起事故的发生主要是由于作业人员粗心大意走错了路线。事故之后，事故企业召开了公司全体员工大会，通报了事故情况，公布了对事故责任者的处理意见，使责任者和员工都受到了教育，进一步增强了广大员工和管理者的安全意识，使其充分认识到做好安全生产工作的极端重要性。

事故企业还加强了对新招录员工和农民工的三级安全教育，加强对员工的安全生产知识及操作技能的培训，使其了解作业场所危险源分布情况和可能造成人身伤亡的危险、有害因素。该企业加强了对安全管理人员认真履职尽责的专题教育，确保安全管理人员能够履职尽责。在企业安全管理过程中，严格落实企业安全生产主体责任，把安全生产落到每个环节、每个工种、每个岗位、每个职工。同时，还加强对重点部位、重点岗位、重要设施的安全管理，严格按照技术标准和安全操作规程进行现场作业，杜绝违章指挥、违章作业、违反劳动纪律的“三违”现象，确保安全生产。

38. 填写操作票错误造成母线停电事故

2015 年 10 月 11 日 8 时 20 分，河北省张家口市某发电股份有限公司所属的某发电厂发生一起停电事故。由于把关不严，操作人填写了错误的操作票，电运作业人员带负荷拉刀闸，导致 35 kV 系统停电，司炉工操作错误使锅炉发生煤粉爆炸。

（1）事故相关情况

该发电厂始建于 1937 年，从 1954 年到 1988 年历经 5 次扩建，现有总装机容量 40 万千瓦，企业也由单一的发电企业转变为热电联产企业。

（2）事故发生经过

事故发生前，该发电厂 35 kV 系统为双母线带旁路母线运行。1 号和 2 号母线经母联开关 310 联络运行，站用变由 322 开关送电，经 533 开关向生活区供电，并带 2 台生水泵运行；10 kV 母线由 323、523 开关送电，并带 531、534 开关运行。

10 月 11 日 8 时 20 分，电运作业人员申某某和张某某操作站用变电闸，在未停止生活区的生水泵和未断开站用变高压侧 322 开关以前，就拉开了 533-1。由于带负荷拉刀闸，造成弧光短路，站用变过流保护、重瓦斯保护动作，跳开 322 开关，322 开关跳闸时弧光重燃，引起弧光接地，35 kV 系统过电压，造成母线接地短路。母联开关 310 阻抗保护动作跳闸，4 号、5 号主变方向过流保护动作，跳开 314、315 主变开关，35 kV 母线及 10 kV 母线停电。

当35 kV系统发生故障时，该发电厂用电系统电压降低，造成部分低压动力设备跳闸，其中包括6号、7号炉磨煤机润滑油泵也跳闸，造成7号炉灭火。面对突然发生的情况，司炉工殷某某作出错误判断，没有按灭火程序处理，而是立即启动了磨煤机，致使锅炉发生煤粉爆炸，崩坏了部分炉墙，7号炉被迫停止运行。

（3）事故原因分析

1）直接原因

操作人员填写了错误的操作票，操作顺序颠倒，该发电厂监护人、班长、值长未认真审查就签字下令操作，执行操作票过程中的四道关均没有把住，操作票管理制度流于形式。

2）间接原因

①模拟操作不认真，监护人没有发现操作人错误的模拟操作行为，模拟操作应由监护人发令、操作人执行。该发电厂模拟操作方法错误，未按照监护人下达操作命令后再进行模拟操作。

②实际操作中，操作人、监护人按照错误的操作票进行操作，对于停电操作中应当遵循的先停负荷侧、后停电源侧原则不熟悉，对于负荷的实际状况不掌握。

③电气设备的日常检查维护不到位、检修质量不高。322开关存在严重缺陷，跳闸时电弧光重燃，使故障扩大到35 kV系统造成停电。

④司炉工习惯性违章操作。当7号炉灭火时，司炉工严重违反运行操作规程，有章不循。在锅炉灭火后，急于恢复，未按规定切断燃料，并进行炉膛通风吹扫，而是立即启动了磨煤机，致使锅炉发生煤粉爆炸。

⑤作业人员安全教育培训不到位、没有突发事件的应急处置能力，事故处理中慌乱无序，是引起错误操作、违章操作的主要原因。

（4）事故教训和相关知识

这起事故主要由于操作人填写操作票时疏忽大意，发生严重错误，操作顺序颠倒，多次审查也没有把住关，导致作业人员错误拉闸断电。由于突然断电，又引发了司炉工的错误操作，致使锅炉发生煤粉爆炸。

事故之后，该企业认真吸取事故教训，采取以下几项措施：

1）严格执行交接班制度、操作票管理制度、工作票管理制度，认真召开班前会，正确填票、审票，办理工作票要到现场，严把安全关；设备检修布置安全措施要正确、完备、不漏项，确保设备和人员的安全；操作前要先执行模拟操作，操作中要严格执行唱票复诵制。

2）加强作业人员的基本专业技术培训，真正做好员工上岗前的技术培训，这样才能确保安全生产。大力开展事故应急救援预案演练，避免事故发生时员工手忙脚乱的被动局面。

3）加强安全教育培训，提高作业人员的安全意识和责任心。无论是监护还是就地检查，都要认真到位。

4）布置操作任务时也要交代操作中的安全注意事项。开展倒闸操作过程中的危险点分析和预控工作，将操作中可能出现或发生的危险点进行分析并布置相应的防控措施。

5）严格执行防误闭锁装置管理制度，加强防误闭锁装置的运行、维护管理，确保已装设的防误闭锁装置正常运行。防误闭锁装置不能随意退出运行，停用防误闭锁装置时，要经总工程师批准；短时间退出防误闭锁装置时应经值长批准，并应按程序尽快投入运行。

6）大力开展反习惯性违章活动，提高员工安全意识。当锅炉灭火后，要立即停止燃料（含煤、油、燃气、制粉冷气风）供给，严禁用爆燃法恢复燃烧。重新点火前必须对锅炉进行充分通风吹扫，以排除炉膛和烟道内的可燃物质。

39. 在蔬菜大棚顶作业不慎触电伤亡事故

2017 年 4 月 22 日 9 时左右，河北省廊坊市广阳区某工程有限公司（本案例以下简称工程公司）负责承建某农林科学院蔬菜培育示范基地，在施工过程中发生一起触电事故，造成 1 人死亡，直接经济损失 129 万元。

（1）事故相关情况

工程公司成立于 1975 年，现有员工 245 人，设有 21 人的安全生产管理机构。

事故发生于该示范基地日光温室，占地面积 69 028. 32 m^2，设有连排温室 2 栋、日光蔬菜大棚 11 栋。2016 年 9 月 20 日，双方签订施工合同，开工日期为 2016 年 9 月 20 日，竣工日期为 2016 年 11 月 20 日。因雾霾治理，工程暂停施工，工期顺延。

（2）事故发生经过

4 月 22 日 9 时左右，工程公司郑某某、路某某、詹某涛、詹某岭等人在该示范基地日光温室的蔬菜大棚顶绑绳子。路某某在绑完第四根绳子，站起来手拿铁管走向第五根绳子时，他手中的铁管触碰到高压线，致使路某某触电。

事故发生后，现场人员立即对伤者进行施救，同时拨打了“120”急救电话，伤者经医护人员抢救无效死亡。

（3）事故原因分析

1）直接原因

路某某手拿铁管违章在蔬菜大棚顶作业不慎触电，是事故发生的直接原因。

2）间接原因

①工程公司安全生产管理职责履行不到位，未对作业现场认真进

行安全检查，未能及时发现、督促和整改作业过程中的事故隐患，未能及时有效制止作业人员违章作业。

②工程公司对员工安全教育培训不到位，作业人员缺乏对作业场所危险、有害因素辨识能力，缺乏安全生产知识和自我保护意识。

③工程公司未严格按照有关规定，督促、检查、落实安全操作规程，安全生产责任制没有落实到位。

（4）事故教训和相关知识

这起事故的发生是由于施工人员手拿铁管在蔬菜大棚顶作业，不慎触碰到高压线，导致触电事故。

类似事故在各类施工过程中经常发生，例如，2000 年 7 月 14 日 13 时 30 分，湖南某建筑公司在施工过程中，一名作业人员操作砂浆机，用一根长 7.2 m、重约 27 kg 的铁管向砂浆机槽内输水把砂浆搅拌均匀后，随即用双手托住砂浆机托把，想把搅拌好的砂浆倒出运走，却突然触电倒在了地面上。事故原因是作业人员在使用完长铁管后，随意将铁管一端甩放在电动机接线盒盖上，正好与电动机接线盒内的线路触碰，导致其触电身亡。再如，1994 年 5 月 13 日 8 时，4 名施工人员在深圳某电子来料加工厂冲压机房进行拆除作业，在他们的头顶上方就是 10 kV 高压线路。作业中，1 名施工人员欲将锯断的 3 根钢筋抛往地面，见抛出的方向有 3 根脚手架的竹竿阻挡，便将靠架空线路一端的钢筋抬高，不料钢筋接触到 10 kV 高压线路，导致 3 人相继触电死亡。

建筑施工企业要吸取事故教训，认真查找事故发生的原因，举一反三，堵塞安全生产漏洞，切实加强企业的安全管理工作。要加强作业现场安全管理，安全管理人员要对现场环境进行事故隐患排查，及时发现并消除事故隐患。要加大对从业人员的安全教育培训力度，大力推进全员培训，全面提高从业人员的专业能力和知识水平，切实增强从业人员安全素质和安全防范意识。

40. 铁管触碰高压线人员触电伤亡事故

2013 年 3 月 23 日 9 时左右，河北省霸州市某起重设备有限公司（本案例以下简称设备公司）发生一起触电事故，造成 1 人死亡，直接经济损失 70 万元。

（1）事故相关情况

设备公司占地面积 10 000 m^2，现有员工 25 人，经营范围：制造、销售、维修起重设备及钢结构产品；安装、改造桥式起重机及门式起重机。

（2）事故发生经过

3 月 23 日 9 时左右，设备公司新建的三层办公楼主体工程已竣工，在拆除外墙北侧脚手架时，作业人员赵某某不慎将 6 m 长的铁管触碰到临近的高压线上，触电后从 7 m 的高处坠落。现场人员立即将赵某某送往医院，但经抢救无效死亡。

（3）事故原因分析

1）直接原因

在拆除外墙北侧临近高压线的脚手架过程中，赵某某违章操作导致触电身亡。

2）间接原因

①设备公司对施工现场安全管理不到位，事故隐患排查不力。

②承担拆除工作的李某某建筑队缺乏对作业人员的安全教育培训，拆除脚手架作业前未制定施工方案。

③李某某建筑队未对作业人员进行安全技术交底，未告知其工作场所和工作岗位存在的危险、有害因素和防范措施。

（4）事故教训和相关知识

高压线通常指的是输送 10 kV（含 10 kV）以上电压的输电线路。我国高压输电线路的电压等级一般分为：35 kV、110 kV、220 kV、330 kV、500 kV、750 kV 等。其中 110 kV、330 kV 多用于北方地区。一般称 220 kV 以下的输电电压叫作高压输电，330~750 kV 的输电电压叫作超高压输电，1 000 kV 以上的输电电压叫作特高压输电。

在建筑施工、起重作业中，都要避开高压线，这是因为接触到高压线会发生触电事故，距离高压线过近也会发生触电事故。作为安全管理人员，作业前就应制定安全施工方案，相互提醒、相互监督，避免此类事故再次发生。

企业应认真吸取事故教训，提高对安全生产重要性的认识，对本公司及外包工程进一步完善安全生产责任制度、规章制度和操作规程，加强管理，确保各项制度落实到位。同时开展以提高全员安全生产知识、安全生产技能、安全意识为重点的安全教育培训工作，切实提高全体人员的安全素质。

41. 绑扎钢筋作业中不慎触到高压线导致触电事故

2013 年 6 月 29 日 11 时左右，河北省沧州市某管道装备制造有限公司（本案例以下简称装备制造公司）发生一起建筑施工人员在施工过程中触电后高处坠落事故，导致 1 人死亡。

（1）事故相关情况

装备制造公司始建于 2009 年，位于沧州市盐山县。

2013 年 4 月 24 日，装备制造公司与星某某签订了施工合同，将该公司员工宿舍楼及理化检测中心工程施工承包给星某某。星某某无注册公司、营业执照及施工资质。

（2）事故发生经过

装备制造公司在理化检测中心办公楼二楼上圈梁施工中，支完盒子后需要绑扎钢筋，然后进行混凝土浇筑。

6月29日，星某某在海兴县找来王某义及王某福2名钢筋工，以整个上圈梁1 000元的施工价格分包给2人进行钢筋绑扎工作。当日11时左右，当2人施工到该办公楼二楼东南角时，王某义不慎使螺纹钢筋接触到距离该办公楼外墙1.7 m的10 kV高压线上，当即被高压电流击落至地板上，坠落时头部着地又造成了二次伤害。

事故发生后，现场人员立刻展开救援，该公司管理人员周某和王某开车将王某义送往医院进行急救，经抢救无效死亡。

（3）事故原因分析

1）直接原因

施工人员王某义在施工过程中违规作业，不慎使螺纹钢筋接触到高压线上导致触电事故的发生。

2）间接原因

①施工作业面下无水平防护（安全平网），缺乏有效的防坠落措施，施工人员未佩戴安全帽、安全带及绝缘手套等劳动防护用品。

②施工单位安全管理体系不健全，安全管理混乱，未对施工人员进行岗前安全教育，未实施有效的安全检查，致使施工人员安全意识淡薄，违规作业。

③该公司未到有关单位办理任何施工手续，未经审批而擅自将工程承包给不具备施工资质的个人进行施工。

④该公司未充分认识到理化检测中心办公楼东侧10 kV高压线存在的不安全因素，未安装防护网。

（4）事故教训和相关知识

在这起事故中，装备制造公司未充分认识到理化检测中心办公楼东侧 10 kV 高压线存在的不安全因素，未安装防护网，这是一个很大的疏漏。外墙与高压线只有 1.7 m 的距离，这个距离很短，从外观上就能发现不安全之处。该公司应认真吸取事故教训，建立、健全相应的安全生产管理制度，切实加强安全管理，杜绝违章操作。切实加强安全投入，加强施工项目安全管理，做好施工设备的安全防护，确保施工人员配备必要的劳动防护用品，加强对施工人员的安全教育培训。

42. 驾驶铲车清理散落石子过程中车辆伤害事故

2018 年 6 月 1 日 6 时 25 分，河南省焦作市某石子加工厂发生一起车辆伤害事故，造成 2 人死亡，直接经济损失 170 万元。

（1）事故相关情况

该石子加工厂成立于 2017 年 6 月 19 日，经营范围：石子加工、销售。该厂日常负责驾驶铲车的是陈某某，因杨某君之前从事过铲车工作，平时也会驾驶铲车。

事故发生在该石子加工厂的石子加工区域，加工区域呈不规则长方形。事发路段为石子加工区域自然形成的道路，日常堆放石子的区域靠近路边，该路段平时主要是运输车、厂里的员工通过，因路况不好，粉尘较多。

（2）事故发生经过

6 月 1 日 5 时 48 分，杨某君到该石子加工厂帮忙装石子。当杨某君到达的时候，现场有 4 辆双桥货车，其中 3 辆车已经装好石子，装好的车辆依次等候称重。杨某君开始驾驶铲车给第四辆车装石子。6 时 20 分，员工刘某某在该石子加工厂打扫卫生，此时，杨某君装完了第四辆车的石子。当 4 辆双桥货车陆续被开走以后，杨某君看到场地周围散落着石子，就用铲车把散落的石子铲起来往石子堆上面放。6 时 25 分，杨某君在靠近路边倒车清理散落石子的时候，感觉碰到了什么东西，但是通过后视镜没有发现异常情况，就继续作业，后来发现油表显示快没油了，就将车开到该石子加工厂内部加油站加油。在给车辆加油的时候，加油机的门挡住了杨某君的视线，没有发现路上是否有人倒在地上。杨某君给铲车加满油后就坐在加油站附近的小平房内休息。

随后，时某某驾驶一辆双桥货车向该石子加工厂开来，看到一辆黑色的踏板电动车倒在路边，旁边躺着 2 个人。现场人员急忙拨打"120"急救电话，医护人员赶到后，确认 2 人已经死亡。

（3）事故原因分析

1）直接原因

在杨某君驾驶铲车清理散落石子过程中，在没有确认作业区域周围安全的情况下，疏于观察，倒车时碾压到经过厂区道路的杨某春、金某某，导致事故发生。

2）间接原因

①事发路段为该石子加工厂和周边其他石子加工厂生产、经营共用的道路，未设置安全隔离和明显安全警示标志；该路段路况不好，粉尘较多，路面坑洼不平，部分道路狭窄，容易造成视野受限。

②杨某春骑电动车带着金某某去某村医务室时，没有走村与村之间的乡间道路，而是抄近路走了该石子加工厂的道路，没有意识到该石子加工厂正在进行铲车作业的危险性。

③该石子加工厂经营者许某某未能严格履行主要负责人安全生产管理职责，未履行督促、检查本单位安全生产工作，未及时消除生产安全事故隐患。

④该石子加工厂对作业人员安全教育培训不到位，教育和督促作

业人员严格执行安全生产规章制度和操作规程不到位，作业现场安全生产管理不到位，未严格执行铲车安全作业管理制度。

（4）事故教训和相关知识

在铲车驾驶过程中，需要注意以下事项：一是启动之前，应按规定进行车辆检查和做好各项准备工作，发现问题及时排除。二是起步和操作之前，应观察车辆周围有无人员和阻碍行车的杂物，同时应鸣喇叭发出信号。三是行驶时，禁止人员上、下车，除驾驶室外，任何地方均不得乘坐人员。四是改变前进、后退方向时，一定要先踩刹车，再拉动方向操纵杆。

该石子加工厂要吸取事故教训，加强对员工的安全教育培训，规范员工的安全生产行为，提高员工安全生产规章制度和操作规程的执行力；要强化作业现场安全生产管理，采取相应措施保障生产区和居民区相对隔离，确保作业场所管控到位；要加大事故隐患排查治理力度，督促员工遵章守纪。

43. 驾驶叉车作业时重心不稳发生倾倒导致伤害事故

2014 年 8 月 30 日 8 时左右，江苏省泰州市的某冷链物流有限公司（本案例以下简称物流公司）在卸木模板时发生一起伤害事故，造成 1 人死亡，直接经济损失约 104 万元。

（1）事故相关情况

物流公司经营范围：道路普通货物运输，蔬菜、非保鲜类水果、水产销售等。该公司准备于 2014 年 9 月 1 日举行开工典礼，委托周某某购买 2 200 张木模板用作铺设施工场地。8 月 28 日，周某某到吕某某处购买木模板，吕某某负责运输木模板至施工现场，周某某负责卸木模板。

（2）事故发生经过

8 月 30 日 7 时左右，吕某某联系货车司机先将木模板送至物流公司施工现场。7 时 20 分，吕某某与杨某某一起另行开车到达施工现场。装载木模板的货车车厢长约 9.6 m，宽约 2.3 m，车厢底板距离地面约 1.5 m。车厢内木模板分上下 2 层，每层分 2 路排放，每路 5 扎，共 20 扎。

周某某联系徐某某来卸木模板。10 min 后，徐某某驾驶叉车到达施工现场，开始从货车车厢东侧卸上层的木模板。8 时左右，徐某某卸完东侧上层的木模板后，驾驶叉车到该货车车厢西侧卸木模板。此时，杨某某站在车厢东侧未卸的下层木模板上，协助徐某某卸木模板。徐某某操作货叉插入车厢西侧尾部上下 2 扎木模板之间，在起升货叉时，木模板重心不稳，向东侧发生倾倒，包装带断裂，部分木模板滑向卡车东侧，碰撞到杨某某，致使杨某某从货车上坠落至地面。

事故发生后，周某某立刻拨打了“120”急救电话，医护人员将杨某某送至医院抢救，经医护人员抢救无效死亡。

（3）事故原因分析

1）直接原因

徐某某在驾驶叉车卸木模板时，违规作业，对作业现场环境疏于观察；在货叉没有尽可能深地插入木模板下方就起升货叉，导致木模板重心不稳、发生倾倒，滑落的木模板碰撞到站在车厢东侧上的杨某某，造成事故的发生。

2）间接原因

①物流公司未配备安全管理人员对作业现场实施安全生产管理；未向进场作业人员如实告知作业场所和工作岗位存在的危险、有害因素和防范措施。

②杨某某安全意识淡薄，在叉车司机作业时，没有及时离开货车

车厢。

（4）事故教训和相关知识

经调查分析认定，此次事故是一起由于叉车司机违规作业、作业现场安全管理缺失引发的生产安全责任事故。徐某某驾驶叉车卸木模板时，违规作业，对作业现场环境疏于观察；货叉没有尽可能深地插入到货物的下方，因此，徐某某对此次事故的发生负有直接责任。

物流公司应从这起事故中吸取深刻教训，在生产经营过程中，严格遵守国家相关法律、法规，不得将生产经营项目承包给不具备相应资质的单位和个人；加强对作业现场安全生产管理，建立、健全安全生产责任制，确保相关管理人员切实履行安全生产管理职责；加强对作业人员安全教育培训，提高其自我保护意识。

44. 驾驶装载机倒车时造成伤害事故

2017 年 9 月 16 日 15 时 50 分，上海某磨料磨具有限公司（本案例以下简称磨具公司）在平整其所租赁场地的土地时发生一起车辆伤害事故，造成 1 人死亡，直接经济损失 42.6 万元。

（1）事故相关情况

磨具公司成立于 2001 年 10 月 31 日。2016 年 8 月 18 日，该公司与某市河道工程管理处签订土地租赁合同，租赁约 30 亩土地用于生产、制造、销售磨料和磨具等。2017 年 9 月 14 日，磨具公司负责人曹某找到自然人周某，要周某找人在其租赁的场地上砌挡土墙并平整土地。

（2）事故发生经过

9 月 14 日，周某带领所雇用的于某、帅某等 9 人进场砌挡土墙并平整土地。9 月 16 日 15 时左右，王某驾驶装载机进场帮忙铲土，作业方法是把场地西南角建挡土墙挖出来的土，从南向北铲到挡土墙东侧 6 m 左右的空地上。15 时 50 分左右，王某驾驶装载机进行第三次铲土，在倒车时不慎轧倒于某。事故发生后，曹某立即拨打“110”报警电话和“120”急救电话，当救援人员到达现场后，经确认于某已经死亡。

（3）事故原因分析

1）直接原因

王某驾驶装载机倒车前，未对车辆四周情况进行认真观察，倒车过程中未能及时发现于某从装载机后方经过，导致事故的发生。

2）间接原因

①王某未取得建筑施工特种作业人员操作资格证，违规驾驶装载机。

②磨具公司未对现场施工人员进行安全教育培训，在王某驾驶装载机进场作业前未检查其建筑施工特种作业人员操作资格证。

③周某明知王某未取得建筑施工特种作业人员操作资格证，仍雇用其驾驶装载机。

（4）事故教训和相关知识

事故之后，王某作为装载机驾驶员，在倒车前未对车辆四周情况进行认真观察，倒车过程中未能及时发现于某从装载机后方经过，对事故的发生负有直接责任。

装载机是一种广泛用于公路、铁路、建筑、水电、港口、矿山等建设工程的土石方施工机械，它主要用于铲装土壤、沙石、石灰、煤炭等散状物料，也可对矿石、硬土等作轻度铲挖作业。

在驾驶装载机作业时，要注意以下事项：一是在作业区域范围较小或危险区域，必须在其范围内或危险点显示出警告标志。二是检查并确保在启动发动机时，不得有人在车底下或靠近装载机的地方工作，以确保出现意外时不会危及自己或他人的安全。三是清除装载机在行走道路上的故障物，特别要注意铁块、沟渠之类的障碍物，以免割破轮胎。四是确保装载机的喇叭、后退信号灯，以及所有的保险装置能正常工作。五是在即将起步或在检查转向左右灵活到位时，应先按喇叭，以警告周围人员注意安全。

在这起事故中，磨具公司由于未对现场施工人员进行安全生产教育培训，在王某驾驶装载机进场作业前未检查其建筑施工特种作业人员操作资格证，对此次事故的发生负有责任。该公司应从此次事故中深刻吸取教训，严格落实企业安全生产主体责任，加大对作业人员安全教育培训力度，确保特种作业人员持证上岗，严防类似事故再次发生。

45. 驾驶货车起步时未仔细观察周围情况造成伤害事故

2013 年 11 月 21 日 4 时 30 分，某快递公司一辆货车在泰州中转站进行货物装载过程中，发生一起车辆伤害事故，造成 1 人死亡，直接经济损失约 100 万元。

（1）事故相关情况

该快递公司泰州中转站（本案例以下简称泰州中转站），经营范围：仓储服务、装卸服务。发生事故的车辆为重型厢式货车，核定载质量为 14 605 kg。该车一直被该快递公司江阴中转站租用，从事江阴至泰州之间的货物运输。

（2）事故发生经过

因“双十一”物流高峰，2013 年 11 月 12 日，该快递公司派遣黎某某等 7 人支援泰州中转站，在货物分拣车间负责货物装卸工作。

11 月 21 日 3 时左右，毕某某驾驶货车车头向东、车尾向西停靠在泰州中转站货物分拣车间北侧 12 号货口装货。4 时 30 分，货物装载完毕，泰州中转站工作人员通知毕某某启动货车。为避免货车碰到 12 号货口移动式爬坡传送机，毕某某先驾驶货车向东行驶了 1 m 左右，然后又向西后退 1 m，当再次向东直线行驶时，黎某某从外面回来站在移动式爬坡传送机与 12 号货口东侧墙壁之间。当毕某某驾驶货车向左前方变向行驶时，货车车厢尾部右侧撞到移动式爬坡传送机，并带动该传送机向东侧滑移，该传送机将黎某某挤压至 12 号货口东侧墙壁。

事故发生后，泰州中转站现场工作人员推倒移动式爬坡传送机并立即拨打“110”报警，同时组织车辆将黎某某送往医院抢救，后经抢救无效死亡。

（3）事故原因分析

1）直接原因

毕某某驾驶货车起步时，未仔细观察货车周围情况，未能发现货车车厢尾部右侧撞到移动式爬坡传送机，导致该传送机将黎某某挤压至 12 号货口东侧墙壁，造成事故的发生。

2）间接原因

①泰州中转站未建立、健全事故隐患排查治理制度，未逐级建立并落实从主要负责人到每个从业人员的事故隐患排查治理和监控责任制。

②泰州中转站前期已出现过车辆撞击移动式爬坡传送机的情况，但未及时整改，作业现场一直存在事故隐患。

（4）事故教训和相关知识

在这起事故发生之前，泰州中转站已出现车辆撞击移动式爬坡传送机的情况，但未及时整改，作业现场一直存在事故隐患，对事故隐患的存在抱有侥幸心理。

在现实生活中，侥幸心理普遍存在，但常常不会引起人们的重视。通常，人们大多对事情发展抱有好的期待，这次发生碰撞，可能下次就会避免。从安全思维的角度来讲，要克服侥幸心理，同时还需要与侥幸心理逆向而行，即使这次发生碰撞，没有造成大的伤害，那么下次也有可能发生严重碰撞，造成较大伤害。如果在事故隐患上存在侥幸心理，那么就会纵容事故的发生。

泰州中转站应从这起事故中深刻吸取教训，严格按照相关法律、法规的规定执行，建立、健全事故隐患排查治理制度，并落实从主要负责人到每个从业人员的事故隐患排查治理和监控责任制；对本企业从业人员及时进行安全教育培训，如实向从业人员告知作业场所和工作岗位存在的危险、有害因素、防范措施；加强对作业现场的安全管理，采取有效措施，切实消除事故隐患；加大作业现场事故隐患排查力度，对发现的事故隐患，应及时有效进行整改，消除事故隐患，确保安全生产。

46. 挖掘机作业时未设置警戒线导致伤害事故

2018 年 3 月 7 日 15 时 54 分，江苏省常州市某塑胶科技有限公司（本案例以下简称塑胶公司）车间内，一辆外来挖掘机在地坑开挖作业过程中，发生一起车辆伤害事故，导致 1 人死亡。

（1）事故相关情况

塑胶公司成立于 2015 年 9 月 9 日，经营范围：塑料制品研发、制造等。

塑胶公司车间内东侧的一台设备因为安装地坑位置过小，需要在东西两侧开槽，将地坑面积扩大。2018 年 3 月 6 日，该公司主要负责人李某联系到挖掘机驾驶员吴某某。3 月 7 日上午，吴某某来到塑胶公司查看现场情况，当日下午便将自有挖掘机开到该公司开始地坑开挖作业。进场作业前，双方未对作业费用进行协商，只是约定按照行情支付费用。李某还要求公司员工不得靠近挖掘机。

（2）事故发生经过

3 月 7 日 15 时 54 分，在塑胶公司车间内东侧的一台设备处，吴某某正在操作挖掘机进行地坑开挖作业，将地坑中的泥土石块挖出倒进停在旁边的卡车车斗内。此时，该公司主要负责人李某从挖掘机右侧前方走过，并在准备从作业中的挖掘机右后侧（与后侧墙壁距离不足 50 cm）穿过时，挖掘机正常操作向后倒车作业，李某被挤压在墙角和挖掘机中间受伤倒地。

事故发生后，吴某某准备将挖掘机开到设备东侧继续作业时，发现受伤倒地的李某，立即呼救，随后李某被送至医院，经抢救无效死亡。

（3）事故原因分析

1）直接原因

塑胶公司主要负责人李某安全意识淡薄，没有与挖掘机驾驶员吴某某沟通就盲目靠近挖掘机作业区，冒险从挖掘机与墙角间的缝隙穿过，导致事故的发生。

2）间接原因

①塑胶公司安全生产主体责任落实不到位，对地坑开挖作业现场的安全管理缺失，未安排专人对作业现场进行安全管理。

②未在挖掘机作业区域设置安全警示标志和警戒线，没有禁止作业危险区内人员停留或穿行，安全预防措施不到位。

（4）事故教训和相关知识

挖掘机是用铲斗挖掘高于或低于承机面的物料，并装入运输车辆或卸至堆料场的土方机械。驾驶挖掘机不同于驾驶汽车，由于作业场地高低不平、空间有限，观察视线也受到影响，因而容易在作业中出现各种问题，更容易发生事故。

作为挖掘机驾驶人员，当挖掘机进入施工现场后，驾驶人员应先观察工作面地质及四周环境情况，挖掘机旋转半径内不得有障碍物，以免对车辆造成划伤或损坏。机械发动后，禁止任何人员在回转半径范围内或铲斗下面停留或行走，必要时应设置作业区域安全警示标志和警戒线。这起事故的发生，一方面是受害人员心怀侥幸，误认为挖掘机伤害不到自己，另一方面是挖掘机驾驶员麻痹大意，在狭窄空间内作业，没有按要求设置安全警示标志和警戒线，如果设置了警戒线，事故就可以避免。

班组应对措施和讨论

疏忽大意与人的无意违章直接相关。按人的认知来分，违章行为可以分为有意违章、无意违章两类。就无意违章而言，又可以分为认知无意违章与过失无意违章两种。认知无意违章是由于当事人对设备、规程学习不够，缺乏相关专业知识和操作经验而导致的违章行为或违章操作，而当事人主观上认为是符合规程的。过失无意违章是由于疏忽导致违反规程的作业，造成事实上的违章，但当事人并没有意识到。

1. 疏忽大意会导致害人害己

由于人的疏忽大意导致无意违章的原因很多，但主要还是作业人员心不在焉，精力不集中。由于人的生理和心理特点，难免会出现疏忽、遗忘的情况，也会发生判断失误。但是需要提醒的是，一般的疏忽大意不要紧，如果关键时刻因疏忽大意而违章作业，将会导致事故的发生，害人又害己。所以，当作业人员进入工作岗位，一定要集中精力、小心谨慎。

我们来看以下 2 个疏忽大意的案例。

(1) 一根裸铜线差点要了命

刚参加工作时，缺少工作经验的李某某安全意识淡薄，是他们电工班组里的“事故隐患”。为此，班组特意安排一位工作经验丰富的曹师傅做他的师傅，每天带着他干活儿。

在一次工作中，他在曹师傅的指导下完成了接线工序。清理现场时，他随手捡起一根裸铜线拿在手里。曹师傅经过仔细检查确认接线正确无误后，便让他准备送电。他没有意识到抓在手里的那一根裸铜线具有致命的危险，径直走向操作屏。当他离操作屏还有一步远的时候，曹师傅突然大喝一声：“站住！别动！”他一惊，愣在那里。“把手中的裸铜线扔到一边去！”曹师傅冲他喊道。这时他才想起手里还抓着的那一根裸铜线，自己也吓出一身冷汗，再看手中那一根裸铜线颤动着的线头，离操作屏带电母线的距离不足 20 cm！事后，曹师傅给他讲了许多类似的安全细节，告诉他谨慎小心对于一个电工的重要性。他也一改以往毛手毛脚、麻痹大意的毛病，时时处处谨慎小心，把安全生产放在第一位。好多年过去了，但当时的情景还会出现在他的眼前，给他警示，让他在工作中集中精神、小心谨慎。

(2) 食指落地后悔已迟

那是 2003 年 12 月 29 日，我在一家纺织企业操作拉幅机。这天拉幅机出现故障，机器上一个可以同时翻转和左右移动的切片刀被卡住，需要修理。由于前一天晚上看电视连续剧睡得晚，脑袋昏沉沉得打不起精神。对于出现的故障，我和往常一样，在没有关闭操作开关的情况下，徒手去修理切片刀，切片刀突然刀口朝上左右移动，我的半截食指便随着刀的移动掉落到地下，鲜血从手上向下流，片刻麻木之后就是钻心的疼痛。我呆呆傻傻站在原地，看着地上的半截指头，我多想把它再安上，可为时已晚，只能眼睁睁地看着血淋淋的指头躺在地上。十指连心，一阵阵疼痛痛得我全身发抖，忍不住放声大哭。

由于自己的麻痹大意导致违章作业，给自己造成了伤残；由于自己的“随意”给一生带来许多不便。回想起来，如果当时我能够少一点麻痹大意，多一点小心谨慎，事故就不会发生，可惜的是，事故一旦发生，后悔也迟了。

2. 疏忽大意的环境因素和心理因素

在班组生产作业过程中，由于疏忽大意导致无意违章的情况，有环境因素和心理因素两个方面。

从环境因素来讲，一是当生产作业环境比较差的时候，人们容易放任自己的行为，这就好比在脏乱差的环境里，可以随地吐痰、乱扔烟头，在干净整洁的环境里就会约束自己的行为。二是当发生人际矛盾和家庭矛盾的时候，会引起人的情绪波动，致使情绪低落、精神萎靡，人的思维与动作也随之处于抑制状态，显得无精打采、迟缓笨拙。

从心理因素来讲，一是当人在超负荷工作的时候，容易造成身心疲劳，会导致人的生物节律紊乱，生理功能出现障碍。有时尽快完成任务、结束疲劳状态的欲望成为第一需要，操作中行动会比较匆忙草率，对作业中存在的危险因素反应迟缓。二是当人的身体健康出现不适，因各器官之间缺乏协调，会造成注意力分散，自控能力下降，也容易出现疏忽大意的情况，导致无意违章以至于事故的发生。三是当一个人出现情绪波动或者存在性格缺陷的时候，也容易产生难以控制自己的情况。性格是一个人对现实比较稳定的态度和与之相应的习惯行为方式。比如，有的人性格特点是反应迅速、精力充沛，但好逞强、爱发脾气、情绪波动大，相比之下，就容易发生事故。

3. 应对措施

在班组，应对员工疏忽大意比较好的措施，就是在生产作业时要严格按照标准要求作业。作业标准是指为规范员工操作行为而制定的统一要求和规定。作业标准化就是对每道工序、每个环节、每个岗位直至每项操作都制定科学的规范，员工按各自应遵循的规范进行生产活动。实行作业标准化的目的，就是要统一和优化生产作业的程序与规范，求得最佳的操作质量、操作条件、生产效益，同时也有利于避免事故的发生。

标准化作业根据不同人员的工作性质分为不同系列，每个系列要制定的标准化作业的主要内容有：作业顺序标准、生产操作标准、技术工艺标准、安全操作标准、设备维护标准、机电设备标准、工器具标准、质量检验标准、文明生产标准、场地管理标准等。在制定标准时，应遵循如下原则：

（1）根据岗位作业的内容，全面系统地考虑技术、设备、环境等作业条件，科学合理地编排作业顺序，即对每一项工作都要具体规定出先干什么、后干什么。

（2）根据岗位作业内容和技术、设备、环境条件，规定操作动作以及应达到的标准，这些标准包括：作业准备标准，作业动作标准，工器具位置和使用标准，作业用语和手势标准，作业衔接和协调标准，作业现场管理、整理、整顿标准，安全环境标准，并要制定出怎么干、干到什么程度的工作要求标准。

（3）规章制度、规程是制定标准化作业的基础。编制标准化作业要比制定规章制度的技术性高，它是在规程简化、优化的基础上，具体规定出应该干什么、可以干什么、不准干什么的标准。

（4）要在确保安全生产的前提下，贯彻统一、协调、精练、优化的原则，使操作者记得住、学得会、用得上、愿意做。

（5）要充分激励基层班组长与员工的安全需要和积极性，把他们的智慧作用与实践作用充分地反映在标准化作业中。

4. 班组讨论

(1) 你认为工作中疏忽大意会影响安全生产吗？你曾经在工作中出现过疏忽大意的情况吗？

(2) 当工作中比较疲劳的时候，看到别人出现疏忽大意不注意作业安全时，你会提醒他吗？

(3) 当班组中有人身体不舒服的时候，你是否会关照他注意作业安全？是否会提醒他不要违章操作？

(4) 在你的生活和工作中，是否遇到过由于疏忽大意导致的伤害事故？你从中吸取到什么教训？

(5) 当你与家人发生矛盾的时候，你是否能控制住自己不要把情绪带到工作中？

五、违章操作引发的事故

违章操作，是指员工不遵守规章制度，冒险进行作业的行为。在班组作业中，员工违章操作导致事故的情况很多，例如在生产作业时，因作业指挥信号不清、警报警示不明进行操作；员工相互之间沟通不畅进行操作；对重物、高温高压、易燃易爆等物品不按相关规定进行处理；使用有缺陷的工器具进行操作；作业中不按规范操作等。预防违章操作，通常需要从两个方面着手：一是加强安全生产技术知识的教育和培训，提高员工的技术操作能力；二是实施班组标准化作业，使员工操作程序、操作动作以及作业环境、工具摆放、安全用语等形成标准化，从而防范违章作业。

47. 违反操作规程多次快速添加黑索今导致爆炸事故

2015 年 10 月 21 日 8 时 13 分，山东省临沂市平邑县某化工股份有限公司（本案例以下简称化工公司）1 个生产区起爆具生产线熔注工房发生一起爆炸事故，造成 9 人死亡、2 人受伤，直接经济损失约 1 900 万元。

（1）事故相关情况

化工公司下辖7个生产区和7家爆破、运输、包装制品分公司，在职员工1 747人。其中，南山生产区于2010年8月通过验收，主要包括：乳化炸药生产线、膨化硝铵炸药生产线、起爆具生产线、震源药柱生产线。

该起爆具生产线设计生产能力为1 000 t（起爆具700 t、聚能矿岩破碎具300 t），包括熔注工房（定员9人）、包装工房（定员6人），总定员15人。主要设备有熔药槽、混药罐、注药罐、输送机等。发生爆炸的工房为熔注工房，当时该工房内有9名员工，设计定量为1.5 t。工房为钢混结构，工房长36 m，宽13 m，高9 m，建筑面积为468 m^2。工房周边为防护土堤，设置了人员出入、运料等通道，与包装工房间隔36 m。

（2）事故发生经过

10月21日6时20分，起爆具生产线2名员工进入熔注工房进行生产准备，10 min后开始投料。6时50分，该生产线其余7名员工也进入工房准备注药作业。

7时41分，投料工严重违反生产工艺和安全操作规程，向熔注机内多次快速添加黑索今，在10 s内添加了30 kg黑索今，在合计35 s的时间内分4次添加块状返工药48 kg。8时12分，注药工毛某某在熔注机下端接取第85、86壶梯黑药料，8时13分，注药工王某在熔注机下准备接取第87壶梯黑药料时，脚踩阀门的瞬间发生爆炸。

爆炸造成熔注工房内9名员工全部遇难，相邻包装工房2名员工受爆炸冲击波冲击后受伤。熔注工房建筑物整体崩塌、设备被损毁，相邻建筑物被爆炸冲击波冲击或飞散物撞击受损。

（3）事故原因分析

1）直接原因

投料工严重违反生产工艺和安全操作规程，向熔注机内多次快速添加黑索今和返工药，造成梯黑药料中产生大量的黑索今小干球和返回梯黑药块，经过与熔注机非成套配制的上展阀时，梯黑药料受到阀门开启时的撞击、挤压与摩擦，发生爆炸。

2）间接原因

①化工公司安全生产责任落实不到位。安全生产责任体系不够完善，安全生产规章制度不健全，安全管理人员配备不到位。

②化工公司安全管理工作不到位。日常安全检查工作不扎实，未能及时发现并纠正员工存在的违章作业问题。日常视频安全监控不到位，对危险工序特别是熔注工房投料工违反生产工艺和安全操作规程的情况未能及时发现并制止。

③化工公司安全教育培训不到位。安全教育培训缺乏针对性、实效性，危险工序从业人员安全防范意识和应急处置能力不足。

（4）事故教训和相关知识

黑索今是一种化工产品，主要用作民爆炸药。它的化学性质比较稳定，遇明火、高温、振动、撞击、摩擦会引起燃烧、爆炸。储存时须轻装轻放，要与氧化剂、易燃物、食品原料分开存放。

化工公司应该深刻吸取这起事故教训，痛定思痛、下大力气加强安全生产工作。要切实落实安全生产主体责任，进一步强化企业内部的安全管理，要坚决消除“重生产、轻安全”的错误思想，增强安全意识。要建立、健全并严格落实以法定代表人负责制为核心的各级安全生产责任制，直至延伸至现场、车间、班组、岗位。要坚持高标准、严要求、强管理，完善安全管理制度和安全责任体系。要强化对员工的安全教育培训，尤其要对新进员工、转岗员工、使用新设备新工艺员工、危险工序关键岗位员工和质量安全管理人员，开展有针对性的安全教育培训，并加强考核和监督检查，切实提高员工的法制意识、安全意识与操作技能。要建立风险识别、评估、管控制度，加强危险、有害因素的辨识及风险分析，严格落实安全风险管控措施，强化关键工序、环节的技术检查与安全控制。

48. 作业人员未严格执行安全操作规程致使冷库液氨泄漏事故

2013 年 5 月 7 日 13 时左右，某水产品加工公司（本案例以下简称水产品公司）冷库外墙上架空敷设的氨回气管对接焊缝开裂，导致大量液氨从焊缝处经过保温层逸出，迅速汽化为氨气，并向四周扩散，造成附近 300 多名村民被迫紧急疏散。

（1）事故相关情况

水产品公司主要有储氨器、中间冷却器、低压循环桶、油分离器、集油器等常规制冷设备，以及 4 套冷冻生产设备。其中一套冷冻设备（IQF 单体速冻机）位于该公司车间一层，处于设备调试阶段。调试前，水产品公司向当地某公司订购 10 t 液氨，于 2013 年 5 月 7 日，分 2 次灌注液氨近 8 t。

（2）事故发生经过

5 月 7 日 13 时左右，水产品公司作业人员开始进行冷冻设备调试运行，冷库试运转降温。17 时左右，在紧邻 IQF 单体速冻机的冷库外墙上架空敷设的氨回气管对接焊缝开裂，导致大量液氨从焊缝处经过保温层逸出，迅速汽化为氨气，并向四周弥漫扩散，造成附近 300 多名村民被迫紧急疏散。

现场人员发现液氨泄漏后，马上采取应急处置措施，将调节站的液氨供液和回气两条管线的阀门关闭，同时设立警戒线，紧急疏散附近人员，抽水喷洒稀释空气中氨气的浓度。所幸事故处置及时，并未造成人员伤亡。

（3）事故原因分析

1）直接原因

①作业人员对冷冻设备调试运行时未严格执行安全操作规程，降温过程及步骤严重违规，不符合相关规定要求。

②IQF 单体速冻机降温结果超出设计规定值。经查阅图样及设计说明得知，IQF 单体速冻机正常工作温度为-18 ℃，设计温度为-28 ℃。现场自动温度记录显示，16 时 26 分，冷库温度为-27.8 ℃，已超过正常工作温度（-18 ℃），接近设计温度（-28 ℃）；16 时 41 分，冷库温度为-32.7 ℃，低于设计温度（-28 ℃），且库温仍在下降。

2）间接原因

①水产品公司安全操作规程不完善，未能按章操作进行冷库库房降温。氨属乙类火灾危险物质，并且被列入原国家安全生产监督管理总局规定的首批重点监管的危险化学品目录。该公司没有根据制冷系统的运行要求，制定完整有效的安全操作规程，导致冷库库房降温过程及结果严重违规。

②水产品公司操作人员责任心不强、专业知识水平不足，安全意识淡薄。制冷系统操作及管理人员，必须经过专业培训，取得相应从业资格证后，方可从事此项工作。据调查，该公司为新办企业，制冷系统的操作及管理人员均无相应从业资格证，未经任何安全教育培训，缺乏危险化学品方面的相关专业知识。

③水产品公司安全管理混乱，安全教育培训工作不到位。据调查，该公司没有制定严格的安全管理、安全教育培训制度，新进员工没有接受过安全教育培训，就直接被安排到危险化学品操作岗位。现

场操作人员未能掌握相应的安全操作规程，发生异常情况时无法正确进行处置。

(4) 事故教训和相关知识

冷库作为日常生活中不可缺少的食品加工和储藏设施，因其系统的复杂性和所用介质的特殊性，已成为安全生产的重要监督对象。防止制冷系统发生漏氨事故，是冷库安全工作中的重中之重。一旦发生事故，由于氨本身所具有的特性，可引起低温灼伤、中毒窒息，将给企业和社会造成严重的经济损失。

氨在人体组织内遇水生成氨水，可以溶解组织蛋白质，与脂肪起皂化作用。氨水能破坏体内多种酶的活性，影响组织代谢，对中枢神经系统具有强烈刺激作用。

1）氨具有强烈的刺激性，人吸入高浓度氨气，主要会抑制中枢神经系统，正常情况下，中枢神经系统能够抑制外周的神经系统，当中枢神经系统受抑制，使得其对外周神经系统抑制作用减弱甚至消失，从而引起惊厥、抽搐、嗜睡和昏迷。吸入极高浓度的氨可以反射性引起心搏骤停、呼吸停止。

2）氨系碱性物质，氨水具有极强的腐蚀作用。碱性烧伤比酸性物质烧伤更严重，因为碱性物质的穿透性较强，皮肤的氨水烧伤创面深、易感染、难愈合，与二度烫伤相似。

3）氨气被吸入呼吸道内遇水生成氨水。氨水会透过黏膜、肺泡上皮侵入黏膜下、肺间质和毛细血管，引起：

①声带痉挛，喉头水肿，组织坏死。坏死物脱落可引起窒息。损伤的黏膜易继发感染。

②气管、支气管黏膜损伤、水肿、出血、痉挛等。影响支气管的通气功能。

③肺泡上皮细胞、肺间质、肺毛细血管内皮细胞受损坏，通透性

增强，肺间质水肿。氨刺激交感神经兴奋，使淋巴总管痉挛，淋巴回流受阻，肺毛细血管压力增加。氨破坏肺泡表面活性物质。上述作用最终导致肺水肿。

④黏膜水肿、炎症分泌增多，肺水肿，肺泡表面活性物质减少，气管及支气管管腔狭窄等因素严重影响肺的通气、换气功能，造成全身缺氧。

作为涉氨企业，必须牢记以下安全原则：设备的本质安全是确保安全生产的基础；从业人员的专业技术水平和责任心，是制冷系统安全运行的保障；严格的安全生产管理制度和完善的安全操作规程，是制冷系统顺利运行的前提；应急救援预案的演练和修订，是减少事故损失的有效途径。

水产品公司应加强安全生产管理，严格执行安全操作规程。一是要加强制冷系统的操作运行管理，进一步规范试运行、试降温，以及正常运行、应急处置等的安全操作程序。二是要建立、健全安全生产责任制、安全生产规章制度，明确各个岗位人员的职责，并制定相应的考核和奖惩办法，确保企业安全生产主体责任落实到位。三是要制定预防监控措施和应急救援预案，并定期开展事故应急救援预案演练，提高应急处置能力。四要加强从业人员的安全教育培训，提高其安全操作技能，严禁人员在未取得相关从业资格证和未经安全教育培训合格的情况下上岗操作。五要加强从业人员的职业道德教育，提高从业人员的责任心、责任感。

49. 清洁作业违反压力容器安全操作规程导致人员烫伤事故

2011 年 5 月 31 日 19 时 30 分，广东省惠州市博罗县某纺织有限公司（本案例以下简称纺织公司）在生产过程中，由于员工违章操作，导致含碱性沸水外喷，发生一起烫伤事故，造成 3 人死亡，直接经济损失 300 万元。

（1）事故相关情况

纺织公司成立于 2000 年 6 月 21 日，经营范围：长毛绒、海派布及毛绒玩具制造。

（2）事故发生经过

5 月 31 日 19 时 30 分，纺织公司染色车间在正常生产中，快到下班时间时，染色车间员工肖某某因急于下班，在对高温高压染纱机清洁作业过程中，违反压力容器安全操作规程，在未打开机器泄压阀降低机体内压力的情况下，擅自松开机顶盖保险杆，导致机体内压力把机顶盖冲开，含碱性沸水喷出，造成现场作业的 3 名员工“淋浴式”严重烫伤，送医院后，经抢救无效死亡。

（3）事故原因分析

1）直接原因

染色车间染色员工肖某某因急于下班，违反压力容器安全操作规程，未提前卸去高温高压染色机缸内余压，擅自松开机顶盖保险杆，致使含碱性沸水喷出，造成烫伤事故。

2）间接原因

①纺织公司染色车间的几名员工未经培训并取得相应资格证书便无证上岗。

②纺织公司高温高压染纱机未经登记、检测便投入使用，属违规使用。该公司的高温高压染纱机染缸属于压力容器，未在特种设备安全监察部门进行登记，也未经特种设备检验检测机构检测，擅自投入使用。

③纺织公司没有制定重点要害部位相应的安全防范措施和各岗位安全操作规程，安全管理制度落实不到位。

④纺织公司主要负责人履行安全生产职责不到位，对该公司员工未进行安全教育培训，使员工安全意识淡薄、违规操作。

（4）事故教训和相关知识

压力容器属于特种设备，按照《中华人民共和国特种设备安全法》的相关规定，国家对特种设备的生产、经营、使用，实施分类的、全过程的安全监督管理。特种设备生产、经营、使用单位应当遵守该法和其他有关法律、法规的规定，建立、健全特种设备安全和节能责任管理制度，加强特种设备安全和节能管理，确保特种设备生产、经营、使用安全，符合节能要求。

特种设备使用单位应做好以下事项：

1）使用单位在压力容器投入使用前，应到市场监督管理机构或授权部门逐台办理使用登记手续。

2）压力容器内部有压力时，不得进行任何维修；需要带温带压紧螺栓或出现泄漏需进行带压堵漏时，必须按设计规定制定有效的操作要求和采取防护措施；作业人员应经特种操作专业培训，并经技术负责人批准；在实际操作时，应派专业技术人员进行现场监督。

3）压力容器操作人员应持证上岗；对操作人员应定期进行专业培训与安全教育，培训考核工作由市级市场监督管理机构或授权部门负责。

4）压力容器发生异常现象时，操作人员应立即采取紧急措施，按规定的报告程序，及时向有关部门报告。

纺织公司应认真吸取事故教训，一是要进一步落实安全生产主体责任，完善对特种设备的登记和检验检测，建立、健全各项安全生产规章制度和操作规程，组织特种作业人员进行专门培训，保证上岗人员持证上岗。二是要加强员工的安全生产教育和培训工作，按照国家有关法律、法规相关规定，主要负责人和管理人员参加由有关部门组织的安全教育培训，通过培训掌握有关法律、法规知识和具备相应的安全生产知识及管理能力。同时开展全员安全教育培训工作，提高员工安全意识。三是要建立事故隐患排查治理制度，定期组织员工排查事故隐患，对排查出的事故隐患，及时进行消除，同时建立事故隐患排查档案。

50. 锅炉严重缺水和无水干烧匆忙加水爆炸事故

2017 年 6 月 14 日 2 时左右，河北省兴隆县某食品有限公司（本案例以下简称食品公司）发生一起锅炉爆炸事故，造成 1 人死亡，直接经济损失约 120 万元。

（1）事故相关情况

食品公司成立于 2012 年 11 月，该公司主要生产果丹皮系列产品，现有在职员工 23 人。

（2）事故发生经过

食品公司原司炉工赵某某于 2017 年 4 月底因病辞职。由于该公司生产不连续，赵某某辞职后，经理周某某自己负责烧锅炉。5 月 20 日，周某某雇用侯某某临时烧锅炉。

6 月 13 日 17 时左右，侯某某在对锅炉压炉后回到员工宿舍休息。6 月 14 日 2 时左右，侯某某到锅炉房向锅炉内注水，引起锅炉爆炸。

周某某在听到“砰”的一声巨响后赶紧起床，开门后看到锅炉房处有火光，拿着手电赶往事故现场。到达现场后看到锅炉房内外有火，锅炉房顶被掀开，房内东侧墙倒塌。发现侯某某倒在地上双腿被铁门压住，铁门上有两三块空心砖。周某某见此情况，赶紧拨打了“120”急救电话，然后将压在门上的空心砖搬走。因为他一人无法移动铁门，就给员工许某某打电话。10 min 后，许某某和医护人员同时到达了现场。医护人员对侯某某进行了简单的救治后将其送往医院抢救，经抢救无效死亡。

（3）事故原因分析

1）直接原因

食品公司雇用临时人员侯某某操作特种设备。锅炉压炉后实际已发生自燃，造成锅炉严重缺水和无水干烧。侯某某违章操作，向锅炉内注水，造成瞬时汽化，锅炉内压力急剧升高，超过锅炉材料强度，引起锅炉爆炸。

2）间接原因

①食品公司违规擅自雇用临时人员侯某某，其未经过专业培训取得特种设备作业人员证，且年龄过大（侯某某已经 65 岁），缺乏应有的锅炉安全操作常识及异常情况的应急处置能力，与所从事的岗位工作完全不匹配。

②食品公司的主要负责人安全意识淡薄，企业安全管理水平低下，安全生产规章制度落实不到位。

③食品公司安全管理工作混乱，未对从业人员进行必要的安全教育培训，未对锅炉及其附属设备及时进行检验、检测。

（4）事故教训和相关知识

锅炉属于特种设备，从事特种设备作业的人员，应取得相应的特种设备作业人员证，方可上岗作业。在具体操作中，要检查燃气系统、进水系统、燃烧系统、锅炉本体、仪器仪表系统是否符合运行标准，仪表指示数值是否与实际相符。要检查锅炉的各阀门管道、人孔、手孔、头孔是否泄漏，检查锅炉的五大安全附件及安全连锁装置是否灵敏可靠。升降炉温必须逐渐加热，使受压部件均匀受热，切勿猛升猛降，确保锅炉安全运行。在锅炉运行中密切注意各种仪表，特别要注意水位表，使其保持正常水位，保持清洁，避免造成假水位，每班最少冲洗一次。从事故情况来看，已经65岁的司炉工显然不具备这些知识和操作要求，发生事故也属于必然结果。

对于这起事故，食品公司要开展安全生产大检查，切实查找出企业安全管理漏洞，排查事故隐患，特种设备操作人员必须按照有关规定经过专门的安全培训，并考取特种设备作业人员证书，方可上岗作业。该公司要定期对从业人员进行安全生产教育和培训，杜绝无证人员私自操作，严格遵守安全操作规程。

51. 自行式高空作业平台操作不当造成倾覆事故

2011年3月26日，某造船公司在码头用自行式高空作业平台对船体外侧进行涂漆工作时，发生一起倾覆事故，造成3人死亡，直接经济损失约208万元。

（1）事故发生经过

3月26日，该造船公司在码头用自行式高空作业平台对船体外侧进行涂漆工作，由于操作不当，使平台的工作斗整体失衡，造成平台全部倾覆，在工作斗中的3名作业人员随工作斗落入长江，淹溺死亡。

（2）事故原因分析

1）直接原因

自行式高空作业平台因为工作臂在伸缩、变幅时，与上方系船缆绳发生接触，系船缆绳对工作臂施加了外力，加之自行式高空作业平台行走时前轮触及钢轨，引起颠簸，颠簸引起工作斗（工作斗内有3名作业人员，加上油漆，总质量接近250 kg）的上下振动，导致平台失衡倾覆。

2）间接原因

①该造船公司安全管理制度不健全，安全生产责任制落实不到位，未有效督促从业人员严格执行本单位的安全生产规章制度和安全操作规程。

②该造船公司指导和监督油轮项目部贯彻安全生产规章制度不力，对涂装工区不按规定借用、归还机械设备，管理人员违章操作、违规越级调动外包施工队作业人员等行为失察失管。

③该造船公司三个下属部门的安全员未能有效分工，履行职责不到位，对工程的日常安全巡查走过场，未能发现存在的事故隐患。

④外包施工队未能根据工作实际制定并遵守各项安全生产规章制度；未对从业人员进行安全教育培训就安排其上岗作业；对驻该公司油轮项目部安全生产工作督促检查不力，事故隐患排查治理不到位；对驻该公司油轮项目部安全管理工作混乱的问题失察。

（3）事故教训和相关知识

在这起事故中涉及自行式高空作业平台，由于操作不当，导致事故的发生。自行式高空作业平台自身具有行走及转向驱动功能，不需人工牵引，不需外接电源，移动灵活方便，令高空作业更方便快捷，是企业高效理想的高空作业设备。

自行式高空作业平台，它具有自动行走的功能，能够在不同工作状态下，实施快速、慢速行走，只需一个人操作便可在空中连续完成上下、前进、后退、转向等所有动作。特别适合于机场候机楼、车站、码头、商场、体育场馆、小区物业、厂矿车间等较大范围的作业，以及高空设备安装、检修等可移动性高空作业。

自行式高空作业平台在操作上，需要注意以下安全事项：

1）操作高空作业平台必须配备经过专门培训、考试合格、持证上岗的专业操作人员。

2）升降平台操作人员必须按照机械设备的保养规定，在执行各项检查和保养后方可启动升降平台，工作前应检查升降平台的工作范围，清除妨碍升降平台回转及行走的障碍物。

3）支撑是升降平台操作的一项重要准备工作，应选择平整的地面，如地基松软或起伏不平，必须用枕木垫实后，才可进行工作。

4）升降平台一般应先起下臂，再起中臂，最后起上臂。在升降平台回转操作过程中，必须在下臂起升到一定高度后方可进行回转，回转应缓慢，同时注意剪臂及平台对各设备的距离是否满足安全需要。

5）高空作业平台上的操作人员应佩戴安全带，在带电区域工作时，应将车体按规定进行接地，升降平台登高作业应由工作负责人进行指挥，负责人应按照相关规定信号与升降平台操作工进行联系。发出的信号必须清楚准确。

6）升降平台作业前，工作负责人应向操作人员进行技术和安全交底，内容应包括：工作内容及要求；安全注意事项及危险、有害因素；人员分工情况及责任范围。工作负责人除要对车况和操作人员进行检查以外，还要负责查看地形环境、起降是否符合安全技术措施的要求或事先制定的工作方案，如有出入，则应制定出相应的措施后方能开始工作。

7）操作人员劳动防护用品要穿戴整齐，裤脚要扎住，戴好安全帽，不准穿光滑的硬底鞋。要有足够强度的安全带，并应将安全绳系在坚固的建筑结构件上或金属结构架上。

8）检查所用的登高工具和劳动防护用品（如安全帽、安全带、梯子、跳板、脚手架、防护板、安全网等）必须安全可靠，严禁冒险作业。

9）高空作业平台地面要划出禁区，用栏杆围起，并挂上“闲人免进”“禁止通行”等警示牌。

10）靠近电源（低压）线路作业前，应先联系停电。确认停电后方可进行工作，并应设置绝缘挡壁。操作人员最少离开电线（低压）2 m以外。禁止在高压线下作业。

11）高空作业平台所用的工具、零件、材料必须装入工具袋。上下时手中不得拿物件，并必须从指定的路线上下，不得在高空投掷材料或工具等物，不得将易滚易滑的工具、材料堆放在脚手架上，不准打闹。工作完毕应及时将工具、零星材料、零部件等一切易坠落物件清理干净，以防落下伤人，上下大型零件时，应采用可靠的起吊机具。

12）夜间作业，必须设置足够的照明设施，否则禁止施工。

13）严禁上下同时垂直作业。若遇特殊情况必须垂直作业，应经有关领导批准，并在上下两层间设专用的防护棚或者其他隔离设施。

14）严禁坐在高空无遮拦处休息，防止发生坠落。

52. 处理打包机卡机故障不按规定断电导致机械伤害事故

2016年7月2日16时25分，河北省廊坊市某商贸有限公司（本案例以下简称商贸公司）员工在废纸打包机检修孔处，处理卡机故障过程中，发生一起机械伤害事故，造成1人死亡，直接经济损失87万元。

（1）事故相关情况

该商贸公司经营范围：销售钢材、装饰材料、保温材料、橡胶制品、机械设备及配件等，现有员工4人。

（2）事故发生经过

7月2日16时20分，商贸公司负责人崔某某驾驶装载机作业时，员工陈某告诉崔某某废纸打包机停止运转了，于是崔某某便去设备处进行查看，并通知竹某某一起参与处理。16 时 25 分，崔某某查看后发现废纸打包机停止运转是因为卡了纸壳，便安排竹某某在废纸打包机西侧距离检修孔 1.4 m 的设备下部缝隙处用钢叉掏纸壳，同时陈某也在检修孔处掏纸壳。此时打包机未断电，在 2 人掏纸壳时，竹某某误触动限位开关导致设备突然启动运行，设备在循环模式下向前推进时，崔某某、竹某某听到尖叫声，发现陈某被挤在废纸打包机检修孔处，崔某某便立即去断电停机。

事故发生后，崔某某拨打了“120”急救电话和“110”报警电话。16 时 40 分，医护人员和警察分别到达现场，经急救人员确认，陈某已经死亡。

（3）事故原因分析

1）直接原因

陈某、竹某某在废纸打包机未断电停机的情况下进行违章作业，是事故发生的直接原因。

2）间接原因

①商贸公司对安全生产工作的重要性认识不足，对相关法律、法规贯彻执行不到位；未建立、健全安全生产责任制和安全生产规章制度；安全生产管理工作不到位，对员工违章作业行为未及时发现并制止。

②商贸公司未及时消除生产安全事故隐患。

③商贸公司安全教育培训不到位。该公司未对员工进行安全教育培训，致使员工安全意识淡薄，不能识别作业环境的危险、有害因素。

（4）事故教训和相关知识

这起事故的发生主要是由于作业人员的违章操作导致。当生产设备发生故障时，按照相关规定，在处理故障时必须先停机断电，然后再进行故障排查处置。之所以有这样的规定，是以防作业人员操作不当，引起设备误动作，导致设备损坏或人员受伤。这起事故的发生，就是由于作业人员在处理废纸打包机故障时，没有按照规定停机断电，结果误触动限位开关，导致设备突然启动运行，造成人员受到伤害。

商贸公司要深刻吸取教训，积极开展“反三违”自查自纠活动；建立、健全安全生产责任制、各项安全生产管理制度、安全操作规程；定期开展事故隐患排查和治理工作，及时消除事故隐患；加强对员工的安全教育培训，提高员工安全意识，防止类似事故再次发生。

53. 违规操作锅炉燃烧器导致火灾事故

2018 年 1 月 10 日 17 时 42 分，山东省寿光市某工贸有限公司（本案例以下简称工贸公司）的锅炉房发生一起火灾事故，造成 6 人死亡、1 人受伤，直接经济损失约 480 万元。

（1）事故相关情况

工贸公司成立于 2010 年 9 月 29 日，现有员工 30 人。该公司经营范围：加工、销售非织造布、防水建筑材料等。

发生事故的锅炉房位于该公司厂区东侧，主要设备有有机热载体锅炉 1 台、导热油储罐 1 台、蒸汽发生器 1 套、配电箱 1 组、空气压缩机 1 台、压缩空气储气桶 1 个。

（2）事故发生经过

2017 年 12 月底，工贸公司因原材料供应不足导致停产。2018 年 1 月 9 日，因客户急需产品，该公司准备恢复生产。1 月 10 日 8 时 30

分，公司负责人王某某组织作业人员对锅炉实施点火，经过多次点火，才点火成功，燃烧了 10 min 左右，发现燃烧不太稳定，于是便关闭了锅炉燃烧器。14 时左右，王某某安排未取得特种设备作业人员证的刘某某、陈某某、贾某某、韩某某 4 名作业人员进行点火，但多次点火不成功，于是他们用吹风机对电子元件进行加热，后又用一台辐射式取暖器对输油管加热，于 15 时 30 分再次点火成功。王某某有事离开现场后，因燃烧效果不好，现场作业人员于 16 时 48 分手动关闭了锅炉燃烧器。刘某某等作业人员又多次进行点火作业，近 1 小时内共点火 21 次均未成功。员工郑某某、马某华、马某孝到锅炉房与刘某某 4 人一起吃饭，顺便帮忙。17 时 42 分，最后一次点火时炉膛内油气发生剧烈燃烧，燃烧的油气以亚音速从锅炉燃烧器进风口、锅炉泄爆口喷出，导使锅炉房内的刘某某等 7 名作业人员受伤，同时喷出的油气气浪使锅炉房内储油罐倾倒，燃料油泄漏并燃烧。

事故发生后，该公司员工迅速报警，并开展自救，当地政府调用附近企业 2 辆消防车赶赴现场参与救援灭火工作。17 时 46 分，寿光市公安消防大队接到报警后，第一时间调集 2 辆消防车、16 名消防员赶赴现场处置，现场明火于 18 时 30 分被扑灭。120 救护车将受伤人员立即送往医院急救，2 人经抢救无效于当日死亡，5 人住院接受治疗。后来住院治疗的 5 人中 4 人相继死亡，1 人继续接受治疗。

（3）事故原因分析

1）直接原因

作业人员违章操作，违反《燃油（气）燃烧器安全技术规则》（TSG ZB001—2008）的相关规定，在近 1 个小时内共点火 21 次，导致炉膛内油气积聚过多，最后一次点火时发生剧烈燃烧。剧烈燃烧的油气以亚音速从锅炉燃烧器进风口、锅炉泄爆口喷出，导致作业人员伤亡，是事故发生的直接原因。

2）间接原因

①工贸公司安全生产管理缺失。该公司财务人员兼任安全管理人员，且不参与安全生产工作的管理；未建立、健全安全生产管理制度和安全操作规程，未依法为从业人员提供劳动防护用品，特种设备作业人员未持证上岗。

②工贸公司擅自违规更换锅炉燃烧器和燃料油。该公司更换的锅炉燃烧器不符合锅炉设计文件要求、未经型式试验。擅自更改燃烧介质，将燃烧介质由燃气改为燃油，且购买的燃油不符合锅炉设计文件要求，燃油流动性差，点火时燃油雾化不良，点火困难。

③工贸公司锅炉安全管理缺失。锅炉安装完成后在未经相关单位检验检测通过，在不具备使用条件的情况下擅自投产；擅自在锅炉房内违规设置中间储油箱，且未采取任何固定措施；安排未取得特种设备作业人员证的人员进行锅炉点火操作，且作业人员随意更改操作程序，违规改变锅炉燃烧器点火时间和吹扫时间。

④工贸公司作业人员安全教育培训不到位。企业未对作业人员开展有效的安全教育培训，未制订安全教育培训计划，导致其安全意识淡薄，缺乏必要的自我保护意识，缺乏安全生产知识。作业人员对锅炉点火过程中存在的危险、有害因素认知不全，点火作业时使用吹风机和辐射式电暖器加热输油管线和设备，其他人员随意进出锅炉房并在锅炉附近围观。

（4）事故教训和相关知识

经调查发现，工贸公司自行购买的锅炉燃烧器无产品使用说明书、无产品合格证书，且不符合锅炉设计文件要求、未经型式试验，存在严重事故隐患。

工贸公司应严格按照国家相关标准规范进行锅炉生产、改造和运行作业，要制定锅炉安全操作规程并严格落实，特种设备作业人员必须持证上岗。特别要加强改造后的安全管理，同时要完善各项安全生产规章制度和操作规程，并对作业人员进行安全教育培训。

54. 违规进入高压开关柜遭受高压电击伤亡事故

2017 年 4 月 19 日 11 时 03 分，某电力有限公司（本案例以下简称电力公司）所属的变电分公司某 110 kV 变电站例行检修工作结束后，变电站值班员在恢复倒闸送电操作过程中，发生一起电击事故，造成 1 人死亡。

（1）事故相关情况

电力公司是一个集供电、电力设备安装、电力设施检修测试和多种经营为一体的综合性企业。该公司所属的变电分公司某 110 kV 变电站，于 2006 年 6 月投入运行，有 2 条 110 kV 进线，5 条 35 kV 出线，11 条 6 kV 出线，2 台主变压器，内设主控室和高压室。高压室主要电气装置包括 30 个 6 kV 高压开关柜，南北对向分布。该变电站内共有 6 名员工，分 3 班，每班 2 人倒班工作。

（2）事故发生经过

4 月 19 日，电力公司所属检修分公司负责对该 110 kV 变电站的 1 号站用变压器、3013 开关和 3015 开关进行检修。当天站内值班员为张某某、刘某某。按照当天检修计划，检修人员先对 1 号站用变压器和 3013 开关进行检修后，再检修 3015 开关。10 时 44 分，在完成 3015 开关检修工作，办理完工作终结手续后，检修人员离开现场。

10 时 54 分，值班员张某某接到电力调度命令进行“3015 开关由检修转运行”操作。11 时，张某某与刘某某在高压室完成 3015－1 刀闸和 3015－2 刀闸的合闸操作，2 人回到主控室后，发现后台计算机监控系统显示 3015－2 刀闸仍为分闸状态，初步判断为刀闸没有完全处于合闸状态。2 人再次来到 3015 开关柜前，用力将 3015-2 刀闸手柄向上推动。

11 时 03 分，张某某左手向左搬动开关柜柜门闭锁手柄，右手用力将开关柜门打开，其身体探入已带电运行的 3015 开关柜观察柜内设备，这时，柜内 6 kV 带电体对其身体放电，引发弧光短路，造成全身瞬间起火燃烧，当场死亡。

事故发生后，刘某某立即向变电分公司领导报告，并拨打"120"急救电话，还通知了当地公安部门。电力公司各级领导先后赶到事故现场，立即启动应急救援预案，生产调度中心负责组织运行方式调整，对该变电站负荷进行转移，12 时 10 分，该变电站所带负荷全部转移完毕，未影响负荷供电。

（3）事故原因分析

1）直接原因

值班员张某某违规进入高压开关柜内，遭受 6 kV 高压电击身亡。

2）间接原因

①当地信号传输系统异常，刀闸位置信号显示有误。同时采集信号的电力公司生产调度中心、变电分公司监控中心显示 3015-2 刀闸为合入状态，而变电站主控室监控系统显示其为分断状态。

②超出岗位职责，违章进行故障处理。该变电站 2 名值班员发现 3015-2 刀闸没有变位指示后，没有执行报告制度，也没有向电力公司生产调度中心进行核实，而是蛮力操纵 3015-2 刀闸，强行扭开 3015 开关柜门，探身进入柜内，其行为违反了电力公司企业标准"变电站运行规程"中"操作过程中遇有故障或异常时，应停止操作，报告调度；遇有疑问时，应询问清楚；待发令人再行许可后再进行操作"的规定。

③3015 开关柜型号老旧，闭锁机构磨损，防护性能下降，在当

事人违规强行操作下闭锁失效，柜门被打开。

④电力公司安全教育培训不到位，员工安全意识淡薄。值班人员对高压带电作业危险性认识不足，进行违章操作。

（4）事故教训和相关知识

这起事故的发生，主要是作业人员违章操作导致的，但是与电力公司安全管理工作不到位也有一定的关系。电力公司企业标准“变电站运行规程”条款内容不完善，缺少对运行人员针对信号异常情况的确认的规定。在该起事故中，值班员在合闸操作后回到主控室监控屏确认刀闸的分合指示时，二次信号系统传输出现异常，现场刀闸状态与主控室监控屏显示不符，导致值班员误判。

事故之后，电力公司认真吸取事故教训，完善相关安全生产规章制度，修订“变电站运行规程”相应条款，增加“刀闸操作后，确认刀闸分合信号状态，并与调度核实是否同步”的内容。电力公司还全面排查治理习惯性违章行为。在员工中全面开展习惯性违章行为的自查自改和治理工作，要求员工必须深刻剖析习惯性违章行为，做到自身排查与相互监督相结合。同时，公司各级领导干部要认真履行岗位职责，严格落实、执行安全生产规章制度的有关要求，强化检查指导，集中力量治理和消除习惯性违章行为。

55. 更换熔断器时违规操作导致电弧伤害事故

2014 年 5 月 24 日 3 时左右，某轧钢厂（本案例以下简称轧钢厂）二棒作业区员工在更换熔断器过程中产生电弧光，将 1 人烧伤。

（1）事故发生经过

5 月 24 日 2 时 10 分，轧钢厂二棒作业区安全主管刘某某（电工）和班组电工吴某，接到Ⅱ组链不动作的通知，2 人到 2 号电磁站检查，发现是Ⅱ组链熔断器烧坏。刘某某和吴某立即更换新的熔断器，并通知2号台试车，发现仍不能动作。再检查时发现熔断器又烧坏了，又进行了更换，还是不能动作。第三次检查发现是右手侧第三个熔断器烧坏。3时左右，刘某某让吴某更换右手侧第三个熔断器，在更换过程中，熔断器产生电弧光，将吴某烧伤。事故发生后，刘某某立即对吴某进行施救并将其送到医院救治。

（2）事故原因分析

1）直接原因

刘某某和吴某在更换Ⅱ组链熔断器（电压380 V）时未停电作业，违反轧钢厂“维修（变配）电工安全操作规程”中规定的“严禁在380 V及以上的电压等级下带电作业”的要求，是造成此次事故的直接原因。

2）间接原因

①刘某某和吴某更换了2个熔断器，未发现导致熔断器损坏的原因是接触器粘连，当吴某在安装第三个熔断器时，电路通过电机产生回路，产生电弧光，将吴某烧伤。

②在安装熔断器时，安全主管和电工作业人员都没有意识到带电操作属违规操作行为，安全意识淡薄。

③轧钢厂作业区、班组在进行安全管理工作时，只是强调注意安全，未对具体作业项目提出针对性的安全技术措施。

（3）事故教训和相关知识

为预防此类事故再次发生，要采取以下预防措施：一是操作者在电工作业过程中应严格执行轧钢厂的“维修（变配）电工安全操作规程”中的“严禁在380 V及以上的电压等级下带电作业”的要求。处理电气故障时，必须先停电，并挂牌操作；停电、送电工作要指定专人负责并监督。二是轧钢厂应提升设备本质安全，将Ⅱ组链刀熔开关更换成空气开关，提高设备的安全性。

事故之后，轧钢厂应按照事故“四不放过”的原则，将本次事故通报并组织全体员工学习，做到举一反三，提高全体员工和管理人员的安全意识。企业安全管理部门要认真组织员工学习本岗位的安全操作规程、危险源辨识及防范措施，提高岗位员工安全生产技能、安全意识，确保安全教育培训的实效性和针对性，预防此类事故再次发生。加大“三违”查处力度，加强安全生产规章制度执行情况的检查和抽考工作，加强事故隐患排查治理工作力度，有效杜绝和控制事故的发生。

56. 未按照安全操作管理要求进行设备维修挤伤事故

2014 年 3 月 14 日 20 时左右，山东省青岛市某塑料有限公司（本案例以下简称塑料公司）吸塑车间内，吸塑维修工在维修设备时，发生一起挤伤事故，造成 1 名员工被挤伤并截右肢。

（1）事故相关情况

塑料公司成立于 2002 年 7 月 26 日，经营范围：塑料制品、纸张制品、模具的生产加工等。该公司由注塑、吸塑、纸加工车间组成，现有员工约 500 人。

（2）事故发生经过

3 月 14 日 20 时左右，塑料公司吸塑车间在进行正常生产，吸塑维修工刘某某在维修设备时，要求机操工张某协助调试。2 人在配合调试过程中，张某打开设备屏幕、解除锁屏、消除警报时，模具突然动作，下模上合将刘某某胳膊压在模具里。在听到刘某某大声叫喊后，张某赶紧操作设备把下模落下，让其把胳膊拿出来。随后张某拨打了“120”急救电话，并驾车把刘某某送到医院，经医生检查会诊后对伤者进行截肢治疗。

（3）事故原因分析

1）直接原因

塑料公司吸塑维修工刘某某，未按照该公司“岗位安全操作管理制度”的要求，在未切断电源、未挂警告牌、未采取安全防护措施的情况下对设备进行维修，其间要求机操工张某协助调试；张某未按照相关安全操作管理要求，在没有检查设备内部及周边有无人员以及异物的情形下，打开设备屏幕、解除锁屏、消除警报时，模具突然动作，下模上合将刘某某胳膊压在模具里，造成其被挤伤。综上所述，刘某某、张某的违规操作是造成本次事故发生的直接原因。

2）间接原因

①塑料公司执行安全生产规章制度不力，落实安全生产责任制不到位。

②塑料公司安全教育培训不到位，员工安全意识淡薄。该公司虽然对员工开展了岗前安全教育培训，但是未认真按照相关法律、法规要求进行落实，对员工的安全教育培训不规范、不深入、不到位，存在培训学时不足、培训效果不佳等现象，造成员工安全意识淡薄。

③塑料公司设备设施操作人员违反安全操作规程，仅凭经验、麻痹大意操作设备。该公司各级安全管理人员未能履行其安全管理职责，责任心不强，安全意识淡薄。

（4）事故教训和相关知识

经综合分析认定，这是一起因企业安全生产主体责任落实不到位，员工违规操作导致的生产安全责任事故。事故暴露出塑料公司在安全管理方面存在的漏洞和薄弱环节。

为深刻吸取本次事故教训，强化企业安全生产主体责任的落实，有效防止类似事故再次发生，塑料公司采取以下整改措施：一是要健全各项安全生产规章制度，明确各级安全管理人员的职责，加强对员工的安全教育培训，严格按照安全操作规程进行操作，重点抓好安全生产主体责任的落实，提高安全意识，真正把各项安全要求落实到每一位员工。二是企业主要负责人和各级安全管理人员要认真履行安全管理职责，加大安全投入，定期组织排查事故隐患，加强日常对工作人员的操作过程进行监督检查，保证操作人员按规操作，并做好记录。

57. 无证驾驶电动叉车导致车辆伤害事故

2018 年 2 月 7 日 12 时 18 分，某电器有限公司（本案例以下简称电器公司）发生一起因叉车侧翻导致的车辆伤害事故，造成 1 人死亡。

（1）事故相关情况

电器公司成立于 2010 年 10 月 11 日，主要生产洗衣机、冰箱等。该公司占地约 400 亩，建筑面积约 13 万平方米，现有员工约 600 人，有模具、注塑、冰箱、洗衣机 4 个生产车间。

（2）事故发生经过

2 月 7 日 12 时 18 分，正是午饭时间，电器公司注塑车间加料工陶某某，因生产需要运送一些原料到仓库。当时专职叉车工正在休息，陶某某就自行到 B 班（注塑车间分 A 班和 B 班）班长张某处索要备用的叉车钥匙，张某在明知陶某某无特种设备作业人员证的情况下，仍然把备用的叉车钥匙交给陶某某。陶某某拿到叉车钥匙后，明知同车间修边工马某某无特种设备作业人员证，仍请其帮忙驾驶叉车到仓库运送原料，马某某同意了，旁边的工友夏某某还叮嘱马某某开慢点。因为马某某不知要到哪个仓库、运送什么原料，陶某某拔掉叉车充电电源后，就坐到叉车左侧，和马某某一起到仓库去。马某某开动叉车准备从车间出门右拐弯，因车速过快，叉车前叉插入车间大门门板内，将陶某某挤压在叉车和门框之间，致使其右大腿受伤。

事故发生后，现场人员立即跑过去将陶某某救起并拨打“120”急救电话。12 时 40 分，“120”救护车赶到，众人将陶某某抬到车上，送往医院救治。2 月 8 日 2 时左右，陶某某因伤势过重经抢救无效死亡。

（3）事故原因分析

1）直接原因

马某某违规无证驾驶电动叉车载人，且车速过快，将叉车前叉插入车间大门门板内，造成陶某某死亡。

2）间接原因

①电器公司安全生产管理制度、叉车安全管理制度等不落实。

②电器公司作业现场管理不严格，违章指挥、违章作业、违反劳动纪律问题突出。

③电器公司安全教育培训不到位，作业人员安全意识淡薄，安全技能水平偏低。

（4）事故教训和相关知识

叉车工属于特种设备作业人员，必须经过专门的安全技术培训并考核合格，取得相关从业人员资格证书后方可驾驶叉车，并严格遵守各项安全操作规程。叉车工在作业中，应熟悉车辆性能和操作区域道路情况；掌握叉车维护保养基本知识和技能，认真按规定做好车辆的维护保养工作。操作叉车时严禁带人行驶，严禁酒后驾驶；行驶途中不准饮食和闲谈，不准行驶途中拨打手机通话。车辆使用前，应严格检查，严禁带故障出车，不可强行通过有危险或潜在危险的路段。

从这起事故看出，电器公司的安全管理过于松懈，非叉车工就能驾驶叉车，而且并没有人予以制止。所以，经调查分析认定，这是一起由于企业员工安全意识淡薄、违规无证作业、作业现场管理不严、安全生产管理制度不落实而导致的生产安全责任事故。

为有效预防和遏制类似事故再次发生，应采取以下防范措施：一是电器公司要依法设置安全生产管理机构，加大作业现场安全管理力度，构建事故隐患排查治理工作机制，切实履行安全生产主体责任，特别是要深入进行特种设备排查专项行动，及时发现并消除各类事故隐患。二是要强化安全教育培训工作，提高员工特别是特种作业人员的安全意识。三是保证员工具备必要的安全生产知识，熟悉有关的安全生产管理制度与安全操作规程，掌握本岗位的安全操作技能，杜绝员工“三违”行为。

58. 违章进入危险区域机械伤害事故

2010 年 4 月 18 日 13 时 30 分，某工贸有限公司（本案例以下简称工贸公司）员工在北京某资源综合利用科技开发公司（本案例以下简称资源公司）A 号钢渣运输线作业过程中，发生一起机械伤害事故，造成 1 人死亡。

（1）事故相关情况

资源公司为某钢铁总公司的下属单位，主要从事该钢铁总公司炼钢、炼铁产生的废渣处理业务。资源公司于 2003 年开始与工贸公司合作，做废渣分选、加工等工作。

（2）事故发生经过

4 月 18 日 13 时 30 分，资源公司 A 号钢渣运输线正常生产过程中，设备突然停机。1 号机组皮带工刘某某进行逐机组巡查，发现 6 号机组运转正常，1 号至 5 号机组停机，在他巡查至 5 号机组机尾部位时，发现现场防护栏杆一端呈开放状态，机尾南侧地上存有血迹。刘某某立即找到当班班长何某某，再次来到现场，发现操作工张某某坐在机尾南侧地上，右臂被卷入5号机组机尾滚筒机轴与托辊支架部位。现场人员闻讯后陆续赶来实施救援，并拨打“120”急救电话，将张某某送往医院抢救，经抢救无效死亡。

（3）事故原因分析

1）直接原因

通过现场勘验，资源公司A号钢渣运输线5号机组机尾南、北两侧均设置了安全防护网和防护栏杆。事发现场安全防护网被拆下，防护栏杆一侧开启，操作工张某某违章进入危险区域，并与运行中设备发生接触是造成该起事故的直接原因。

2）间接原因

①工贸公司安全生产责任制、安全生产规章制度及安全操作规程不健全；各级工作人员责任不清、职责不明；安全教育培训工作不到位；日常安全检查流于形式；现场无专职安全管理人员；未按规定制定事故应急救援预案，应急处置能力较低。

②工贸公司安全管理人员未根据本单位的生产经营特点，对安全生产状况进行经常性检查。负责资源公司A号钢渣运输生产线的安全管理人员在事故发生当天未在岗。

③资源公司事故隐患排查治理工作有待完善；部分岗位安全操作规程有待进一步完善；应急救援预案有待完善，应急处置能力较低；未对外包单位的安全生产条件进行审查。

（4）事故教训和相关知识

事故之后，调查组发现，2010年4月14日，资源公司巡查人员曾经发现5号机组机尾部存在托辊支架缺失问题，但无记录及整改时限要求，直到事发当天问题仍然没有解决。事故隐患排查治理工作存在漏洞。该公司安全操作规程中规定“运输带不能有破裂现象，托辊支架必须齐全，不能断裂运行”，虽有规定内容，但没有明确托辊支架发生问题后，由哪个工种的人员进行维修。机械部分、机尾部分没有明确规定检查人员，其职责有待进一步明确。

这起事故是一起由于作业人员违章进入危险区域、现场安全管理不到位、安全生产责任不落实而导致的生产安全责任事故。工贸公司和资源公司应从事故中吸取深刻教训，健全安全生产责任制、安全生产规章制度及安全操作规程，做好作业人员的安全教育培训工作，加强对作业现场的安全检查，配备专职安全管理人员，制定事故应急救援预案。对于安全检查过程中发现的问题，要按照“定人”“定时间”“定措施”的三定原则及时进行整改，及时消除事故隐患。

59. 违规在罐车与水泥挡空隙探身放置止轮器导致车辆伤害事故

2016 年 5 月 6 日 10 时 20 分，河北省沧州市某装备制造材料有限公司（本案例以下简称装备公司）发生一起车辆伤害事故，造成 1 人死亡，直接经济损失约 95 万元。

(1) 事故相关情况

装备公司成立于 2006 年 12 月 22 日，经营范围：生产热轧新型合金材料、金属板材、销售本公司产品等。现有在职员工约 6 500 人，下设烧结厂、炼铁厂、炼钢厂、轧钢厂、动力厂、自备电厂、白灰厂等分厂。

炼铁厂为装备公司的二级生产单位，建有 2 500 m^3 高炉 3 座，1 350 m^3 高炉 1 座，年产铁水 720 万吨。炼铁厂内的铁运车间由运输、电务、车辆检修、工务班组成，共有员工 126 人，现有设备机车 10 台、鱼雷罐车 48 辆。铁运车间主要以铁路运输铁水为主要任务，负责高炉、铸铁机、炼钢厂铁水配送、罐车的对位工作。

（2）事故发生经过

5 月 6 日 6 时 45 分，铁运车间运输乙班组长李某某组织召开班前会，对当班运输作业进行布置。7 时 15 分，交接班完成后，司机贾某某、调车员郝某某 2 人负责 2 号内燃机车运行任务。

10 时左右，调车员郝某某接到组长李某某分派作业的通知：2 号内燃机车运送 2 辆鱼雷罐车至炼铁厂倒罐站。由于 2 号内燃机车在后方推动鱼雷罐车，司机贾某某无法看到前方情况，由调车员郝某某负责引导机车前进。10 时 20 分，当最前方鱼雷罐车到达炼铁厂倒罐站门口时，司机贾某某一度停车，调车员郝某某下车后对倒罐站内铁路沿线是否有障碍物进行检查确认，然后通过对讲机向贾某某打三车（距终点距离，一车为 24 m）距离信号，贾某某鸣笛回应，开始向倒罐站内推车。郝某某步行在机车侧方查看距离引导，待机车距离终点倒罐处水泥挡约 30 cm 时，郝某某通过对讲机打停车信号，贾某某制动停车并鸣笛回应。贾某某在车上等了 1 min 左右，发现调车员郝某某未像以往一样上车摘机车与鱼雷罐车之间的车钩，于是通过对讲机呼叫郝某某，呼叫几遍无人回应，他便下车查看，走到车尾时发现郝某某身体倒在鱼雷罐车与水泥挡中间。

事故发生后，贾某某立即拨打了厂内救援电话呼叫救护车，之后打电话报告组长李某某。李某某赶往现场并报告班长沈某某、主任张某等。11 时左右，救护车将郝某某送往医院进行抢救。郝某某因重度开放性脑损伤，经抢救无效死亡。

（3）事故原因分析

1）直接原因

郝某某违反安全操作规程，在机车未停稳的情况下，在鱼雷罐车与水泥挡中间的空隙探身放置止轮器，导致头部被鱼雷罐车与水泥挡挤压致死。

2）间接原因

①炼铁厂安全管理工作不到位，安全教育培训工作不到位，未能教育和督促员工严格遵守安全生产规章制度和操作规程。

②炼铁厂事故隐患排查不到位，炼铁厂倒罐站铁路一线、二线罐车停车对好位后与铁路端部水泥挡间距太近（20~30 cm），且铁路端部未设置安全止挡器。

③炼铁厂安全操作规程不健全，未对员工放置止轮器动作进行规范，调车员郝某某在放置止轮器时将身子探入鱼雷罐车与水泥挡中间空隙的情况，存在严重事故隐患。

（4）事故教训和相关知识

事故之后，装备公司加强了对员工的安全教育培训，全面提高员工专业素质及安全意识，使广大员工真正了解作业场所、工作岗位存在的危险、有害因素，掌握相应的安全防范措施、应急处置措施和安全操作规程，切实增强安全操作技能，杜绝“三违”现象的发生。同时，该公司还结合本单位实际重新修订安全生产规章制度和操作规程，加强对本单位危险岗位的安全检查及事故隐患排查工作，对存在的事故隐患逐条做到治理责任、措施、资金、期限和应急救援预案“五落实”，确保安全生产。

60. 没有关闭斜井口轨道阻车器矿车下滑导致车辆伤害事故

2015 年 7 月 22 日 18 时左右，河北省承德市某金矿有限公司（本案例以下简称金矿公司）大六矿 6 号脉斜井发生一起车辆伤害事故，造成 1 人死亡，直接经济损失约 90 万元。

（1）事故相关情况

金矿公司于1990年投入生产运行，法定代表人为马某某，主要负责人为田某某，在册员工459人，经营范围：金矿采选、金矿石收购，矿山机械设备销售、安装。

2015年7月3日，该公司决定对6号脉斜井原有巷道进行清理。清理工作由6名员工承担，其中包括卷扬工李某柱，井口倒车工羿某某、霍某某，搬运工王某某、李某权、李某民。截至7月22日，已经清理巷道约35 m。

（2）事故发生经过

7月22日12时，李某柱、羿某某等6人乘罐笼下井，其中李某柱负责操作卷扬机，羿某某和霍某某负责在斜井口倒车，王某某、李某权、李某民在斜井下方巷道中清理巷道。18时左右，在将第六趟重载矿车提升到斜井口停车位时，羿某某和霍某某2人在未关闭井口阻车器的情况下，霍某某在重载矿车前方将牵引矿车的钢丝绳销子拔掉，羿某某在重载矿车后方将空矿车推到斜井口停车位，在返回作业的过程中，空矿车沿斜井轨道滑下，将井底巷道10 m处等车的李某民撞伤。

事故发生后，井下的李某权立即电话通知井口处的卷扬司机，大六矿矿长周某接到卷扬司机汇报后，立即通过电话安排李某权用井下的梯子当担架，把伤者向上抬，随后周某向矿部调度室报告。18时40分，周某带领救援人员与李某权等人共同将李某民救至斜井口。此时该公司副经理张某某带领员工和医护人员也赶到了现场，医护人员对伤者进行初步诊治后，将其送往医院。在将伤者送往医院的途中，经急救医生确认其已经死亡。

（3）事故原因分析

1）直接原因

员工羿某某将空矿车推到斜井口停车位，没有关闭斜井口轨道阻车器，空矿车沿斜井轨道滑下，将李某民撞伤致死。

2）间接原因

①金矿公司员工违反安全操作规程。员工羿某某、霍某某违反作业程序，在没有关闭斜井口轨道阻车器，没有将钢丝绳与矿车进行挂钩的情况下进行倒车作业。

②事故隐患排查不到位，金矿公司安全管理人员和带班领导未能及时排查出该岗位存在的事故隐患，未及时发现并制止违章作业行为。

③金矿公司对员工的安全教育培训工作不到位，员工安全意识淡薄，违反安全操作规程、违章作业行为时有发生。

④员工自我保护意识较差。李某民违反安全操作规程，未在安全地带等车，在矿车未停稳的情况下就去接车，与其同班的作业人员未相互提醒。

（4）事故教训和相关知识

在这起事故中，涉及矿山斜井阻车器。阻车器也称停车器，是煤矿运输系统的重要设施之一，属于防跑车装置，一般安装在斜坡上口。它一方面限定矿车停留在规定的位置，另一方面用于防止跑车事故的发生，常与推车机、翻车机、爬车、罐笼以及调度绞车等设备配合使用。阻车器有不同的类型和规格，比较常用的是液压阻车器。液压阻车器适用于矿山轨道运输系统，可安装在坡度比较小的车场轨道上，或者变坡点上，有阻止矿车前行和正常通行两种状态。液压阻车器由风门控制按钮联动控制，随风门的开启或关闭同步抬起或落下。在风门关闭状态下阻止矿车前行，具有防撞门功能。

这起事故被认定为是一起因员工违反安全操作规程而引发的生产安全责任事故。

金矿公司要深刻吸取本次事故教训，在全矿开展安全警示教育活动，重点分析事故发生经过和原因，并对相关责任人员进行通报，做到人人受警示，人人受教育。加强员工的安全教育培训，尤其是针对安全操作规程进行的培训，并确保培训时长、培训内容、考核等环节符合要求，使“严守操作规程”“违章就是事故”的理念入心入脑。加强对安全管理人员违章指挥、各岗位员工违章操作行为的检查和考核力度，杜绝“三违”现象，确保安全生产责任制、安全生产规章制度和操作规程切实落到实处，确保安全生产。

61. 未关闭仓底出料口闸门伤亡事故

2017 年 3 月 1 日 20 时 25 分，吉林省梅河口市某酒精有限公司（本案例以下简称酒精公司）作业人员在 4 号周转仓进行排堵作业过程中发生事故，造成 1 人死亡，直接经济损失约 115 万元。

（1）事故相关情况

酒精公司是一家以玉米为原料的粮食深加工企业。该公司成立于 2000 年 9 月 13 日，经营范围：生产和销售酒精、高蛋白饲料、玉米胚芽粕、玉米油、玉米精炼油等。该公司现有员工 1 504 人。

（2）事故发生经过

3 月 1 日 15 时 40 分，酒精公司仓储二部烘干丙班交接班后，班长齐某某带领 6 名作业人员进入工作现场。17 时 10 分，烘干丙班作业人员李某峰和李某铁 2 人来到 4 号周转仓内查看了仓内的存粮情况，之后，2 人来到公司员工食堂就餐，在就餐过程中齐某某安排他们饭后把 4 号周转仓第二号和第三号出料口内的玉米放空。2 人在出料口放玉米过程中，发现出料口堵塞，在仓下进行疏通但没有成功。18 时 30 分，在仓下出料口闸门处于打开的情况下，李某峰和李某铁进入 4 号周转仓内用铁钎子往下捣玉米结块，以疏通出料口。2 人一起干了半小时左右，李某轶出仓到地面，李某峰在仓底出料口疏通。19 时 40 分，齐某某来到仓内和李某峰交替轮流捣玉米结块，进行排堵作业，2 人在作业过程中没有采取任何安全防护措施。20 时 25 分，齐某某在捣玉米结块时，脚下出料口漏斗内玉米出现塌陷，他的一条腿随着向下流淌的玉米，被吸入第三号出料口漏斗内，随后被斜上方坍塌的玉米埋至腰部。

齐某某陷入出料口漏斗后，急忙喊叫李某峰向上拉，李某峰用双手拽住齐某某的双手往上拉，但没有拉动。李某峰急忙给仓外的李某轶打电话，电话没有接通，于是他立即跑到仓外，告诉李某轶关闭第三号出料口，李某轶将出料口关闭并拨打求救电话后，2 人跑回仓内继续救援。此时齐某某只有双手露在玉米堆外，不见头部，2 人开始救人，挖到头部时就挖不下去了。大约过了 5 min 后，救援人员陆续到达现场，众人合力挖了 10 min 左右，才将齐某某挖出，马上进行了人工呼吸。10 min 过后，120 救护车赶到，经医护人员确认齐某某已经死亡。

（3）事故原因分析

1）直接原因

作业人员在玉米周转仓内对出料口进行排堵作业时，未关闭仓下出料口闸门，操作位置和方法不当，致使出料口漏斗内玉米和操作人连带陷落吸入，并被斜上方坍塌的玉米掩埋。

2）间接原因

①酒精公司安全生产规章制度和操作规程执行不到位。玉米周转仓仓下出料口排堵作业安全操作规程内容不明确、不具体；玉米周转仓入仓作业安全管理不到位，未按照相关的安全生产规章制度执行。

②酒精公司安全教育培训不到位。未做到保证从业人员具备必要的安全生产知识，熟悉有关安全生产规章制度和操作规程；未按规定

教育和督促从业人员严格执行安全生产规章制度和操作规程；安全教育培训的内容设置、方式方法、如实记录及档案管理等方面存在缺欠和不足。

③酒精公司生产安全事故隐患排查治理不到位。未及时发现并消除事故隐患；事故隐患排查治理记录不全面、不规范。

④酒精公司开展日常安全检查不到位。安全检查流于形式，项目不全，记录填写不规范；未能及时发现、制止和纠正从业人员违章行为；对班组作业的日常安全检查的频次及内容不具体，记录不全。

⑤酒精公司未在较大危险因素的生产经营场所和有关设施、设备上设置明显的安全警示标志。未按规定禁止人员擅自进入玉米周转仓设备进出口，未设置明显的安全警示标志。

⑥酒精现场作业人员安全意识淡薄，自我防范意识差，违反安全生产规章制度和操作规程，在未经报告和批准、未采取有效安全防护措施的情况下，擅自进入仓内进行排堵作业。

（4）事故教训和相关知识

事故之后，酒精公司提出以下整改措施：

1）必须把保护员工的生命安全与健康放在首位，严格落实安全生产主体责任。要层层落实安全生产责任，明确岗位的责任人员、责任范围和考核标准等内容。认真贯彻有关安全生产的法律、法规及公司各项规定，并严格执行各项安全生产管理制度。要对安全生产岗位责任制、安全生产管理制度和安全操作规程进行一次全面梳理，及时修订、完善，切实纠正名称不统一、规定不具体、设置不合理等问题。

2）要进一步加强安全生产基础工作，按照相关要求认真组织开展事故隐患排查和治理工作，及时发现和消除事故隐患。对查出的事故隐患要制定整改措施，并跟踪落实整改。要纠正认识上的偏差，弥补安全管理漏洞，特别是对入仓作业、排堵作业、安全警示标志缺失等重要部位和环节存在的事故隐患，要制定切实可行的安全防范措施，直至彻底消除安全隐患。

3）要加强全员的安全教育培训，切实提高员工的安全防范意识、专业操作技能和应急处置能力。教育和督促全员严格执行各项安全生产规章制度和操作规程。要在公司、车间、班组逐级建立、健全安全教育培训档案，如实记录安全教育培训的时间、内容、参训人员以及考核结果等情况。

4）要进一步规范开展日常安全检查工作。必须逐层明确、细化日常安全检查时间、内容、频次等具体事项，检查处理情况要如实记录在案。对检查中发现的违法违规行为，要立即制止和纠正，并依照相关规定及时处理。

62. 违章进入储灰罐导致坍塌事故

2014 年 9 月 27 日 9 时 50 分，河北省承德市某商贸有限公司（本案例以下简称商贸公司）发生一起粉煤灰坍塌事故，造成 1 人死亡，直接经济损失 91.46 万元。

（1）事故相关情况

商贸公司成立于 2009 年 11 月，经营范围：销量建筑材料、五金交电、电气机械、橡胶制品、粉煤灰、钢材、焦炭、铁矿石、铁精粉、硅锰合金。

2012 年 11 月，商贸公司与某发电厂签订了长期粉煤灰经营合同，主要从事粉煤灰的销售和开发，目前粉煤灰保有量 2 000 万吨，有储灰罐 10 座，年储备粉煤灰上百万吨。

（2）事故发生经过

商贸公司的储灰罐由于粉煤灰在罐内沉积无法顺利排出，该公司决定交由外包施工队进行人工清灰。2014 年 9 月 6 日，该公司与房某某、范某某 2 人签订了清灰作业合同。

9 月 27 日 9 时 30 分，房某某派 6 名清灰人员，分 2 班每班 3 人进入 6 号储灰罐进行人工清灰作业。其中王某、郑某及刘某一班在罐内进行清灰，王某松（与王某系父子关系）在罐体人孔处进行瞭望，王某 3 人在出灰眼与罐帮间将罐底与罐体夹角堆积的粉煤灰向罐底中心出灰眼处戳动，在作业过程中 3 人不间断相互呼叫。9 时 50 分，因作业人员站立处上侧约 4 m 高的粉煤灰堆突然坍塌，将正在作业的王某掩埋在底部出灰眼附近，当招呼王某没有回应后，其他作业人员猜测王某发生了事故。在外瞭望的王某松随即进入罐内抢救，粉煤灰又将其双腿埋住，导致其无法动弹。

事故发生后，商贸公司立即组织人员进入罐内对王某松进行抢救，因救援效果不明显，不能及时将被困人员救出。10 时左右，该公司分别拨打“119”“120”“110”电话请求救援并向属地安监局上报事故情况，安监局、消防特勤中队和 120 急救中心接报后陆续赶到现场，经各方抢险人员共同努力，于 10 时 30 分将王某松救出，经医护人员现场检查其身体未受到伤害，没有任何危险。12 时 40 分，将王某救出，经医护人员现场抢救无效确认其死亡。

（3）事故原因分析

1）直接原因

作业人员王某在没有佩戴附有急救绳的安全带的情况下，违章进入 6 号储灰罐内进行清灰作业，致使沉积的粉煤灰堆坍塌被掩埋，且因不能确定位置未被及时救出，是导致此次事故的直接原因。

2）间接原因

①商贸公司安全生产管理工作不到位。作业现场未安排安全管理人员进行监督检查。

②作业人员安全意识淡薄，对作业环境的危险、有害因素辨识能力弱，自我保护能力差，没有佩戴附有急救绳的安全带，导致事故发生时无法在第一时间施救。

③作业现场监护不到位。在危险作业场所，必须设有专人监护，监护人应与作业人员随时保持联系，并要求作业人员佩戴附有急救绳的安全带。当发生紧急情况时，监护人应用急救绳将被困人员拽出。

④作业人员安全教育培训不到位。班前布置安全工作不到位，从业人员不具备必要的安全生产知识，对作业场所存在的事故隐患认识不足，安全意识淡薄，风险辨识能力弱，自我保护能力低。

（4）事故教训和相关知识

对于发电厂、水泥厂来讲，经常需要进行储罐的清灰作业。清灰作业不仅又脏又累，还容易导致事故的发生。例如，2016 年 1 月 25 日，某热电厂进行清灰作业时，临时工作负责人赵某某未系安全带被掩埋窒息死亡。2017 年 12 月 6 日，辽宁某发电公司 9 号机组灰库清灰作业，1 名作业人员由于积灰坍塌被掩埋，经抢救无效死亡。事故发生的原因，主要是由于外包项目安全管理不规范、施工作业安全措施不完善、作业人员安全意识淡薄、习惯性违章屡禁不止等原因。

对于此类作业，某黄金集团冶炼分公司二分厂采取自动敲打清灰作业方式，取得了比较好的效果。该厂制酸系统炉气中携带有大量的矿尘，随着温度的下降，会黏附在烟气管道内壁，造成系统阻力上升、通气量下降。按照工艺要求，炉前工每 2 个小时，要用大锤敲打管道进行清灰。以后经过改进，一根长长的钢管在减速机作用下缓慢转动，钢管上安装有 6 个振打锤，随着钢管的转动，6 个锤头按照先后顺序，依次准确敲打在对应位置上，自动完成烟气管道的清灰作业，从而消除了人工间断敲打时下灰量不均匀带来的炉口负压波动、螺旋出渣机瞬时负荷增大容易跳闸等弊端，而且降低了操作工的劳动强度。这种治理思路，可以运用到其他企业清灰作业中。

事故之后，商贸公司加大了对作业人员的安全教育培训力度，严格落实安全教育培训制度，进一步提高各级管理者和作业人员安全意识和安全生产技能。严格按规定正确佩戴劳动防护用品，明确相关人员的安全职责；采取可靠的安全防范及应急措施。若作业人员需要进罐作业，必须明确监护人，在作业过程中监护人要与作业人员保持联系；除了传递工具、材料外，监护人不得从事其他工作或离开现场；应预先给进入设备内部作业的人员戴上附有急救绳的安全带，发生紧急情况时，应及时报告，严禁冒险抢救。

此外，在技术措施上要对储灰罐进行改造，增加储灰罐内部滑动层的倾斜度，利于灰料下滑，减少甚至避免作业人员进入罐体内部清灰带来的事故隐患。并且要加大罐体人孔尺寸，加宽旋梯宽度，利于施救。

63. 违规进入料仓处理浮料导致坍塌事故

2015 年 3 月 11 日 13 时 30 分，河北省承德市某机械设备制造有限公司（本案例以下简称设备制造公司）发生一起坍塌事故，造成 1 人死亡，直接经济损失约 90 万元。

（1）事故相关情况

设备制造公司成立于 2005 年 11 月，经营范围：机械设备、金属结构件的制作、安装、维修等。该公司现有员工约 120 人。

2015 年 1 月 1 日，设备制造公司与某钢铁公司承德分公司热轧卷板厂签订了承包合同，承包该厂氧化铁皮球的料仓维护工作和板坯切割板的表面缺陷清理工作。氧化铁皮球的料仓维护工作主要是在公司内部生产线将铁精粉与氧化铁皮混合加工成球，运输至该卷板厂 150 t 转炉原料场地，自行卸入 6 号球团料仓，并委派人员负责该料仓的日常运行维护工作。

（2）事故发生经过

3 月 11 日 13 时 20 分，设备制造公司员工肖某某和梁某某 2 人到 6 号球团料仓巡查，发现料仓下料口被堵住，肖某某和梁某某首先在料仓外部用铁钎子处理浮料，可是仍不能将下料口处理畅通。于是，肖某某系上安全带并拴挂了安全绳，将绳子一端拴在料仓上部，随后进入料仓继续处理浮料，梁某某在料仓上部进行监护，在肖某某用镐头刨动浮料过程中，料仓壁冻黏的成品球因受到振动而发生坍塌，将其掩埋。

梁某某发现浮料将肖某某掩埋到胸部，急忙拉绳子，但是绳子与安全带脱开，梁某某赶紧招呼周围人员进行抢救，在抢救过程中还通知了设备制造公司相关负责人、消防大队、职工医院。梁某某与现场施救人员进入料仓，用手清理了肖某某身体周围的浮料并用筐往外倒料，在倒料过程中消防、医护人员及时赶到现场进行施救。16 时左右，救援人员将肖某某救出并送至医院救治，经抢救无效死亡。

（3）事故原因分析

1）直接原因

员工肖某某违章进入料仓内部处理浮料，是造成此次事故发生的直接原因。

2）间接原因

①设备制造公司员工安全意识淡薄，疏忽大意，对处理浮料作业过程中存在的危险、有害因素认识不足，自我保护意识较低，进入料

仓前未对安全绳拴挂进行安全确认，导致安全绳未起到安全防护作用。

②设备制造公司班组互联互保安全管理制度落实不到位，员工肖某某的安全互保人梁某某未能起到安全互保作用。梁某某与肖某某2人一起到料仓巡查和处理浮料作业，在肖某某进入料仓时，梁某某未对安全绳的有效性进行检查确认，未起到安全互保作用。

③设备制造公司安全管理不到位，对安全生产规章制度和操作规程的落实不到位，对作业现场的监督检查不到位。

④该卷板厂对承包单位作业人员的安全教育培训和安全生产统一协调管理落实不到位，对作业现场未进行有效监督管理。

（4）事故教训和相关知识

在这起事故中，作业人员在进入料仓内处理浮料时，佩戴了安全带、拴挂了安全绳，预防发生危险时可以拉起绳子将其救出。但万万没有想到，绳子竟然没有拴挂牢固，这样的一个小过失导致了人员的伤亡。

细节决定成败，因为小的过失、细节不注意，造成事故的发生，往往令人唏嘘。在生产作业中，各项工作都是具体的、实实在在的，作业人员要注意从点滴入手，从细节抓起，容不得半点马虎。

事故之后，设备制造公司深刻吸取本次事故教训，对公司全体员工进行了一次安全教育培训并全员考核合格，使每名员工都掌握了本岗位的安全生产规章制度和操作规程，了解了本岗位存在的危险、有害因素及防范措施，提高了员工的安全操作技能和自我防护意识。同时，加强日常安全监督检查力度，及时发现并纠正员工在生产过程中存在的“三违”行为。同时强化互联互保安全管理制度的落实，防止员工违章操作，杜绝习惯性违章。此外，设备制造公司还研究采用挖掘机等机械设备处理此类作业等，对确实需要作业人员进入料仓内作业的，严格执行有限空间、高空作业等相关规定，履行安全许可手续，配备符合规定标准的安全带、安全绳等劳动防护用品。

64. 违章站在矿料堵料上方进行清理作业导致坍塌事故

2015 年 10 月 23 日 12 时 57 分，某矿业有限公司（本案例以下简称矿业公司）的二号竖井九中段 3 号溜井作业面，发生一起矿料坍塌事故，造成 1 人死亡，直接经济损失 85 万元。

（1）事故相关情况

矿业公司的年产量 3 万吨，生产方式为地下开采，采矿方式选用充填采矿法，产品为铅锌矿石。

（2）事故发生经过

10 月 23 日 12 时 57 分，矿业公司二号井九中段作业班长王某某，发现 3 号溜井口没有正常落料，出现堵料现象，便去 3 号溜井进行处理。他在进行处理时，站在梯子上未系安全带，直接用钢钎子清理矿料，矿料突然发生坍塌致使其坠入 3 号溜井内被掩埋。

事故发生后，正在 1 号溜井作业面准备打眼的金某某和姜某某，听见王某某的呼救声后立刻赶过来，姜某某立即让金某某打电话通知有关人员前来救援，15 时左右，救援人员将王某某救出 3 号溜井。15 时 22 分，救援人员将王某某送往医院进行抢救，经抢救无效死亡。

（3）事故原因分析

1）直接原因

员工王某某在处理 3 号溜井堵料期间，未采取任何安全防护措施，违章站在矿料堵料上方进行清理作业，矿料突然发生坍塌导致其被掩埋身亡。

2）间接原因

①王某某作为班组的班长违反矿业公司制定的“溜井安全生产操作规程”第六条“最大放入溜井矿石不能大于 20 cm”的规定，未认真处理矿石，作业过程中将体积过大的矿石放入 3 号溜井内，造成溜井堵塞。在 3 号溜井矿料未完全清理出安全距离并排险的情况下，王某某冒险进入危险区域作业，造成矿料随棚料塌落而大量塌落。

②3 号溜井作业面未设置照明，致使员工不能有效地观察作业环境；未设置通信联络系统，致使事故发生后未能及时喊人进行救援，延误救援时机，导致救援迟缓。

③矿业公司安全管理不到位，未建立安全生产互联互保制度，在处理 3 号溜井堵料时，仅王某某一人单独作业，未向带班矿长汇报、未制定疏通矿料堵塞方案和未采取有效安全防护措施。

（4）事故教训和相关知识

在这起事故中，王某某作为班组的班长违章作业，主要是违反《金属非金属矿山安全规程》（GB 16423—2006）的有关规定，同时还违反该矿业公司“溜井安全操作规程”的有关规定。

为预防此类事故再次发生，矿业公司要积极采取整改措施，履行安全生产主体责任，严格落实矿领导带班下井制度、矿山排险作业有关安全操作规程并认真执行。带班矿长应随时掌握各工作面的安全生产情况，检查发现事故隐患后应及时处理，指导作业方案的实施，根据实际情况，制定切实可行的安全防范措施。同时加强公司全体人员的安全教育培训，增强员工安全意识，提高员工对本岗位的危险、有害因素的辨识能力，严格落实各项安全管理制度。此外，还应该采取技术措施，增设作业面照明，完善通信联络系统，完善监测监控系统，落实设备检修制度，发现事故隐患及时整改，确保矿井安全生产。

65. 违章使用手拉葫芦导致高空坠落事故

2009 年 4 月 2 日 16 时左右，山东省某安装有限公司（本案例以下简称安装公司）在某钢铁公司热风炉建设工地进行热风炉吊盘提升作业时，发生一起高空坠落事故，造成 5 人死亡，直接经济损失 200 万元。

（1）事故相关情况

安装公司成立于 1984 年 9 月 18 日，经营范围：机电设备安装工程、锅炉安装工程、市政工程等。现有员工约 4 000 人。

该安装公司与某钢铁公司签订合同，承担该钢铁公司高炉系统热风炉工程。该工程有顶燃式热风炉 4 座，炉壳共分 21 带，由钢板制作焊接而成，炉顶标高 47. 05 m，炉壳最大直径 12. 08 m，最小直径 5. 92 m，每座热风炉及管道的质量共约 480 t。

（2）事故发生经过

4 月 2 日下午，安装公司施工员武某某在钢铁公司 1 号热风炉施工现场，安排吊车提升 1 号热风炉吊盘（质量 7 t）。纪某等人分别进行割除炉壳上的吊耳、打磨焊口、提升吊盘和焊接新一层炉壳上的吊耳。

15 时左右，作业人员开始提升吊盘。15 时 30 分，吊盘被提升到位。因炉壳直径增大，需要更换长钢带（钢板制作需用 4 个钢带将吊盘挂在炉壳上）。纪某安排有关人员运挂吊盘的长钢带和吊耳，并指挥吊车把地面上的长钢带和吊耳吊起。16 时左右，吊盘西侧的手拉葫芦吊链突然断裂，吊盘发生倾翻，在吊盘中作业的 6 人中除 1 人抱住东侧吊链脱险外，其余 5 人均坠落到炉箅子上（坠落高度 15 m），经抢救无效死亡。

（3）事故原因分析

1）直接原因

在安装公司施工过程中，作业人员纪某严重违反“用 150 t 吊车将吊盘起吊，将钢带和吊耳对好，然后穿上圆销，待固定好后，摘除吊车吊钩”的施工方案，违章指挥施工，在钢带安装好前摘除了吊车吊钩，用 4 个 5 t 的手拉葫芦吊挂吊盘，致使施工中使用的手拉葫芦吊链断开，造成吊盘倾翻，是造成事故发生的直接原因。

2）间接原因

①安装公司工程项目部对施工现场安全管理不到位，施工现场安全管理混乱。

②安装公司工程项目部对作业人员安全教育培训不到位，未认真组织培训和考核，上岗资格证管理流于形式，作业人员安全意识淡薄，施工随意性大。

③安装公司项目经理孔某某、施工员武某某对作业人员违反施工方案的行为未能及时发现和制止。

④安装公司施工队长聂某安排购买的手拉葫芦为假冒伪劣产品，在施工中手拉葫芦吊链断裂导致吊盘倾翻。

（4）事故教训和相关知识

在这起事故中，作业人员严重违反《手拉葫芦安全规则》（JB/T 9010—1999）的有关规定，违规使用手拉葫芦。

手拉葫芦是一种使用简单、携带方便的手动起重机械，也称“环链葫芦”或“倒链”，适用于小型设备和货物的短距离吊运，起重量一般不超过 10 t，最大的可达 20 t，起重高度一般不超过 6 m。手拉葫芦的外壳材质应该使用优质合金钢，坚固耐磨，安全性能好。手拉葫芦向上提升重物时，顺时针拽动手拉链条、手链轮转动，下降时逆时针拽动手拉链条，制动座跟刹车片分离，棘轮在棘爪的作用下静止，五齿长轴带动起重链轮反方向运行，从而平稳升降重物。

在这起事故中，热风炉吊盘（质量 7 t），同时使用 4 个手拉葫芦进行吊运，本身就属于违章操作，而且相当危险，没有想到的是，所购买和使用的手拉葫芦为假冒伪劣产品，质量不合格。在手拉葫芦质量存在问题，违章操作的情况下，事故的发生就不可避免。

事故之后，安装公司加强了对施工现场的安全管理和对重点危险施工环节的安全检查，严格按照施工方案组织施工，严禁违反相关规定操作起重设备。进一步强化公司管理人员责任意识，切实认真履行安全管理职责，加强对施工现场的安全监督和检查，及时发现事故隐患，及时制止员工违章行为。切实加强对员工的安全生产教育培训，切实增强员工安全意识，提高员工自我保护能力，认真遵守各项施工方案和安全操作规程，严禁违反施工方案，严禁违章作业，严禁违章指挥。

66. 未停止带式输送机运转就匆忙清扫作业导致机械伤害事故

2016 年 3 月 15 日 11 时 13 分，河北省迁安市蔡园镇某铁矿选矿车间尾矿干排岗位发生一起机械伤害事故，造成 1 人死亡，直接经济损失 99. 8 万元。

（1）事故相关情况

该铁矿成立于 2000 年 11 月，经营范围：铁精矿粉磁选、铁精矿粉批发、铁矿露天开采、铁矿地下开采、普通货运等。该铁矿现有员工 240 人，其中专职安全管理人员有 3 人。

事故发生地点位于该铁矿选矿车间北侧约 2 km 处山坡上，干排设备为企业于 2014 年购买的 2 台旋流器、2 台振动筛和 1 台带式输送机自行组装而成，用于尾矿干排，干排出来的尾矿砂用于矿区复垦造地。

（2）事故发生经过

该铁矿选矿车间干排岗位实行 3 班倒工作制，每班 1 名员工在岗，分别为孟某友、孟某平、满某某。孟某友于 2006 年 11 月开始在该铁矿工作。2014 年，该铁矿建成干排设备后，开始从事干排岗位工作。

3 月 15 日 7 时 40 分，孟某友参加由选矿车间生产主任李某、设备主任蔡某某组织召开的班前会，8 时左右，接替上班的孟某友开始当天工作，主要工作是负责干排岗位带式输送机、旋流器和振动筛的正常运转。11 时 11 分，孟某友发现带式输送机尾部底层皮带上有洒落的尾矿砂，在未停止带式输送机运转的情况下，他走到该机器尾部东侧用扫把清扫底带上方的尾矿砂。清扫完之后，孟某友又走到该机器尾部西侧进行清扫，其右臂伸入上下层皮带靠近尾轴处时，不慎被卷入尾部输送带与尾轴之间。

事故发生后，选矿车间铲车司机宋某某在干排岗位厂房外进行尾矿砂铲运作业，发现传送尾矿砂的带式输送机停止工作，于是进入干排岗位询问，发现孟某友被卷入带式输送机尾部输送带与尾轴之间后，立即通知选矿车间生产主任李某。铁矿负责人在接到事故报告后，立即启动事故应急救援预案，展开救援工作。11 时 45 分，救援人员通过拆卸输送机尾轴将孟某友救出，随后医护人员赶到事故现场，经现场对其抢救无效确认死亡。

（3）事故原因分析

1）直接原因

孟某友违反安全操作规程，在未停止带式输送机运转的情况下清扫底带上方尾矿砂时，被卷入带式输送机尾部输送带与尾轴之间，致其死亡。

2）间接原因

①该铁矿安全管理不到位，安全管理人员未认真履行安全监管责任，安全意识淡薄，对作业人员违反安全操作规程的作业行为没有及时发现和制止。

②该铁矿安全教育培训不到位，导致作业人员安全意识淡薄，自我防护意识不强，对作业现场存在的危险、有害因素以及违反安全操作规程的作业行为危险性认识不足。

③该铁矿干排岗位带式输送机无安全防护装置，未设置带式输送机紧急拉线开关，为作业人员带来事故隐患。

（4）事故教训和相关知识

这起事故的原因是员工违章作业。从事故原因统计的角度来看，大多数事故是违章行为引发的，但是，并不是每一次违章行为都会导致事故的发生，导致事故发生的违章行为仅仅是作业人员多次违章行为中的一次。按照事故轨迹交叉理论，人的不安全行为与物的不安全状态的轨迹交叉构成了事故。这就是说，事故并不是一个孤立的事件，人的违章行为可以看成一个“触媒”，如果此时正巧“物”存在不安全状态或危险性，事故便会发生。

经调查组分析认定，这起机械伤害事故是一起因安全生产管理不到位、安全教育培训不到位、员工违章作业而引发的生产安全责任事故。该铁矿要加强对作业现场的管理，认真落实安全生产责任制，提高安全生产管理水平，特别是要加强对违反安全操作规程的监督管理，加大对作业现场的安全检查力度，督导作业人员严格遵守安全生产规章制度。同时要切实搞好作业人员的三级安全教育培训，确保作业人员具有对各类安全隐患和风险的辨识能力，从本质上提升作业人员的安全意识，杜绝“三违”现象发生。

67. 擅自将铁板捆绑吊到烟箱上导致物体打击事故

2015 年 9 月 9 日 15 时 50 分，山东省平度市某锅炉有限公司（本案例以下简称锅炉公司）包装车间发生一起物体打击事故，造成 1 人死亡。

（1）事故相关情况

锅炉公司成立于 1999 年，经营范围：锅炉制造、安装、改造。该公司现有员工 96 人。

（2）事故发生经过

9 月 9 日下午，锅炉公司张某亮小组（共 4 人）根据安排负责锅炉包装工作。组长张某亮安排于某某、郑某某 2 人去轧板，张某亮与张某国负责给锅炉安装盖板。作业前，张某亮安排张某国去寻找材料，在张某国还没回来时，张某亮自己找到钢丝绳，将铁板捆绑后，让起重机操作工将铁板吊到锅炉烟箱上（烟箱长 1.17 m、宽 0.43 m）。

15 时 50 分，该公司锅炉包装工吴某某在车间工作时，突然听到身后传来“哗啦”一声铁板掉落的声音，回头发现张某亮仰面摔倒在锅炉煤斗口临时搭建的钢板上。吴某某立即过去扶起张某亮，现场其他人员通知了安全管理员焦某某。焦某某急忙赶到现场并拨打了“120”急救电话。大约过了 5 min 后，120 救护车来到现场，将张某亮送到医院进行抢救，经抢救无效死亡。

（3）事故原因分析

1）直接原因

张某亮安全意识淡薄，擅自将铁板捆绑后吊到锅炉烟箱上，并且未按照安全操作规程的要求独自一人进行作业，导致其被坠落的铁板打击致死。

2）间接原因

①锅炉公司安全生产主体责任未落实到位，未依法履行安全生产管理职责，生产现场安全管理不到位，未及时发现并制止违章作业。

②锅炉公司虽然建立了相关“安全技术操作规程”，但落实不到位。锅炉公司对从业人员进行了安全教育培训，但未能严格监督从业人员执行本单位的安全生产规章制度和操作规程，员工的安全意识淡薄，未按照相关规定进行作业。

（4）事故教训和相关知识

在这起事故中，发生事故的组长张某亮于2012年2月进入锅炉公司工作，参加过新进员工三级安全教育。他在担任包装组组长后，还参加了锅炉公司组织的班组长安全生产培训、安全操作规程培训。按照工作经验和培训内容判断，他应该知道并熟悉公司所制定的相关安全操作规程。由此可见，事故的发生，与作业人员安全意识淡薄，违章操作直接相关。

为预防此类事故再次发生，生产企业一方面要提高作业人员的安全意识，作业时应遵章守纪；另一方面要让作业人员能够辨识生产作业过程中存在的危险、有害因素，明白安全操作规程制定的原因，把遵章守纪作为自己的自觉行动。

为吸取此次事故的教训，锅炉公司应认真落实安全生产责任制，增强对突发事故的评估和应对能力，加大事故隐患排查治理力度，落实整改措施，加强对从业人员的安全教育培训，全面提高从业人员的安全素质和安全意识。加强现场管理，杜绝违章作业，确保安全生产。

班组应对措施和讨论

在班组生产作业中，违章行为导致的事故比较多，据相关统计资料表明，大约占事故总量的70%以上。违章行为是指企业员工在生产过程中，违反国家有关安全生产的法律、法规以及企业安全生产规章制度进行操作的不安全行为。

1. 最容易引发事故的违章行为

违章行为最容易引发事故，虽然导致违章的原因各种各样，但大多数与员工忽视安全相关。我们来看3个案例。

(1) 我的第一次安全罚款

我（金某）是某煤矿集团的一名普通员工，从小就爱爬树，在十几米高的树上倒吊着一点也不觉得害怕。长大后我当了一名电工，经常要从事高空作业，对我来说，爬电线杆是一件很容易的事，甚至觉得好玩。那时，我们部分年轻电工有个坏习惯，就是高空作业时不喜欢系安全带，嫌它碍手碍脚，有时候大家还嘲笑系安全带的老电工怕死。结婚以后，我这个坏习惯依然没有改掉。

有一次，集团机电部安排电工班负责检修电话线，我接下任务后就匆匆忙忙爬上了电线杆。刚爬上电线杆，正巧安监员过来巡查，立刻对我喊道："你怎么没有系安全带啊？赶快下来，这是严重违章！"我没有办法，顺从地从电线杆上爬下来。安监员也不留情，开出了罚款单，这是我上班以来第一次被罚款，心里觉得挺委屈。

晚上回到家里把这件事说给妻子听。妻子听后不但没有安慰我，反而把我数落了一顿，说我"该罚"，最后还流着眼泪说："你只管自己逞能，要是真有个什么意外发生，我和孩子怎么办，你这样做不只是对你自己不负责任，也是对家庭的不负责任，以后可不许再这样了！凡事都要想想后果。"妻子的一番诉说，让我无地自容，连连点头说以后一定注意安全。

没过几天，我听说附近单位一名电工在上电线杆作业时不幸掉下摔死了，原因就是没有系安全带。送葬时，他年轻的妻子抱着年幼的儿子哭得死去活来。这时，我终于明白了为什么老电工在高空作业时都不忘系安全带，因为他们知道自己身上的责任，生命不只属于自己，也属于他们的家人。

(2) 违章操作让我差点丢了性命

18 年前，我（明某某）大学毕业后被分配到现在的冶金设备制造公司工作。办完入职手续后，我就被带到该公司的安全处，进行为期一周的安全生产知识学习。面对各种各样的安全操作规程、安全防范要点，我感到枯燥无比，所以一周的学习我也没有认真对待，也没有记住相关的安全生产知识。一周后，我被分配到该公司下属的分厂，结合分厂的实际，我又进行了一周的安全生产知识学习；再被分到班组，同样进行了一周的岗前三级安全教育。培训完了之后，我被分到车工班进行实习。

车工安全操作规程里有一条很重要的规定，就是操作时不允许戴手套。因为手套很容易被绞入旋转的车床主轴上，造成事故。一开始，我也像其他人一样不戴手套。时间一长，我心疼我的手变得越来越粗糙，便偷偷地戴起手套来。终于有一天，我在用戴着手套的手去拉缠在车刀上的铁屑时，旋转的车床主轴绞住了我的手套，我的手无法从手套里拉出来，跟着主轴一同旋转，听到我的惨叫声后，旁边的一位员工飞速跑过来．关掉了正在运转中车床的电源，车床才停了下来。这次，幸亏我操作的车床转速不高，否则后果不堪设想。对安全操作规程一个小小的疏忽，差点让我付出了生命的代价。我以血的教训告诉大家，在作业中真的不能有半点马虎，重视安全就是珍视生命！

(3) 不遵守安全操作规程的后果

“遵章守纪安全在，不守规矩事故来”，我们经常把此类的安全警句挂在嘴边。可是在日常的工作当中，却往往容易忽视安全，将安全操作规程抛在了脑后，结果为此付出了惨痛的代价。

2003年9月16日21时左右，制氢车间加料岗位正在运行的磁力泵发现异常情况，操作工刘某立即更换备用泵进行生产。接到报告后，我（孔某某）和检修工周师傅赶到现场查看，经检查，判定为磁力泵内的静环损坏，需要拆泵修理。按照检修规程必须先停车泄压后才能开始检修，但是只见周师傅拿出工具就拆卸磁力泵的螺钉，我急忙提醒他："泵内有压，不能拆卸！""没事，我带压拆过，将进出口阀门关闭后，先松开2个螺钉让料液淌一会儿就行了"。看他说的很有把握，我就没有再阻拦他，只问他需要采取哪些安全防护措施，他回答道："你去准备点硼酸洗手就行了"。我看着他卸了2个螺钉也没见有料液喷出来，于是就放心地找硼酸去了。等我拿着硼酸往回走时，离很远就听见操作工刘某的喊叫声："周师傅让料液喷脸上了！"我马上向车间跑去，只见刘某正在用水管给周师傅冲洗，我也赶忙将硼酸大把大把地撒在他的头上和身上。借着灯光一看，周师傅的面部红肿，不知是因为寒冷还是疼痛，此时的他浑身发抖，"赶快送周师傅去医院！"我一边高喊一边背起他就往外跑。到了医院，医生立即给周师傅进行了紧急治疗，这时我才有空问刘某当时现场是怎么回事。刘某说："谁也没想到，在卸最后一个螺钉时料液突然喷出来，周师傅躲闪不及正好被料液喷在脸上"。

此时，我想起公司安全操作规程的规定："带压设备不泄压不准检修，接触化学品检修作业必须戴护目镜、手套等劳动防护用品。"可是我却默认了周师傅凭经验带压检修的做法，这次忙于抢修作业也忘了防护要求，一连串的违章行为导致了这次事故的发生。望着周师傅那红肿的脸，我心里一阵阵的内疚。如果料液溅入眼睛里，那后果可就严重了——我如何向他的家人交代？请你记住：为了你和他人的幸福，请自觉遵守安全操作规程！

2. 人员违章行为的不同类型

人员违章行为因不同的行业、企业、岗位等，差别很大，归纳起来，大致可以将其分为以下几种类型：

一是冒险性违章。冒险性违章就是对自身、对设备设施的安全防护作用认识不够，从而弃之不用。如登高作业不系安全带，进罐作业没有监护人，施工现场不戴安全帽等。冒险性违章还有一种表现形式，就是滥用劳动防护用品。如旋转机床操作工戴手套操作，在运转中的机械上注油、检修或清扫等。冒险性违章的最大特点，就是一般情况下不易引发事故，从而使安全意识淡薄的员工容易产生冒险冲动。

二是习惯性违章。习惯性违章就是对违章行为习以为常，把错误的操作当成顺理成章的习惯性操作。习惯性违章大致有两种情况，一种是不知道正确的操作方法，另一种是知道正确的操作方法，但为了图方便省事而违章操作。

三是侥幸性违章。侥幸性违章就是在进行操作前，已经预见到潜在的危险，但发生这种危险的伤害程度并不大，在侥幸心理的驱使下违章作业。例如不停机检修设备、利用斜坡下滑启动等。

四是被动性违章。被动性违章就是明知操作是违章行为并具有潜在的危险性，但受一定条件的制约，如完不成任务等而冒险违章。

五是异常性违章。异常性违章就是大脑出现短暂的“真空”状态，引发操作失控。它的表现形式很多，如短时间的心绪紊乱，长时间连续作业引起的疲劳过度，与他人交谈时分散注意力等。

六是记忆性和判断失误性违章。这是由于欠缺相关安全生产知识或者训练不足，突然间想不起来需要注意的安全事项，或在作业时突然因外来干扰致使判断失误发生的违章。如工作服袖口敞开去调整设备、头顶上方有障碍物正常站起、吊装时忘记附近有高压线等，都属于记忆性违章，也是疏忽大意的表现。

3. 纠正人员违章行为的做法

人的行为受个性心理、社会心理、社会环境、工作环境等因素的影响，因而违章行为的原因也十分复杂。在纠正人员违章行为的做法上，可以参考借鉴某石化公司所属石油三厂分子筛脱蜡车间王海班的做法。这个班组自1993组建以来，认真学习安全技术知识，不断提高安全技术水平，规范员工的操作行为，细化了安全管理的内容，把不安全因素消灭在萌芽状态，取得了突出成绩，先后获得许多荣誉称号，被誉为“班组建设的旗帜”。

王海班严格班组管理、创造和谐作业环境的做法主要有以下几项：

（1）“纪律不过关，别进王海班”，“严”是王海班的基本特点。为了规范班组的管理工作，王海班共制定了“员工行为准则”“班组定置管理规定”“交接班制度”等30多项安全生产规章制度。这些安全生产规章制度，不仅写在纸上、挂在墙上，而且落实在严格的执行上。公司内流传着许多关于王海班管理严格的案例：“咸菜和浓茶”是一个关于王海班控制夜班发困的办法之一。倒班员工最难熬的是子夜零点班，一些员工认为打个盹儿谁也控制不住，只要不影响生产就无所谓。而王海班每逢夜班，大家都吃咸菜喝浓茶，没有一个发困的。王海班的每一位班组成员都敢坚定地向人们保证自己上夜班从没有打过盹。曾经有位机关工作人员不相信，趁自己值夜班的机会探视了几次，发现果然如此，十分佩服。

（2）工作量化考核，分配公开公平。这个考核方法是以车间下达的各项指标为依据，以企业各项安全生产规章制度为准绳，以班组日常工作为基础，以安全生产、完成指标、劳动纪律、工作表现等4个方面为主要内容，按照百分制的方式对班组成员进行考核，逐月公开考核评分，以得分多少计发奖金。这套考核方法使班组各项工作有据可查、每件事情有章可循，处理问题有凭有据。

(3) 王海班面对高温高压、易燃易爆、有毒有害等几乎所有的危险、有害因素，在实践中他们总结出了一套“安全生产管理法”，概括为“技术过得硬，流程原理通，预案常学习，安全有保证”。为了进一步提高安全水平，他们根据生产实践，总结归纳出了确保安全生产的班组精细操作“三步十二法”：一是事前操作“六明确”——明确为什么操作，解决操作的目的性；明确如何操作，解决操作的方式、方法和步骤，其中重点解决关键点和危险点的问题；明确操作意外事项的处理方法，解决突发事故如何处理；明确操作对上、下工序和整体生产运行情况的影响和变化，解决单元操作和整体操作协调和统一的问题；明确操作需要谁来协助、如何协助，解决配合操作的问题；明确操作前的汇报与沟通，解决告知操作和适时操作的问题。二是事中操作“三确认”——确认实际操作中的关键点和危险点随时得到监控；确认操作步骤按安全操作规程严格执行；确认与协助操作人员做到实时沟通，操作配合准确无误。三是事后操作“三到位”——操作结束后现场检查到位；操作结束后汇报沟通到位；操作结束后跟踪检查到位。多年来，王海班严格执行这“三步十二法”，成功化解了装置遇到的两次停水、三次停电等重大事故，为企业避免了数百万元的经济损失。

4. 班组讨论

(1) 你如何认识违章行为？在临近下班或工作任务紧的情况下，你还会坚持遵章守纪吗？

(2) 你自己发生过违章行为吗？在你的身边发生过违章行为吗？看见别人明显的违章行为你会制止吗？

(3) 在听到和看到别人违章被处罚的时候，你有什么感受？

（4）看到由人员违章行为或者违章操作引发的事故，尤其是本企业发生的事故，你的感受如何？你会从中吸取教训吗？

（5）在班组安全学习和安全活动中，你会主动学习和积极参加讨论吗？你认为这样的学习和活动有必要吗？

六、冒险作业引发的事故

冒险是人类的某种天性，但是在企业的生产作业中，最希望能够杜绝的就是员工的冒险作业行为。因为冒险作业行为会带来不安全因素，增加发生事故的概率。按照事故轨迹交叉理论，人的不安全行为与物的不安全状态在各自的发展过程中，在一定时间、空间发生了接触，使能量逆流于人体时，伤害事故就会发生。如果员工经常不遵守安全生产规章制度冒险作业，那么就会增加人的不安全行为与物的不安全状态的交叉频率，终究会发生事故。冒险作业行为与人的心理活动有关，一般喜欢冒险的人，都具有逞能好强的心理和喜欢走捷径的心理，这样两种心理往往是促成冒险作业行为的动因。因此，在纠正员工冒险作业行为时，需要注意分析冒险作业人员的心理活动，使批评教育更有针对性，起到警示作用。

68. 冒险进行盲板阀翻转导致煤气中毒事故

2013 年 12 月 9 日 12 时 20 分，河北省某钢铁公司（本案例以下简称钢铁公司）在生产作业中，2 名员工在现场查看电动蝶阀时，在未采取安全防护措施的情况下，冒险进行盲板阀翻转操作，导致煤气中毒事故，造成1人死亡。

（1）事故发生经过

12月9日，钢铁公司准备进行天然气改造，计划于当日下午对天然气管道进行勾头作业。12时15分，该公司所属动力厂的煤气工段段长安排1名煤气调度员，到转炉煤气与天然气转换阀组操作平台，检查确认24号盲板阀的开关位置。如果盲板阀在通路位置，就组织人员翻到盲路，并同时确认23号和25号电动蝶阀处于关闭状态。该名煤气调度员通过远程控制，关闭了23号和25号电动蝶阀，同时安排另外1名煤气调度员于某和煤气工方某，到现场进行检查确认。

12时20分，煤气工段段长和副段长到现场准备进行监护和确认时，却发现于某和方某2人倒在转换阀组操作平台上。段长和副段长立即通知煤气调度员，煤气调度员通知医护人员赶赴现场。随后，现场员工发现盲板阀处于松开状态，造成管道内的煤气从盲板阀处泄漏，导致2人煤气中毒。现场员工立即对松开的盲板阀进行了处理。于某和方某2人被送往附近医院进行抢救，其中方某有轻微中毒症状，于某经抢救无效死亡。

（2）事故原因分析

1）直接原因

于某和方某在接到作业指令后，在未携带煤气报警仪，也未采取安全防护措施的情况下，到达现场后就进行24号盲板阀的翻转操作，造成煤气泄漏，导致事故的发生。

2）间接原因

①作业现场疏于管理，环境不好，安全管理责任不明，安全监督工作不到位。

②对作业人员进行安全教育培训不到位，现场作业人员安全意识

淡薄，麻痹大意，对作业现场环境不能有效把握。

③安全防护设施不到位，劳动防护用品管理制度不落实。

（3）事故教训和相关知识

违章作业人员主观认为，违章作业行为并非一定导致事故。例如，不戴安全帽进入作业现场，不一定会被砸伤；不系安全带进行操作，不一定会坠落；维修时把小工具放在口袋里，不一定会掉进设备里；某些操作没有人监护，不一定就会出事故；未携带煤气报警仪，也不一定会导致中毒。这些现象大家都习以为常，在没有受到指责或处罚的情况下，违章作业人员主观上就会认为违章作业行为没有风险。其实，有没有风险，是不是冒险，并不在于作业人员的主观认识，而在于客观存在。在这起事故中，作业人员在未携带煤气报警仪，也未采取安全防护措施的情况下，到达现场后就进行24号盲板阀的翻转操作，就属于冒险作业行为。

钢铁公司要营造良好的安全生产氛围，定期开展安全警示教育培训，进一步提高作业人员的安全意识，做到警钟长鸣。认真开展安全技术交底，详细说明施工现场应采取的安全防护措施，有针对性地介绍施工中可能会出现的事故隐患、安全注意事项，以及发生事故时如何进行安全自救等，讲明违章作业会带来的不良后果。建立合理、高效的工作流程，涉及危险性较高的工作应明确规定作业流程和责任分工，必要时应事先进行应急救援演练，保证工作的顺畅进行。还应制定煤气报警仪持有定额制度，通过增加便携式煤气报警仪、劳动防护用品等，确保现场作业人员的安全。认真分析作业环境情况，如果在室内，应采取通风等措施。

69. 未采取防止槽钢支撑倾倒措施导致物体打击事故

2016年8月10日9时20分，位于山东省青岛市的某船舶重工有限公司（本案例以下简称船舶公司）541 分段吊装区域，承包单位大连某船舶工程有限公司（本案例以下简称工程公司）发生一起物体打击事故，造成 1 人死亡。

（1）事故相关情况

工程公司成立于 2013 年 3 月 4 日，经营范围：船舶铆焊，船舶分段制作与合拢，船舶管系制作与安装，船舶脚手架搭设，船舶油漆、特涂，船用设备安装与调试。

2016 年 7 月 1 日，船舶公司与工程公司签订了合同，合同约定船舶公司将 13 000 t 沥青船 1 号主船体总组及搭建工程发包给工程公司。该工程承包范围包括主船体总组工程、主船体搭载工程以及各项生产辅助工作。

事故现场位于 13 000 t 沥青船 541 分段吊装区域。541 分段船舷侧朝北，分段舷下有 7 个钢墩用于支撑，其中分段舷侧位置有 2 个钢墩，钢墩上设置了 2 个槽钢（其中一个为 V 型）以支撑舷侧。槽钢支撑与钢墩之间垫有枕木，枕木与槽钢支撑、钢墩之间均未见固定装置。舷侧从上往下有 3 个槽钢支撑点，最上面 2 个支撑点已被完全切割掉。事故发生在 541 分段的东北角。

（2）事故发生经过

8 月 10 日上午，工程公司按照作业安排，进行 13 000 t 沥青船 541 分段的吊装定位工作，由船舶公司提供龙门吊并进行吊装作业，工程公司负责 541 分段的挂钩、槽钢支撑切割、定位与焊接作业。

7 时 30 分，工程公司的班长柳某某给员工霍某某、周某、国某某、任某某开早班会，会议主要内容是安排上午 541 分段的吊装定位工作。柳某某安排国某某、任某某用高空作业车向船坞里送工具，安排霍某某、周某切割槽钢支撑。会议结束后柳某某就去联系船舶公司的起重指挥工。

工程公司员工来到施工现场后，船舶公司的起重指挥工还没到，他们等候了约 30 min 后，起重指挥工刘某、赵某某、仝某某、白某某指挥着 1 号 600 t 的龙门吊来到现场。工程公司员工开始整理吊钩，向 541 分段上挂吊钩，共使用 3 个钩头，1 号钩头挂在分段东侧，2 号钩头挂在分段西侧，3 号钩头挂在分段北侧。挂完吊钩后，4 名起重指挥工进行检查，经检查，吊耳、钢丝绳完好，吊钩已挂好，无异常。

检查完毕后，准备切割 541 分段的槽钢支撑。为保持 541 分段切割完槽钢支撑后的稳定，防止其侧翻，赵某某指挥龙门吊司机将 1、2、3 号钩头共带 30 t 质量。此时分段并未被吊起，然后柳某某安排霍某某切割槽钢支撑，周某辅助霍某某进行作业。切割完槽钢支撑后（此时槽钢处于未固定状态），船舶公司负责该区域现场安全管理的安全员胡某某和 4 名起重指挥工检查分段上是否还有未焊接的铁板。在确定没有问题后，胡某某让工程公司员工及起重指挥工撤离现场，在人员均撤离后，准备起吊。

开始吊装作业后，胡某某认为 1 号龙门吊施工现场无异常问题，就向 2 号龙门吊所在区域走去。就在此时，柳某某走向分段东北角的登高梯，顺着登高梯向上爬，爬到一半时，槽钢支撑突然倒向登高梯，把登高梯砸倒。登高梯向东侧倒下，柳某某从登高梯上坠落，落地后被槽钢支撑砸中胸腹部。

现场其他人员听到声音后都跑向柳某某。几名员工赶紧将槽钢支撑抬到一边，国某某拨打“120”急救电话，胡某某也跑过来。这时柳某某已经昏迷，胡某某上前拍打其面部并掐人中进行急救，但没有效果，十几分钟后，120 急救车到达现场，将柳某某送往医院进行救治，因其胸腹部闭合性损伤严重，经抢救无效死亡。

（3）事故原因分析

1）直接原因

工程公司在对541分段的槽钢支撑进行切割时，未制定切割作业方案，未明确对切割后的槽钢支撑应采取何种安全防护措施防止其倾倒；在槽钢支撑与分段连接部位切割完后，未采取防止槽钢支撑倾倒的安全防护措施，以致槽钢支撑突然倾倒，将登高梯与柳某某一起砸倒。

2）间接原因

①工程公司在进行541分段的吊装定位作业过程中，未履行合同中约定的该公司“对工程范围内的安全生产活动进行落实、检查，预防事故发生，制止违章行为，整改事故隐患”的安全生产职责，未配备安全员进行现场安全管理。

②工程公司未对现场作业人员进行安全技术交底，未对作业现场进行安全检查。

③工程公司未严格落实生产安全事故隐患排查治理制度，对切割后的槽钢支撑存在倾倒的事故隐患未及时发现。

④船舶公司在进行541分段的吊装定位作业过程中，作业现场未划出禁区，未使用警戒线或路障隔离，未发现并制止柳某某接近吊装物体的违章行为；对切割后的槽钢支撑存在倾倒的事故隐患认识不足，未及时发现并消除作业现场存在的事故隐患。

（4）事故教训和相关知识

客观地讲，这种以切割作业为主要内容的维修作业，作业前制定作业方案难度比较大，因为受作业环境、设备设施、人员变化的影响大，所制定的作业方案经常会出现变化。某机车有限公司的机械维修班也曾遇到过这样的情况，他们采取的办法是有针对性地设置工作标准、工作流程、工作过程，通过这样的办法使危险源处于受控、可控的状态，避免事故的发生。

机械维修班的作业过程分为8个步骤：第一步是确定作业任务来源；第二步是进行危险源辨识，制定相应的安全防护措施；第三步是办理检修前的相关程序；第四步是检修人员与设备使用班组办理“检修工作票”交接手续，使设备使用班组明确需要配合哪些工作；第五步是检修班组根据当天的检修内容应采取的安全防护措施等，进行班前安全喊话，强调安全注意事项；第六步是对作业中关键节点的安全管控；第七步是过程监管，即由安全员对检修质量和安全作业进行全程监管，及时发现并制止各种违章违规行为，确保检修质量和安全；第八步是绩效评价，依据检修过程及竣工验收情况，提出考核建议。机械维修班年检修项目虽然多达200余项，且内容多、涉及面广、施工复杂，但由于工作标准明确、工作流程清晰、工作过程得到有效管控，已连续4年安全生产无事故。

70. 未有效通风冒险作业导致窒息事故

2015年4月25日9时50分，云南省昆明市某矿业有限公司（本案例以下简称矿业公司）落雪铜矿1号溜井的人行检查天井发生一起较大炮烟中毒窒息事故，造成9人死亡、19人受伤，直接经济损失728万元。

（1）事故相关情况

矿业公司成立于2001年10月，经营范围：铜矿开采、铜矿浮选，冰铜冶炼，矿山机械等。该公司下设6个生产部门，在职员工约2 200人。落雪铜矿是该公司的主要生产部门之一，下设一片区、二片区、三片区、钻探队和运输工区，现有员工872人，设有安全员48人。

落雪铜矿开采方式为地下开采，生产规模为49.5万吨/年，矿区面积2.6 km^2，开采深度由3 700 m至2 110 m标高。矿区采用平硐、斜井联合开拓法，主要采矿方法为浅孔留矿法和分段空场法，还建立了机械通风系统，自流排水。

发生事故的地点位于落雪铜矿的1786中段。2014年11月，1786中段1号溜井中部堵塞，矿区决定通过措施工程进行处理，即在1号溜井旁向上打“Z”字形人行检查天井，当时，工程已完成约1/3。1786中段为落雪铜矿的运输工区，设有2个开拓队、1个运输队，共有员工172人。事故发生时，当班井下共有员工51人，除事故现场的6人外，其余为开拓、运输、调度和勤杂人员。

（2）事故发生经过

4月22日，矿业公司落雪铜矿通过措施工程顶部四层联道将1箱炸药（共24 kg）放置在1号溜井内堵塞处，以期通过爆破振动方式处理堵塞。在矿领导和运输工区区长李某宽指挥下进行了爆破作业，爆破后上述人员便离开现场。4月23日，孙某某、赵某某、李某宽等带领运矿队负责人及安全员（未携带气体检测仪、自救器等）进入措施工程顶部四层联道内查看1号溜井堵塞的处理效果，发现处理效果不理想，便找常务副矿长王某某共同研究。经研究决定：加大炸药量对1号溜井堵塞处继续采取放炮处理，由分管技术和机电的2个副矿长带队，于4月24日在同一位置采用同样方法实施第二次爆破作业，并由分管安全的副矿长吴某带领相关人员于4月25日前往现场检查爆破效果。4月24日，在孙某某、李某宽等人的指挥下，用了3箱炸药（共72 kg）进行了第二次爆破作业，爆破后利用原措施工程施工时遗留的一根2寸塑料压气管进行局部通风（通风管在第三层联道附近改为内径0.8 cm的胶皮管，该胶皮管在第四层联道下部约5 m处折断），之后爆破人员离开现场。

4月25日9时左右，副矿长吴某按照事先分工，带领庄某（落雪铜矿安全环保部主任）、李某宽（运输工区区长）、李某金（运输队长）、徐某某（安全组长）、关某某（安全员）下井查看爆破效果。9时30分，6人乘车到达1号溜井旁休息室，7 min后6人步行到达1号溜井旁的人行检查天井位置。在未携带任何气体检测仪器和防护设备的情况下，6人从1号溜井旁的人行检查天井按照日常检查顺序向堵塞部位边检查、边行进，行进中有人中毒倒地。

事故发生后，其他人员进行救援，由于没有携带相应的防护设备或采取有效防范措施，前去救援的人盲目施救，又有22名救援人员不同程度中毒（其中有5名救援人员遇难）。直到技术副矿长孙某某等人到达现场后才组织有序救援，将中毒人员陆续救出。

（3）事故原因分析

1）直接原因

①事故中段系统不健全。没有建立机械通风系统，缺乏局部通风设施，措施工程没有形成贯穿风流，致使处理堵塞溜井时爆破后的炮烟没有及时排出，大量有毒有害气体（主要为一氧化碳）聚集。

②违章冒险作业。前去检查爆破效果的6人均未佩戴任何气体检测仪，未进行有效的局部通风，未遵守《金属非金属矿山安全规程》（GB 16423—2006）的有关规定，未采取有效防范措施，违规冒险进入事故现场。

③盲目施救。矿业公司缺乏应急救援装备和物资，所有参与救援的人员缺乏基本的安全生产应急救援技能，加之事故现场的工区区长违章指挥救援，致使救援人员在未佩戴任何防护设备或采取有效防范措施的情况下，盲目、无序施救导致事故伤亡扩大。

2）间接原因

①相关工程无设计或设计不合理。矿业公司采用爆破方式处理堵塞部位并无爆破设计，爆破作业时无现场技术负责人进行指导，2 次爆破作业所用炸药量偏大；矿业公司自行设计、建设的溜井不合理，300 余米高的溜井，井筒直径仅为 1.4 m，导致溜井经常堵塞。

②矿业公司安全管理混乱。爆破作业后没有实行强制通风以稀释炮烟，仅靠自然通风和原措施工程施工时遗弃的一根 2 寸塑料压气管进行通风，且该塑料压气管受损后未及时检查发现。

③安全教育培训不到位，矿业公司上至领导、下至从业人员安全意识不强，缺乏基本的安全生产知识和应急救援技能。该公司未按规定组织应急救援演练，致使从业人员缺乏相应的应急救援知识和技能。

④缺乏必要的个体防护装备和应急救援装备。矿业公司没有按规定为井下作业人员配备有毒有害气体检测仪器，也没有按要求为井下作业人员配备自救器材及相应的个体防护装备。

⑤应急救援工作开展得不合理、救援措施不得力。主持全面工作的常务副矿长王某某赶到现场后，没有科学合理地组织救援，没有作出合理的技术指导和有效监督，主观认为井下有工区区长，事态不大，也未及时向矿业公司领导和有关部门报告，致使一些救援人员盲目施救中毒并失去了宝贵的救援时间。第一位撤离事故现场、全面负责 1786 中段的工区区长李某宽，明知事发地点非常危险，在未采取任何安全防范措施的情况下，仍盲目组织施救，导致事故伤亡扩大。

（4）事故教训和相关知识

在非煤矿山炮烟中毒事故经常发生，在这些炮烟中毒事故中，没有建立机械通风系统、通风设施不完善、未进行强制机械通风或强制通风不充分，是导致事故发生的主要原因，很多事故是在未启用通风设备的情况下造成的。

预防炮烟中毒事故，就要建立完善的机械通风系统。所有非煤地下矿山必须安装主要通风机，并设置风门、风桥等通风构筑物，形成完善的机械通风系统；独头采掘工作面和通风不良的采场必须安装局部通风机，严禁使用非矿用局部通风机，严禁无风、微风、循环风冒险作业；所有通风机必须安装开停传感器，主要通风机必须安装风压传感器，回风巷必须设置风速传感器；废弃矿井和井下废弃巷道要及时封闭，并设置明显的警示标志。

此外，矿业公司要严格落实中毒窒息事故防范措施和应急救援预案，按照要求为每个作业班组配置至少一台能同时检测一氧化碳、氮氧化物和氧气浓度的便携式气体检测报警仪，为每个入井人员配备自救器；井下爆破作业后要充分通风，确保爆破作业后的场所空气质量满足安全要求；人员进入爆破作业后的场所时，应携带便携式气体检测报警仪从进风侧进入，一旦检测仪报警应立即撤离；入井人员必须随身携带自救器，未随身携带自救器的要严厉进行处罚。

71. 冒险穿越安全警示隔离带导致触电事故

2017 年 5 月 27 日 9 时 59 分，黑龙江省某火电工程有限公司（本案例以下简称工程公司）工作负责人张某某，带领作业人员到某热电厂进行 6 kV 厂用 2A 段母线高压绝缘试验工作，工作中发生一起触电事故，造成 1 人死亡。

（1）事故相关情况

工程公司始建于 1959 年，是某能源建设股份有限公司的全资子公司。该公司是集建筑、安装为一体的综合性大型电力施工企业，现有员工 1 353 人。

（2）事故发生经过

5 月 27 日 7 时 10 分，工程公司工作负责人张某某到某热电厂集控室履行门禁手续，9 时左右，张某某带领作业人员王某某、董某等 4 人进入配电室，进行 6 kV 厂用 2A 段母线高压绝缘试验工作。9 时 22 分，试验结束，张某某安排王某某恢复 6 kV 厂用 2B 段母线电压互感器。9 时 39 分，王某某穿越安全警示隔离带进入正在运行的 6 kV 厂用 2B 段母线开关柜后面，9 时 59 分，另一名作业人员董某在附近听到疑似放电声，立刻跑到 6 kV 厂用 2B 段母线开关柜后面，发现王某某倒在 6 kV 厂用 2B 母线电压互感器柜处。

事故发生后，董某立刻呼喊其他人员拨打“120”急救电话，工程公司员工陈某闻声立刻赶来就地进行紧急救治。10 时 20 分，120 救护车到达现场。10 时 35 分，王某某被送入医院进行抢救，经抢救无效死亡。

（3）事故原因分析

1）直接原因

工程公司作业人员王某某冒险穿越安全警示隔离带进入正在运行的母线区域，打开正在运行的母线电压互感器柜门，误触碰带电端子，导致触电事故。

2）间接原因

①工程公司未认真履行双方签订的安全生产管理协议规定，安排没有电工证的人员从事电气配电接线工作。

②工程公司内部安全管理松懈，工作负责人张某某违反安全操作规程，没有履行施工现场监护人员的职责，安排王某某单独从事电气配电接线工作。

③该热电厂安全生产主体责任落实不到位，“管生产必须管安全”流于形式，对外包项目（工程）现场作业没有做到全过程的监

督与检查。违反本企业制定的“外包工程安全管理”规定，授权外包单位人员工作负责人资质，对工程外包作业人员资质管理不严格，电气检修现场存在无证作业行为，反违章作业力度不够，作业人员随意穿越安全警示隔离带等习惯性违章时有发生。

（4）事故教训和相关知识

现在许多企业把一些项目外包给一些具备专业技术能力的外包单位，对于这些企业而言，要加强对外包单位工作人员的管控力度，与外包单位签订专门的安全生产管理协议，明确各自的安全管理职责，并对外包单位的安全生产工作进行统一协调和管理，加强外包单位工作人员的安全教育培训，要定期进行安全检查，完善安全生产管理体系，不能放任自流、不管不顾。

工程公司要本着“管生产必须管安全”的原则，落实安全生产主体责任，建立现场安全管理员监督巡视制度，将检修现场划分为38个区域，由生产系统管理及以上人员专职负责，落实安全管理和质量监督责任。制作检修现场安全管理员监督巡视检查卡，明确检查内容，及时发现并消除事故隐患，严防死守，确保检修现场作业安全。同时进一步强化外包工程安全管理，对所有外包单位工作人员重新进行资质审查，特殊工种人员重新进行备案，所有外包单位工作人员重新进行安全生产规章制度考试，全面检查外包单位劳动防护用品和职业健康防护用品的发放、佩戴情况，各检修班组重新对外包单位工作人员进行安全技术交底，重新履行开工许可证办理程序，开工许可证程序不全，不得开工。

72. 临时雇用人员违章冒险进行电气安装作业导致触电事故

2017年8月31日23时30分，黑龙江省某建筑安装工程有限公司（本案例以下简称建筑安装公司）组织员工在白家变 10 kV 铁三线（供电线路）、铁三干 4 号电线杆上进行电气安装作业过程中，发生一起触电事故，造成 1 人死亡，直接经济损失 100 万元。

（1）事故相关情况

建筑安装公司隶属某建工集团有限公司，成立于 1998 年 3 月 23 日，经营范围：机电工程、市政公用工程、建筑工程。

2016 年 9 月，建筑安装公司承包了某测绘地理信息局的供电并网改造建设工程。该工程主要有两项施工内容：第一项是供电并网改造，废除旧变电所并新建一座变电所，主电源新增变电容量 760 kV · A。第二项是备用电源新增变电容量 130 kV · A。备用电源取自白家变 10 kV 铁三线，具体施工内容是在铁三干 4 号电线杆上新安装高压隔离开关和真空开关。事故发生在安装高压隔离开关的过程中。

（2）事故发生经过

建筑安装公司本身具备施工资质，但因高压带电作业人员不足，施工中所需的劳动防护用品不够，不具备独立完成带电作业施工的能力。经某供电公司的客服经理李某生介绍，该公司雇用李某林（事后调查得知李某林为客服经理李某生的胞弟），由其负责召集社会专业施工人员，完成高压隔离开关和真空开关带电安装作业。建筑安装公司支付给李某林劳务费和工程材料费共计 5 万元。

8 月 30 日，李某林通知建筑安装公司项目经理宋某某，一切准备就绪，定于 8 月 31 日晚施工。8 月 31 日 21 时，李某林带领作业人员赵某相、赵某剑（赵某相的胞弟）、王某、姜某某、马某某 5 人到达作业现场（白家变 10 kV 铁三线、铁三干 4 号电线杆下面），开始进行高压隔离开关和真空开关安装前的地面准备工作。22 时左右，5 名作业人员分头开始安装作业，其中 3 人在地面负责往电线杆上递送施工材料，另外 2 人在电线杆上部负责安装高压隔离开关。

作业人员赵某相佩戴好劳动防护用品后，站在绝缘斗臂车的斗内，自行操纵该车升至电线杆顶部临近高压横担位置，开始安装高压隔离开关作业。赵某相先用高压绝缘布分别包裹 B、C 相带电导线，采取相间绝缘遮蔽措施后，依次往高压横担上固定 A、B、C 相高压隔离开关。23 时 30 分，A、B 相高压隔离开关固定完毕，在赵某相将 C 相高压隔离开关挂到高压横担上时，他的左手接触到高压横担（接地体），右手中的扳手向上扬起，接近 C 相 10 kV 带电导线，瞬间，造成其右手与 C 相带电导线之间弧光短路，发生触电事故。

事故发生后，赵某剑立即驾驶绝缘斗臂车载着受伤的赵某相驶往医院进行救治，经抢救无效死亡。

（3）事故原因分析

1）直接原因

作业人员赵某相违反高压带电作业的安全规定，在未采取安全防护措施的情况下，违章冒险进入危险区域作业（放电距离小于 0.35 m，实测距离为 0.32 m），是造成触电事故的直接原因。

2）间接原因

①建筑安装公司对安全生产工作重视不够，生产组织不合理，将安全风险较大的生产作业活动交由临时雇用人员进行施工，且未采取必要的安全管控措施。

②建筑安装公司在作业中未执行电气工作票管理制度，未编制安全作业指导书，未按规定指定专人进行监护。

③某工程管理咨询有限公司未履行监理工作职责，未对高压带电作业施工开展监理工作。

（4）事故教训和相关知识

在这起事故中，涉及高压带电作业。高压带电作业是一项技术性强、操作安全水平要求较高的、风险极大的工作，很容易发生人员触电事故。

建筑安装公司要全面梳理安全生产工作，深刻吸取本次事故教训以及自检自查中发现的事故隐患，建立、健全安全生产管理体系，落实安全生产责任制，完善安全生产规章制度和操作规程，把安全责任真正落到实处。同时加强安全教育培训，提高安全管理人员、作业人员的安全意识。检查各级人员是否掌握安全生产责任制标准，是否牢固树立“安全生产红线意识”，是否做到了“三不伤害”（不伤害自己、不伤害他人、不被他人伤害），是否采取施工危险源辨识及预控措施，坚决避免类似事故再次发生。

73. 未按规定使用速差自控器导致高处坠落事故

2018 年 5 月 21 日 16 时 50 分，由某建设工程有限公司（本案例以下简称工程公司）分包的某热电公司余热锅炉及管道安装工程，在施工过程中发生了一起高处坠落事故，造成 1 人死亡，直接经济损失约 170 万元。

（1）事故相关情况

工程公司经营范围：压力管道安装、改造、维修，锅炉安装、改造，机电安装工程，钢结构工程等。该公司目前在职管理人员约 200 人，施工人员一般根据工程需要临时招募，目前在职人员约 3 000 人。该公司的业务主要分为电力建设、化工建设和市政建设 3 类，下设 30 多个项目部。

2017 年 6 月 1 日，该热电公司与工程公司签订了劳务分包合同，将 2 套余热锅炉（内部编号 1 号、3 号）及管道安装工程分包给工程公司。2017 年 6 月中旬，工程公司组织人员进场施工，由赫某担任施工现场负责人，下设管道安装班组（班长孙某某）和钢结构安装班组（班长刘某某）。此外，现场还配备了 2 名专职安全员，其中负责 3 号余热锅炉区域的安全员是尹某某，工程公司根据施工进度调配施工人员，事故发生时 1 号、3 号余热锅炉区域正在进行相关的安装作业，现场共有施工人员约 80 人。

事故发生地点位于 3 号余热锅炉给水泵房，该给水泵房采用 2 跨（每跨 10 m）、3 层的钢结构形式，南北总长 60 m，屋面高度 14 m，事发前由张某某、陈某某等 3 人组成的安装小组在该给水泵房西南角安装二层南侧的横梁（长 3.2 m，距地面 9.8 m）。施工现场设置软爬梯供施工人员上下，每副软爬梯均配备速差自控器（俗称防坠器），每层作业面设置平行安全绳用于施工人员系挂双钩安全带。

（2）事故发生经过

2018 年 5 月 21 日下午，张某某、陈某某、尹某某 3 人在 3 号余热锅炉给水泵房安装钢结构，张某某和陈某某负责安装作业，尹某某在地面整理材料。16 时 45 分，张某某和陈某某在该给水泵房西南角 9.8 m 处共同完成一根横梁安装后，2 人准备下到地面，张某某从西侧立柱旁边的软爬梯下来，陈某某则从东侧立柱旁的软爬梯下来，就在陈某某刚准备下来时，突然听到“啊”的一声，抬头看见张某某从软爬梯上摔了下去。16 时 50 分，刚从其他区域巡查到附近的现场负责人赫某和安全员尹某某闻声也看到了张某某摔落的情形。

在场人员赶紧上前查看，此时的张某某尚有意识和呼吸，头部有因安全帽摔裂划出的伤口。赫某安排项目部的事故应急救援车辆将张某某送往医院抢救，经抢救无效死亡。

（3）事故原因分析

1）直接原因

张某某在完成钢结构安装作业后，从 9.8 m 的高处通过软爬梯下地时，未按规定使用速差自控器，不慎摔落到混凝土地面上。

2）间接原因

①工程公司施工现场安全管理不到位，工程施工作业面大，风险点多，管理人员不能及时对施工现场的安全生产状况进行全面的检查，及时排查生产安全事故隐患，致使施工人员违规作业行为未能得到有效制止。

②工程公司安全教育培训不到位，施工人员不遵守安全生产规章制度，忽视安全，思想麻痹。

（4）事故教训和相关知识

这起事故的发生，与作业人员的心理因素有很大的关系，通常是冒险心理、侥幸心理、麻痹心理等几种心理因素共同作用的结果。冒险心理的表现特征是：争强好胜、喜欢逞能，为争取时间，不按安全操作规程作业，而且还不听劝阻，把冒险当作英雄行为。这种心理以青年员工为盛，应引起特别注意。在这起事故发生之前，作业人员不使用速差自控器进行高处作业，已经习惯了，感觉通过软爬梯下地也不会出事。就是在这种冒险心理与麻痹心理的共同作用下，发生违章行为。

工程公司要认真吸取此次事故教训，进一步建立、健全施工现场的安全生产保障体系，制定切实可行的安全管理制度及各岗位安全操作规程，加强对从业人员的安全培训，切实提高从业人员的自我保护意识，危险、有害因素辨识能力和防范事故的能力，要加大对施工现场的安全检查力度，及时排查并消除事故隐患。同时要加强在外施工项目负责人的管理，督促他们严格执行相关安全生产法律、法规和本单位的安全生产规章制度。

74. 从正在作业的两台码坯机中间通行导致机械伤害事故

2017 年 7 月 2 日 8 时 50 分，无锡某建设有限公司（本案例以下简称建设公司）的操作工在操作码坯机作业时，发生一起机械伤害事故，造成1人死亡。

（1）事故相关情况

建设公司的经营范围：建材生产和销售。

（2）事故发生经过

7月2日上午，根据工作安排，建设公司码坯机操作工阳某，在码坯机操作平台上操作码坯机进行转运砖坯作业。该平台上安装有两台进口的全自动码坯机，两台码坯机相距约3 m，砖坯由制砖机传送带传送过来后，由码坯机的机械手抓送至对面的窑车上，待窑车上砖坯排满后送至窑屋进行烧制。

8时50分，阳某用遥控器操控窑车移动后发现窑车未到达指定位置，就走下码坯机操作平台，和正好巡查到此处的班组长刘某某一起用撬杠将窑车移至指定位置，后顺势上到窑车上，准备从窑车方向通过两台正在作业的码坯机中间间隙回到原操作台。当阳某从两台码坯机中间间隙通过时，被抓砖坯的码坯机机械手砸中背部，跌落到地上。

事故发生后，现场人员把阳某送至医院抢救，因阳某伤势过重，经抢救无效于当日死亡。

（3）事故原因分析

1）直接原因

阳某自我防护意识淡薄，冒险从正在作业的两台码坯机中间通行时受到伤害。

2）间接原因

①建设公司作业现场安全管理存在漏洞，未在码坯机机械手活动范围四周采取有效的安全防护措施。

②建设公司安全生产管理不到位，对作业现场的安全生产工作督

促检查不力，未及时发现和纠正作业现场安全防护措施存在的事故隐患。

（4）事故教训和相关知识

在这起事故中，作业人员冒险从正在作业的两台码坯机中间通行时，本来想省时、省力，结果却受到伤害。

在企业生产过程中，绝大多数冒险行为都属于有意违章行为，有意违章通常是当事人为了省力、省时、省事，表现自己等个人需要而造成的违章。这起事故被认定为是一起作业人员冒险违章作业、企业安全生产管理不到位而造成的生产安全责任事故。

建设公司应深刻吸取本次事故教训，进一步加强对安全生产重要性的认识，切实落实企业安全生产主体责任，确保各级、各类岗位人员充分履行安全生产职责；要严格落实本公司各项安全生产规章制度，强化事故隐患排查和治理工作力度，及时消除作业现场的事故隐患，防止类似事故再次发生。

75. 在无可靠立足点的废料堆上冒险作业导致高处坠落事故

2018 年 6 月 9 日 8 时 13 分，江苏省常州市某汽车配件有限公司（本案例以下简称汽车公司）废料存放区发生一起高处坠落事故，造成 1 人死亡，直接经济损失 90 万元。

（1）事故相关情况

某再生资源回收站（本案例以下简称回收站）成立于 2008 年 11 月 4 日，经营范围：废旧纸箱、废旧五金、废旧塑料、冶炼废料、铸造炉渣、钢渣、废砂回收。

（2）事故发生经过

汽车公司自成立以来，就将一般废料的收集、整理、运输工作发包给回收站，双方每年签订一次合作协议。

6 月 9 日 7 时 30 分，回收站废料收集员胡某某和吴某某一起将收集好的废料装上货车，由货车司机高某某运回至回收站进行处理。装车完毕后，胡某某负责清理地面余下的垃圾，吴某某负责在货车上整理废料。8 时 13 分，吴某某突然失去重心，不慎从高约 3 m 的货车废料堆坠落，头部着地。高某某发现情况后立刻拨打“120”急救电话，8 时 30 分，胡某某跟随救护车一起将吴某某送至医院，吴某某经抢救无效死亡。

（3）事故原因分析

1）直接原因

吴某某安全意识淡薄，在废料整理作业的过程中，没能认识到在无可靠立足点的废料堆上进行高处作业存在的危险、有害因素，也未采取有效的安全防护措施，作业时突然失去重心，从废料堆摔至地面。

2）间接原因

①作业现场安全防护措施不到位，安全管理缺失。回收站未设置防高处坠落的安全防护措施，未对作业现场进行有效的安全管理，日常的安全检查工作流于形式，也未对作业现场可能存在的事故隐患进行辨识。作业现场存在装车作业无可靠立足点、作业现场无监护人等事故隐患。

②回收站安全生产基础管理薄弱。回收站未认真逐级落实主要负责人和安全管理人员的安全生产责任，对现场作业人员的安全教育培训和安全技术交底仅仅是流于形式，未能制订符合各岗位实际工作需求的培训计划，作业人员的安全意识有待提高。

（4）事故教训和相关知识

敞篷货车运输货物，在货物装载完成后，通常需要使用绳索将其捆扎牢固，以防脱落。如果运输的是比较整齐的货物，人员站在货物上或者汽车的厢板上进行捆扎还比较安全。如果运输的是不整齐的货物，就比较危险，容易发生坠落事故。这起事故发生在废料整理作业的过程中，在无可靠立足点的废料堆上，作业人员突然失去重心，从废料堆摔至地面。

回收站应深刻吸取事故教训，采取以下整改措施：一是建立、健全本单位安全生产规章制度和操作规程，督促各项安全生产规章制度和操作规程的落实，将高处作业等危险性较高的作业岗位纳入事故隐患排查治理范围，明确相关的安全注意事项，有针对性地制定安全防范措施和应急救援预案，确保各项安全管理措施和技术措施落实到位。二是对于高处作业等危险性较高的作业岗位，要加强现场安全管理工作。充分考虑到可能产生的事故隐患和风险，明确相关安全注意事项，配备必要的劳动防护用品，如安全带、安全网等。设置可靠的登高作业安全防护措施和作业平台，并严格督促作业人员正确佩戴和使用相应的劳动防护用品。三是要针对作业现场的特点，作业过程中存在的主要危险、有害因素，应急处理措施和进入现场的安全注意事项，做好作业人员的安全教育培训工作，确保其人身安全。

76. 冒险进行安装作业导致物体打击事故

2016 年 4 月 13 日 23 时 30 分，西安某机电设备安装工程有限公司（本案例以下简称设备安装公司）在某汽车股份有限公司徐水分公司总装车间，安装、调试前后悬立体库设备过程中发生一起物体打击事故，造成 1 人死亡，直接经济损失 116 万元。

（1）事故相关情况

设备安装公司成立于 2015 年 3 月 3 日，经营范围：机电安装工程、管道工程、钢结构工程的设计、施工；机械设备、机电设备、压缩机及配件的安装等。

某汽车股份有限公司徐水分公司将总装车间非标输送设备项目制造工程承包给某设计研究院有限公司，该设计研究院有限公司将前后悬立体库设备安装、调试工程分包给了设备安装公司。双方签订协议后，设备安装公司派来 12 名安装人员，安装工作分为白班、夜班两个班组。白班施工班组长为刘某，夜班施工班组长为李某。工程负责人为林某某。工期为 2016 年 2 月至 2016 年 4 月。

（2）事故发生经过

4 月 13 日 19 时 30 分，在某汽车股份有限公司徐水分公司总装车间前后悬立体库安装施工作业的白班班组作业结束，此时的前后悬立体库所有设备均处于断电状态。白班班组和夜班班组交接班后，20 时左右，夜班班长李某带领赵某等 3 人进入作业区开始安装作业。

23 时左右，李某启动部分设备，将位于前后悬立体库南侧一层滚床调试设备的一块汽车前悬托盘（本案例以下简称托盘）运出，准备运送至北侧三层的滚床进行设备调试。23 时 05 分，在托盘的运送过程中，运送托盘的升降机上控制滚轮传送的电机发生故障，滚轮停止了转动，此时托盘未能全部传送至滚床上，其中心位置停在了滚床和升降机之间。故障发生后，李某按下急停按钮将所有设备断电，启动升降机单独控制按钮将升降机放下，此时托盘的一半位于滚床上，另一半处于悬空状态，距离地面约 3 m。李某将升降机放下并将其断电后喊来赵某等 3 人对故障电机进行更换。23 时 10 分，故障电机被拆下，李某和吴某某两人负责安装新电机。23 时 30 分，李某弯腰站在升降机南侧偏西位置、吴某某趴在升降机南侧偏东位置一起安装新电机，此时李某用扳手用力紧固新电机螺钉，引起升降机晃动，由于升降机框架和滚床相连从而引起滚床也开始振动，半悬空状态的托盘从滚床上落下，砸在了正在弯腰安装新电机的李某背部，同时升降机受重物打击引起晃动将吴某某划伤。

事故发生后，在2人身后站立的赵某、祁某用力抬托盘，由于该托盘较重（约200 kg），他俩未能将其抬起。随后赵某大声呼喊："救命！救命！"在前后悬立体库西侧约40 m作业的十几名员工听到呼喊声立即赶到，共同将托盘抬起。赵某、祁某等人把李某抬下来靠在前后悬立体库东侧柱子上，吴某某头部受到轻微划伤。23时40分，现场人员开车将李某、吴某某送至医院进行救治。李某经抢救无效死亡，吴某某受皮外伤入院治疗三天后出院。

（3）事故原因分析

1）直接原因

李某在冒险作业过程中，被滑下坠落的托盘砸中，是导致事故的直接原因。

2）间接原因

①设备安装公司安全管理不到位。未设置各工种岗位安全操作规程，未在施工现场设置安全警示标志，不能时刻提醒作业人员按照安全生产规范进行作业。

②设备安装公司安全教育培训不到位。员工的安全教育培训流于形式，未真正掌握本岗位工作所必需的安全生产知识和技能，在作业过程中麻痹大意，冒险作业，自我防护意识不强。

③设备安装公司主要负责人、安全管理负责人和安全管理人员履行安全生产监管责任不到位，日常安全检查不到位，事故隐患排查和治理不到位。对作业现场出现的重大事故隐患排查不到位，没有及时发现并消除。

（4）事故教训和相关知识

这起事故发生在设备调试的过程中，托盘的一半位于滚床上，另一半处于悬空状态，托盘距离地面约 3 m，即使在夜间作业，照明条件有所欠缺，也应该能够看得见。看见之后并没有采取任何安全防护措施，而是冒险在托盘下面作业，这说明作业人员的安全意识的确有些薄弱。

这起事故被认定为是一起因安全生产监管不到位、安全教育培训不到位、作业现场的重大事故隐患排查不到位、工人冒险作业引发的生产安全责任事故。

设备安装公司应该针对此次事故举一反三，加大事故隐患排查治理力度，及时发现并消除在安全管理、作业环境和员工操作等方面的事故隐患；加强对外出作业人员的安全管理，施工现场应设置明显的安全警示标示，设置安全作业公告栏，告知员工本岗位存在的主要危险、有害因素，安全防范措施和应急措施等内容；设置各工种岗位安全操作规程；加强对员工的安全教育培训力度，尤其应加强对外出作业人员的安全教育培训，增强员工安全意识，使其在操作中有效辨识作业环境中的危险、有害因素，禁止麻痹大意、冒险作业。

77. 冒险从间隙处跳跃到厂房房顶导致高处坠落事故

2014 年 9 月 22 日下午，河北省廊坊市某钢铁有限公司（本案例以下简称钢铁公司）的外包施工队在作业时发生一起高处坠落事故，造成 1 人死亡。

（1）事故相关情况

钢铁公司始建于 1988 年，主要经营炼钢、轧钢；销售矿产品、钢材等。现有员工约 4 000 人。

（2）事故发生经过

9 月 22 日上午，钢铁公司负责天车维修的外包施工队接到工作指令，对该公司某炼钢厂天车工段排查出的事故隐患进行整改。9月22日下午，外包施工队现场负责人徐某某，安排维修人员和某某、高某某整改7号加料天车电阻箱未设置防护罩的事故隐患。15时05分，和某某与高某某在准备给7号加料天车安装电阻箱防护罩时，由于未准备防护罩护板，高某某便去找材料，准备自行制作护板，和某某留在原地等待。此前不久该炼钢厂刚将厂房采光瓦更换为百叶窗，由于该炼钢厂厂房与棒材厂厂房毗邻，部分拆下来的采光瓦丢弃在棒材厂厂房顶部未清走，高某某、和某某之前维修天车时曾看到过。高某某从7号加料天车下来后，穿过更换百叶窗时遗留的间隙，违规从间隙处跳跃到棒材厂厂房房顶。由于棒材厂厂房房顶的采光瓦锈蚀严重，高某某跳跃到该厂房的采光瓦上后，随即便坠落到棒材厂输坯辊道上。

事故发生后，正在6号加料天车作业的天车工叶某某听到异常响声，发现高某某面部向下趴在棒材厂输坯辊道上，立即用对讲机通知天车班班长毕某某，毕某某立即电话通知该炼钢厂天车工段段长张某、安环科科长徐某某等人组织救援。救援人员将高某某送往医院进行救治，9月26日，高某某经抢救无效死亡。

（3）事故原因分析

1）直接原因

高某某安全意识淡薄，冒险进入高空危险区域，未识别危险、有害因素并采取安全防护措施，导致其从采光瓦锈蚀严重的房顶上坠落。

2）间接原因

①安全管理不到位。钢铁公司未对外包施工队的安全管理现状进行审核和评估；未对外包施工队资质、外包施工队作业人员资格进行严格把关；未对外包施工队的安全生产工作进行统一协调、管理；未

指定安全管理人员对作业现场进行有效的安全监管，致使作业现场的事故隐患未能及时被发现。

②安全教育培训不到位。钢铁公司未对外包施工队作业人员进行有针对性的安全教育培训，致使作业人员对冒险作业的危险性和作业场所存在的危险、有害因素认识不足，自我防范意识不强。

（4）事故教训和相关知识

这起事故属于比较典型的因作业人员冒险违规行为导致的事故。作业人员违规从间隙处跳跃到棒材厂厂房房顶，由于棒材厂厂房房顶的采光瓦锈蚀严重，无法承担他造成的冲击力，结果导致其高处坠落。如果厂房房顶的采光瓦能够承担他的冲击重力，没有发生高处坠落，可能平安无事，一切照旧。

在这起事故发生之前，类似的冒险行为也一定出现过，只是由于没有发生事故也就没有人注意，更没有人去制止。如果以前有人去制止过，尤其是安全管理人员出面制止，这起事故很有可能就不会发生。

钢铁公司要加强对外包单位作业人员的安全管理，应施行现场准入制度，查看作业人员劳动防护用品完好情况及佩戴是否正确、必要的检测设备是否充足等，设置专职安全监督人员，建立日常巡视制度，加强安全监控力度，重点监督现场人员的不安全行为，杜绝人员违规作业。同时加强安全教育培训，增强作业人员的安全意识。

78. 违规拆除6层风井洞口两端的防护栏杆导致高处坠落事故

2013年3月6日7时40分，某建筑安装劳务有限公司（本案例以下简称劳务公司）在对河北省石家庄市某广场F1区项目进行二次结构施工中发生一起高处坠落事故，造成2人死亡、1人重伤，直接经济损失约210万元。

（1）事故相关情况

该广场F1区项目包含2栋塔楼和塔楼之间的裙楼等建筑物，占地面积约4万平方米，结构形式为框架结构，总建筑面积19.6万平方米，建筑高度99.75 m，塔楼地上25层，地下3层，裙楼地上6层，地下3层。该项目于2011年10月15日开工，建设单位为某广场投资有限公司，施工总承包单位为某建筑股份有限公司分公司，二次结构及粗装修施工分包单位为劳务公司，监理单位为某建设管理咨询有限公司。

事故发生于裙楼（裙楼高度为32 m，深度为16 m），具体位于该楼6层L-M轴线的3号人行楼梯西侧风井洞口处。事故发生前，裙楼主体已完工，正在进行二次结构维护砌筑施工。

（2）事故发生经过

3月6日7时左右，劳务公司施工工长于某某带领魏某某等人在裙楼6层北区砌筑内隔墙的加气混凝土块墙，这时由于室外北侧外用施工升降机附近堆放的加气混凝土砌块已使用完毕，室外南侧外用施工升降机附近还有堆放的加气混凝土砌块。于某某让2名施工人员李某挑、李某功装满了两车加气混凝土砌块，计划从室外南侧外用施工升降机上到6层，再经室内东侧的南北通道从南运往北侧的砌筑点。

由于该楼6层中部预应力砼板区拆模后，大面积堆放着拆除的模板、碗扣式架管、木方等，高度约1.2 m（三天前已拆完），阻断了6层室内东侧的南北通道。在被阻断通道的西侧是3号人行楼梯，楼梯的西侧是裙楼的风井洞口，洞口南北长8.2 m、东西宽1.2 m，洞口上铺着防护木脚手板（系空中层间防护棚，其风井洞口直通到地下3层）。

为了缩短运输距离，于某某违反施工现场安全防护设施管理规定，指挥施工人员李某挑、李某功 2 人移开裙楼风井洞口南北两端的防护栏杆，在风井洞口的防护木脚手板上面搭铺了一层竹胶板，将风井洞口上空中层间防护棚作为运输通道使用。李某挑、李某功将装满加气混凝土砌块的小车推到南端的风井洞口处，第一趟车从空中层间防护棚上通过。7 时 40 分，在过第二趟车时，1 个人推不动，于是 2 个人一起推拉，于某某看到 2 个人一起推拉不动就上来帮忙推拉，3 个人共同用力推拉，防护木脚手板突然断裂，3 个人随同小车、加气混凝土砌块及防护木脚手板、竹胶板等一同坠落。

事故发生后，现场人员立即报告项目部，并拨打“120”“119”电话进行求救。项目部管理人员及安全员立即赶往事发现场。120 救护车和消防人员先后到达事故现场，医护人员经诊断确认于某某、李某挑已经死亡，李某功受伤。

（3）事故原因分析

1）直接原因

施工工长于某某违章指挥，李某挑、李某功 2 人违章冒险作业，违规拆除 6 层风井洞口两端的防护栏杆，强行将空中层间防护棚作为运输通道使用（6 层风井洞口的空中层间防护棚的架设，系用一端悬空的架管内套直径 14 mm 的钢筋做支撑）。在 1 人推不动装满加气混凝土砌块车的情况下，3 人共同用力由南向北推拉小车，钢筋在瞬间强大的冲击力、超重的重压下断裂、滑脱，防护木脚手板突然悬空受力并断裂，致使 3 人随运料推车一起坠落。

2）间接原因

①劳务公司对从业人员安全教育培训不够，安全管理不到位。该公司基层管理人员和施工人员缺乏必要的安全生产知识，安全意识淡薄，忽视安全、冒险作业，未能深刻认识到作业岗位中存在的危险、有害因素，不能有效地进行自我保护。该公司事故隐患排查和整治不

力，对员工违章作业、冒险作业行为未及时发现并制止。

②施工现场劳动组织不合理、作业场所杂乱，各工种、工序相互间协作、衔接性较差，拆下的模板、钢管和木方等未及时清理，造成施工现场没有安全通道和有效的施工作业面，环境比较复杂。

③施工总承包单位未严格按照规定对分包单位从业人员进行安全教育培训；安全管理不到位，事故隐患排查和整治不到位，对违章行为未能及时制止。

④监理单位未认真履行监理责任，缺乏强有力的监督管理，施工现场安全监督检查不到位。

（4）事故教训和相关知识

为了预防高处坠落事故，一些建筑施工企业应特别重视做好高处作业人员的安全教育和安全技术交底工作。一是所有高处作业人员应接受高处作业安全生产知识的培训；攀登和悬空高处作业人员以及搭设高处作业安全设施的人员，必须经过专业技术培训并经考试合格，持证上岗。高处作业人员应经过体检合格后方可上岗。二是将作业安全防护措施、操作注意事项、禁止规定等，由工长逐条向班组成员交代清楚，由交底人、接受交底双方签字后生效；采用新工艺、新技术、新材料和新设备的，应按规定对作业人员进行相关安全技术签字交底。三是高处作业前，施工单位应为作业人员提供合格的安全帽、安全带等必备的劳动防护用品，作业人员应按规定正确佩戴和使用。

这起事故被认定为是一起因违章指挥、违章冒险作业、安全教育培训和管理不到位、事故隐患排查整治不力、安全生产责任落实不到位而引发的生产安全责任事故。

劳务公司要在全公司范围内全面开展安全生产整顿，分析事故发生的原因，查找存在的问题，制定相应的整改措施，预防各类事故发生。该公司要加强对从业人员的安全教育培训，未经安全教育培训合格的从业人员不得上岗作业。要进一步建立、健全安全生产责任制度、管理制度和岗位操作规程，并根据工程特点制定严密的安全施工措施，对所承担的建设施工项目进行定期检查和专项检查，加强施工现场的监督检查。

79. 屋顶吊底板作业时移动式脚手架倒塌导致高处坠落事故

2010 年 10 月 16 日 16 时 20 分，北京某钢结构工程有限公司（本案例以下简称工程公司）在钢结构屋顶上进行铺设彩钢板作业时，发生一起高处坠落事故，造成 1 人死亡、2 人重伤。

（1）事故发生经过

9 月 23 日，工程公司带班班长带领 30 名工人，在地面不平整的情况下，使用自行安装的轮式移动脚手架（长 4 m、宽 6 m、高 10 m），开始在施工现场进行钢结构屋顶铺设彩钢板作业。

10 月 16 日 13 时，工程公司组长许某带领 7 名工人进行钢结构屋顶铺设彩钢板作业。其中 3 人负责在移动式脚手架上进行安装工作，另外 4 人在地面负责推动该脚手架。16 时左右，移动式脚手架上的工人在由南向北铺设完屋顶第 12 块彩钢板后，需要推动该脚手架装下一块板。16 时 20 分，当地面工人将移动式脚手架向南推动 2 m 时，因地面不平整，该脚手架在移动中轧到了地面上的浅坑，造成整体受力不均，西南侧车轮与架子连接处的钢轴发生断裂，造成脚手架整体向南倾倒。脚手架上的工人王某随脚手架一同摔向地面，另外 2 名工人因及时抓住上方钢梁，没有随脚手架立即掉下，但因体力不支，最后从高约 11. 8 m 的钢梁上坠落受伤。

事故发生后，现场人员拨打了“120”急救电话，随后 3 名伤者被送往医院进行救治，王某因抢救无效死亡，另外 2 名工人经诊断为肋骨骨折。

（2）事故原因分析

1）直接原因

工程公司工人在进行铺设彩钢板作业过程中，在使用移动式脚手架时，在上面的作业人员没有下到地面的情况下，推动该脚手架，导致作业人员随脚手架的倾倒而摔落到地面。

2）间接原因

①施工前无施工方案。工程公司未针对现场施工制定相应的施工方案和安全操作规程，导致工人盲目施工，无章可循。

②现场安全管理混乱，监督检查不到位。工程公司项目负责人未对施工现场进行安全检查，未能及时发现和消除工人的违章作业行为。

③未对工人进行安全教育培训。工程公司未对新入场的彩钢板安装作业工人进行安全教育培训和安全技术交底，致使现场工人安全意识淡薄，违章冒险作业。

④生产作业场所环境不良。工程公司在现场地面平整度不足且未进行硬化的情况下，采用移动式脚手架进行施工，导致该脚手架在移动过程中，因地面不平，发生倾倒。

⑤工程总承包方和监理方履职不到位。工程公司于 2010 年 9 月 23 日开始施工。施工开始后，工程总承包方发现工人使用移动式脚手架进行作业，未及时制止工人的不安全行为。监理公司因监理工作不到位，直至事故发生，未对现场施工作业实施有效的安全监理。

（3）事故教训和相关知识

从技术上说，移动式操作平台的使用必须符合下列规定：操作平台应由专业技术人员按现行的相应规范进行设计，计算书及图样应编入施工组织设计；操作平台的面积不应超过 10 m^2，高度不应超过 5 m。

还应进行稳定验算，并采取措施减少立柱的长细比；装设轮子的移动式操作平台，轮子与平台的接合处应牢固可靠，立柱底端离地面不得超过 80 mm；操作平台可用 ϕ（48~51）mm×3.5 mm 钢管以扣件连接，亦可采用门架式或承插式钢管脚手架部件，按产品使用要求进行组装。操作平台的次梁，间距不应大于 40 cm；台面应铺满 3 cm 厚的木板或竹笆；操作平台四周必须按临边作业要求设置防护栏杆，并应布置登高扶梯。

装设轮子的移动式操作平台在使用中，还有一个必不可少的条件，那就是地面要求平整。地面不平整，推动移动式操作平台时就会发生倾斜，严重的还会发生倾覆，导致人员伤亡。

这起事故被认定为由于安全管理缺失，安全生产责任未落实，严重违章作业造成的生产安全责任事故。工程公司应从本次事故中深刻吸取教训，加强对作业现场的实地勘察，制定有针对性的安全技术方案，严禁工人违章冒险作业。该公司应对新上岗的工人进行安全教育培训，施工前应对工人进行安全技术交底，组织工人认真学习安全操作规程，明确作业现场存在的各种安全风险，督促工人严格按照安全操作规程实施作业。项目负责人应对施工现场定时进行检查，及时发现事故隐患并整改。

80. 指挥铲车吊装网片未设置防脱钩装置导致物体打击事故

2014 年 11 月 9 日 16 时 30 分，河北省沧州市某港埠经营有限公司（本案例以下简称港埠公司）发生一起物体打击事故，造成 1 人死亡，直接经济损失 102 万元。

（1）事故相关情况

港埠公司有在职人员 120 人，专职安全管理人员 4 人，主要从事货运仓储、托运、装卸、中转代理代办等水路运输服务。

本次事故发生在港埠公司所属的装卸分公司1 000 t码头筛煤场。筛煤所用的主要机械器具为筛煤网片，由本公司技术人员焊接而成，主要用于煤块大小的筛选，网片长4 m、宽3.9 m，四边框架选用直径4.2 cm、壁厚0.6 cm的铁管，网心材料为直径16 mm的圆钢，圆钢之间的间距为8 cm，中间用两根长3.9 m、厚6 cm的扁钢作为加强筋，总质量为580 kg。

（2）事故发生经过

11月9日15时30分，港埠公司所属的装卸分公司副经理王某某，安排电焊工刘某去筛煤场维修脱落一个钩子的筛煤网片，并安排电工罗某某负责接电。2人到达现场后，罗某某与刘某一起将维修用的电焊机准备好，并接通了电源，本次维修作业量较小，罗某某完成接电作业后没有撤离现场，自行留下帮忙。刘某焊好筛煤网片的一面后，与罗某某准备一起翻转筛煤网片，从该网片的背面继续焊接，使焊接的钩子更牢固，由于筛煤网片非常沉重，2人没有翻动。刘某叫来在附近干活的筛煤队队长黄某某帮忙，3人搬抬筛煤网片依然没有翻动。这时装卸分公司经理李某某打电话找黄某某，黄某某叫附近作业的铲车司机刘某国开铲车帮忙，之后离开。刘某国开着铲车来到现场，经过几次尝试后仍未能翻动筛煤网片，刘某国准备离开去干别的活，让刘某找别的车。刘某见状说服刘某国留下，并去车间拿了一个钩子焊在筛煤网片上，与罗某某商量着将一旁的一根尼龙吊带一端拴在铲车的铲斗上，另一端挂在筛煤网片上的钩子上（该钩子未设置防脱钩装置），准备吊起来翻转筛煤网片。拴挂好尼龙吊带后，罗某某站在铲斗的左前方，刘某站在罗某某左侧稍远的地方，2人打手势示意刘某国起吊。在起吊过程中，刘某发现吊得太高了，示意刘某国降低一下铲斗，16时30分，挂在筛煤网片一端的尼龙吊带突然脱钩，筛煤网片失控倾覆，砸向罗某某的头部，罗某某倒地的过程中，筛煤网片继而砸向他的身体，除头部外，身体的其他部位都被筛煤网片压住。

事故发生后，刘某国赶紧跳下车和刘某一起抬筛煤网片，由于网片太重，两个人没能抬起来，随即喊来附近的工作人员一起将筛煤网片抬起，把人救出。刘某和刘某国一起将罗某某送往医院，罗某某经抢救无效死亡。

（3）事故原因分析

1）直接原因

电焊工刘某、电工罗某某违章指挥铲车司机刘某国驾驶铲车在吊装筛煤网片冒险作业时，在未设置防脱钩装置的情况下，致使筛煤网片脱钩失控倾覆，砸中未撤离到安全区域的罗某某，造成事故发生。

2）间接原因

①港埠公司未能有效教育和督促从业人员严格遵守安全生产管理制度和安全操作规程。

②港埠公司未对雇用的铲车司机进行作业安全技术交底，以及包括铲车司机安全操作规程等方面的入场安全教育培训。

（4）事故教训和相关知识

铲车是一种小型装载机，是一种广泛用于公路、铁路、建筑、港口、矿山等建设工程的土石方施工机械，它主要用于铲装土壤、砂石、石灰、煤炭等散状物料，也可对矿石、硬土等作轻度铲挖作业。换装不同的辅助工作装置还可进行推土、起重和其他物料的装卸作业。由于自身限制，装载机的铲斗只能做上下升降动作，而且高度也有限制。使用这样的机械翻转筛煤网片很不安全。

这起事故被认定为是一起因违章指挥、违章冒险作业引发的生产安全责任事故。港埠公司要深刻吸取本次事故教训，有针对性地对公司现有的安全生产规章制度进行修订，明确各级人员安全职责分工，把安全责任落实到每个岗位，强化公司的日常安全管理，杜绝类似事故再次发生。要加强对员工的安全教育培训工作，全面提高从业人员的专业能力和知识水平，切实增强作业人员安全素质和安全意识。

81. 违规操作叉车冒险进行人员配重导致车辆伤害事故

2016 年 12 月 5 日 10 时 25 分，四川某设备安装有限公司（本案例以下简称设备安装公司）在江苏某新材料有限公司（本案例以下简称新材料公司）D 区工地施工过程中，发生一起车辆伤害事故，造成 1 人死亡，直接经济损失约 150 万元。

（1）事故相关情况

设备安装公司成立于 1952 年，主要从事建筑施工、市政公用工程施工、机电工程施工、钢结构施工等。

2016 年 8 月 26 日，新材料公司与设备安装公司签订建设工程施工合同，将新材料公司 2 条多尼尔光学膜生产线的安装工程发包给设备安装公司，施工项目：一是 2 条多尼尔光学膜生产项目进口及国内配套设备、管道、分切机、电气安装及配合调试；二是承包人提供除设备及电缆以外的所有材料。

（2）事故发生经过

12 月 5 日上午，一辆货车将两捆 U 型槽钢（共有 96 根，总质量 7. 98 t）送达新材料公司 D 区工地，货车南北方向停放在厂房东面道路的西侧，车头朝北。10 时 20 分，设备安装公司工人江某、陈某某、时某某、唐某某到货车处准备卸槽钢，陈某某负责驾驶叉车，时某某到货车上协助，江某、唐某某在地面上协助。陈某某驾驶叉车先将第一捆 48 根槽钢中的 16 根卸下来堆放在道路东侧，然后拟将剩余的 32 根槽钢一次性卸下来。因 32 根槽钢质量约 2.66 t，叉车平衡重有要翘起的现象，江某便站到叉车平衡重上进行配重。于是陈某某继续操作叉车作业，当叉车边后退边转向至槽钢与货车方向接近垂直时，叉车平衡重重新翘起，江某从叉车平衡重上跌落到地面。因叉车货叉上的槽钢滑落到地面，叉车平衡重又立即回落，叉车转向桥中部偏右处砸中跌落在地面上江某的胯部。

事故发生后，现场人员把江某救出来并拨打了“120”急救电话，医护人员经现场检查后确认江某已经死亡。

（3）事故原因分析

1）直接原因

①陈某某未经培训并考核合格，未取得特种设备作业人员证，违反叉车安全操作规程和安全使用须知，擅自操作叉车进行装卸作业。

②江某违规擅自站到叉车平衡重上进行配重。

2）间接原因

①设备安装公司安全教育培训不到位，从业人员不熟悉叉车的安全操作规程和安全使用须知，不熟悉本公司的安全生产规章制度和操作规程，安全意识淡薄。

②设备安装公司对施工现场的安全检查不到位。因该工程处于材料准备和预埋件的埋设阶段，公司的专职安全员未到施工现场，现场带班人员不具备相应的安全生产知识和管理能力，未及时发现并消除施工过程中从业人员违章、违规作业等生产安全事故隐患。发包单位对承包单位的安全生产工作统一协调、管理不到位，未能及时发现相关安全问题。

（4）事故教训和相关知识

这起事故的发生，是因作业人员心怀侥幸、冒险作业而导致。任何叉车的承载能力都有限度，叉车无如此大的承载能力，人员站上去进行配重，这是十分危险的。

叉车操作应注意以下事项：

1）叉车操作人员必须持证上岗。

2）在开车前检查各控制和警报装置，如发现损坏或有缺陷时，应在修理后操作。

3）搬运货物时，负荷不应超过规定值，货叉须全部插入货物下面，并使货物均匀地放在货叉上，不许用单个叉尖挑物。

4）平稳地进行启动、转向、行驶、制动和停止，在潮湿或光滑的路面，转向时必须减速。

5）货物行驶应把货物尽量放低，门架后倾。

6）坡道行驶应小心行驶，在大于1/10的坡道上行驶时，上坡应向前行驶，下坡应后退行驶，上、下坡忌转向，叉车在行驶时，切勿进行装卸作业。

7）行驶时应注意行人、障碍物和坑洼路面，并注意叉车上方的间隙。

8）不准人站在货叉上，车上不准载人。

9）不准人站在货叉下面或在货叉下行走。

10）不准从司机座以外的外置操纵车辆和属具。

11）不要搬运未固定或松散堆垛的货物，小心搬运尺寸较大的货物。

12）起升高大于3 m的高起升叉车应注意上方货物掉下，必要时，须采取防护措施。

13）对于高起升叉车工作时尽量使门架后倾，装卸作业应在最小范围内作前后倾。

14）在码头或临时铺板上行驶时，应倍加小心，缓慢行驶。

15）加燃油时，司机不要在车上，并使发动机熄火，在检查电瓶或油箱液位时，不要点火。

16）离车时，将货叉下降着地，并将停车制动装置拉好，发动机熄火并断开电源；在坡道停车时，将停车制动装置拉好，停车较长时须用垫块垫住车轮。

17）若叉车发生故障，出现轮胎破裂、蓄电池电解液、液压油、制动液发生泄漏等情况，应立即组织人员抢修，并与专业维修人员或销售商联系。

这起事故暴露出设备安装公司安全生产主体责任落实不到位，安全教育培训不扎实，相关技术、管理措施不到位，从业人员安全意识淡薄等问题。该公司要切实加强从业人员的安全教育培训，保证从业人员具备必要的安全生产知识，熟悉相关安全生产规章制度和操作规程，提高从业人员的安全意识和事故防范能力，严格执行安全生产相关的法律、法规，杜绝从业人员违章作业。要建立、健全事故隐患排查治理制度，进一步完善相关技术、管理措施，明确专门人员进行现场安全管理，及时发现并消除事故隐患，防止事故发生。

班组应对措施和讨论

冒险作业所导致的事故，最为突出的一个特点就是作业人员在明知有危险的情况下却去冒险。冒险作业其中有一个重要原因，就是冒险未必会发生事故。在正常情况下，由于人的判断有一定的可靠性，或者设备设施的可靠性比较高，事故发生的概率会比较低。如果每一次违章都会导致事故，相信不会有人去冒这个风险。也正是因为这一点，才使作业人员误认为，自己的行为比较安全或者作业环境比较安全，即使违章冒险也不会出什么事故，这种视小概率事件为零的思想，正是作业人员敢于违章冒险的心理基础。

1. 冒险作业行为带来的危险

冒险作业行为是指明明知道在作业中做出这种行为存在危险，却不顾相关规定或他人劝告执意采取的行为。通常喜欢做出冒险作业行为的人具有骄傲自大、好大喜功的心理特点，喜欢在众人面前争强好胜，图虚荣，不计后果蛮干。

我们来看在生产过程中冒险作业的几个案例。

(1) 冒险作业险些出事故

综采车间有一个员工王某某，是出了名的“傻大胆”，他平时作业时向来是把安全生产规章制度放在一边，不是减少工作环节，就是图省事、走捷径，总让人感觉悬乎。有一次在换灯泡的过程中，他险些出了人身事故，虚惊过后，倒是根治了他那“傻大胆”的毛病。

综采车间的房屋高大宽敞，两辆天车在里面穿梭。平时车间顶棚的灯泡坏了，人员就得爬上9米多高的天车，系上安全带，站在不到一脚宽的天车车背上，仰着脸进行更换。这是个危险活儿，车间主任通常都是安排办事最稳妥的李师傅来完成这项任务。这一天灯泡又坏了，正好李师傅请假不在，王某某就主动请缨。车间主任一再叮嘱他系好安全带，他鼻子一哼，小声嘟囔道：“不就是换个灯泡吗，有啥大不了的！”话音没落，他已经爬上了天车。天车背部狭窄，上去有点像踩钢丝的感觉，王某某却如履平地，大步来到灯泡下面。他左手捏住陶瓷灯座，右手拧灯泡。也不知是灯泡使用时间久了还是灯座温度过高，将烧掉的灯泡末端与灯座粘到一起了，他左拧右拧那个灯泡就是纹丝不动。只见他猛一加力，“砰”的一声，灯泡在他手里碎了。这时再看王某某，吓得一屁股坐在天车背上，像骑马一样，幸好两腿夹住天车大梁。站在下面的几个工友同样被吓坏了，王某某没有从9 m高空摔下来，只能用“侥幸”两个字来总结。

等待王某某下到地面，脸色蜡黄，额头渗出了细密的汗珠。从此以后，王某某遇事不讲规矩的毛病改了不少。

(2) 不系安全带险丢性命

我的师兄是煤电公司的一名焊工，了解他的人，都知道他是一个性情急躁、胆子特大的人，在工作中需戴安全帽、系安全带时，他就嫌麻烦，常因违章作业受到处罚。但各种处罚都没有改变他的这些坏毛病，直到去年的一天。

那是在夏季，班长安排我和师兄去拆卸单身宿舍楼走廊墙上的旧瓦斯管。很快我们就顺利地拆完了3楼的管子，但在4楼遇到一个锈蚀严重的管子外接头，我们用尽各种办法均告失败。心急火燎的师兄不顾我的阻拦，爬到1 m高的栏墙上，让我牢牢拉住管子，他则站在栏墙上用管钳拆卸外接头。师兄卡好外接头后，双手握住管钳，用尽全力猛扳，只听到“咔嚓”一声，受力的管子外接头突然发生断裂，师兄由于用力过猛，一下失去重心，眼看整个身体都扑了出去，好在师兄反应敏捷，在一刹那间，用双手牢牢抓住了墙外的一根水管，双脚勾在栏墙边，整个身子倒挂在墙外，吓得他哇哇大叫。好险啊！待惊魂未定的我缓过神来，才死死地按住师兄的双脚，生怕师兄抓住的管子再断裂，久久不敢松手。

这起险些发生的安全事故，不仅使师兄在工作中再也不敢违章蛮干了，而且他还常常以这次亲身经历来告诫我们：安全生产不能麻痹大意，一定要穿戴好劳动防护用品，才能保障自己的人身安全，否则将会给企业和本人带来不可挽回的损失。

(3) “杨大胆”的悲剧

“杨大胆”曾是我们班组的一位副班长。因为他工作吃苦耐劳，即使在作业中存有事故隐患，他也不以为然，所以工人们都称他为“杨大胆”。

5年前的一个中班，我们在344机巷施工时，因为煤层软，时常出现片帮。当时班长未上班，区值班人员便安排“杨大胆”带班，并让他注意安全。“杨大胆”也表示他会绝对地保证安全生产。大约20时，综掘机停了下来，我（蒋某某）和另一名工人走上前去，准备把前探梁前移，再架棚进尺，可“杨大胆”走过来说：“生产任务这么紧，挪啥前探梁?”就这样，我们几人架最后一棚时都没有移前探梁。就在我们忙着过顶的时候，迎头突然冒顶，刚架好的棚梁被砸落下来，砸倒了站在中间过顶的“杨大胆”，“杨大胆”当时便晕厥过去。我们急忙抬着“杨大胆”到医院抢救，手术整整进行了4个小时。但因伤势过重，“杨大胆”离开了人世。

2. 纠正冒险作业行为的做法

在班组生产作业中，经常会出现一些冒险作业的情况，特别是电工班、检修班等作业危险性较大的班组，由于工作性质的原因，冒险作业的情况比较常见。如何杜绝冒险作业行为呢？关键还是要加强班组的安全管理，创造良好的工作氛围，使班组内的成员养成遵章守纪的习惯。在这方面，可以参考借鉴某燃气集团高压管网分公司运行三所运行一班的做法。

某燃气集团高压管网分公司运行三所运行一班有10名成员，主要负责所辖范围内燃气设施的安全运行保障工作。该班组以设备安全管理为基础，以安全技能培训为重点，以安全制度建设为保障，以安全文化建设为引领，在长期的燃气安全运行管理实践中，逐步摸索总结出一套安全达标管理法，实现该班组自成立以来安全“零事故”的目标，并连续多年获得多项荣誉称号。

该班组在人员管理上的主要做法有以下几点：

一是安全生产知识达标。该班组坚持安全生产知识、技能培训做到“四个一”，即：每天讲一个安全生产技术问题，每月进行一次岗位练兵活动，每季度开展一次应急救援预案演练，每年进行一次安全生产知识技能综合达标考核。开展“班前5分钟安全经验分享”活动，将生活中、工作中、亲身遇到或了解到的安全事故与班组成员分享，对照事故分析原因、总结教训、查找漏洞。

二是安全技能达标。该班组提高安全技能有“三结合”，即：与安全检查相结合、与技术练兵相结合、与安全竞赛相结合。该班组还开展班组成员人人担当“兼职小教员”活动，根据各自岗位和分工，参加相应的“基础知识+专业知识+基本技能”的“模块化”培训，掌握后担任兼职小教员，在班组成员中开展上下工序交叉学习活动，通过相互“传、帮、带”，实现一岗多能，提高班组成员全面的安全风险识别和预防能力。

三是安全操作达标。该班组在具体操作过程中，要求班组成员要严格按照“岗位操作规程”“安全技术规程”等标准进行操作，一环紧扣一环，做到“四负责”，即：上道工序要对下道工序负责，独立环节要为整体环节负责，班组成员要对班组负责，班组要对企业负责。同时制定所辖范围内燃气管线应急处置预案，明确每段管线两端控制阀门、影响范围、责任人员及下游联系方式，并以“桌演”和现场演练的形式全面落实各项预案内容。

四是安全责任达标。该班组通过民主选举的方法，在班内设定“两长三员”，即：班长、工会小组长、安全员、内勤员和设备材料员，明确每个人的安全管理要求。同时在作业中，树立“每个人都是安全第一责任人、每个人都有监督责任，出了安全事故每个人都有直接责任”的意识。

五是安全督察达标。安全督察达标是指该班组在工作中执行“六个必讲”和“六个必查”。“六个必讲”，即：班前会上安全目标、任务必讲；严格按照规程操作必讲；安全注意事项必讲；班后会上违章违纪必讲；好人好事必讲；安全改进措施必讲。“六个必查”，即：设备巡视必查；检修质量必查；违规操作必查；安全规范必查；生产现场必查；各项记录必查。此外，该班组实行铁腕抓安全，狠心查“三违”，主动带上放大镜，把小题“大做”，对违章违纪行为百分百登记上报，对违章违纪者均按规定处罚。

六是安全激励达标。该班组设立班组安全奖励基金，年初每人提交 100 元，班组再拿出 1 000 元，共同组成安全奖励基金，用于各项安全活动的奖励，年末对实现全年无安全事故的成员进行奖励，出现安全事故的，实行一票否决制，全部予以扣罚。

3. 班组讨论

(1) 你如何看待冒险作业行为？

(2) 你认为冒险作业的主要原因是什么？

(3) 你在作业中曾经做出过冒险作业行为吗？如果有，当时你是出于什么原因？你能在班组活动时讲讲吗？

(4) 如果你遇到其他人在冒险作业，你会上前进行劝阻吗？假如进行劝阻你会如何讲？

(5) 看了因冒险作业行为导致的事故案例，你的感受是什么？你认为应吸取哪些教训？

七、其他操作引发的事故

在企业生产过程中存在着许多危险，这种危险本身具有许多不确定因素，这是因为在生产过程中有许多因素是随机的，首先，它受作业人员的心理和精神状态的影响，其次，危险程度的大小也难以确定。因此，为防止事故的发生，必须对生产作业进行认真分析，特别是对危险性较大的作业进行分析，找出风险点和事故隐患并全力加以控制。控制危险因素，确保各项安全防护措施得以落实，保护员工在生产过程中的安全，不仅是企业安全管理的主要任务，也是班组安全管理的主要任务。

82. 清洗储油罐作业中引发爆燃事故

2017 年 2 月 28 日 20 时 50 分，浙江某农业开发有限公司（本案例以下简称农业公司）在清洗储油罐作业过程中，发生一起爆燃事故，造成 1 人死亡、1 人受伤，直接经济损失 96 万元。

（1）事故相关情况

农业公司成立于 2010 年 11 月 2 日，经营范围：农业开发、肉猪、畜禽养殖等，现有员工 100 人，年产生猪 15 万头，年销售额 3.5 亿元。

农业公司储油罐位于该公司北侧约 500 m 处，储油罐高约4.5 m、直径约 8 m、容积约 200 m^3，于 2016 年 10 月投入使用。储油罐用于储存重油，其为热水锅炉的燃料，通过油管自动供给热水锅炉。热水锅炉位于储油罐西侧约 10 m 处。

（2）事故发生经过

2017 年 2 月下旬，农业公司机修员发现储油罐与热水锅炉的连接油管多次堵塞，影响该锅炉正常烧水，于是，该公司决定在储油罐里的重油用完后对储油罐进行清洗。2 月 28 日，农业公司机修员检查储油罐时，发现储油罐里重油的储量已基本见底，大约还剩 10 cm 高。18 时 40 分，农业公司通知机修班班长施某某对储油罐进行清洗，施某某安排设备维护工李某某、唐某某、陈某某清洗储油罐。他们 3 人首先打开储油罐的检修窗口，由李某某操作临时油泵（临时油泵的进出油管为塑料管），将油管从检修窗口伸至储油罐底部，唐某某、陈某某负责用塑料桶接抽出的重油，并把装满重油的塑料桶运到热水锅炉旁边，倒入热水锅炉旁的临时油桶。农业公司员工姚某某路过现场时站在李某某旁边帮忙。20 时 50 分，临时油泵处突然发生爆炸，引发储油罐爆炸，储油罐受爆炸冲击力向东位移了约 3.5 m，罐内的重油溅出引燃锅炉房导致发生火灾。

事故发生后，李某某、陈某某、姚某某 3 人迅速逃离现场并拨打呼救电话，公司人员立即组织施救并拨打“119”报警，消防人员迅速赶到事发现场进行救援。唐某某因火势猛烈，未能逃出火灾现场，当场死亡；李某某被烧伤，后经医院医护人员抢救，已经康复。

（3）事故原因分析

1）直接原因

临时油泵在抽重油的过程中，油管末端产生大量的静电并积聚，储油罐内油气遇到静电放电后发生爆炸，并引燃锅炉房导致火灾。

2）间接原因

①安全防范措施不落实。农业公司储油罐维护工在抽油接驳过程中，使用塑料输油管和塑料接驳容器，没有设置静电消除装置，导致抽油过程中静电大量积聚。

②施工现场安全管理不严格。农业公司在储油罐清洗维护作业时，未落实清洗储油罐作业审批程序，未制定清洗储油罐施工方案。

③安全教育培训不到位。农业公司未对储油罐清洗维护作业人员进行必要的安全教育培训，致使作业人员安全意识薄弱，违章冒险作业。

（4）事故教训和相关知识

对于这起事故，农业公司要深刻吸取教训，完善安全防范措施，建立、健全并落实安全生产规章制度，建立清洗储油罐作业审批程序，制定清洗储油罐施工方案，强化施工现场安全管理，规范使用输油导管和油料接驳容器，认真做好防静电工作。要认真对员工进行安全教育，切实提高其安全意识，严格按照安全生产法律、法规的要求，及时组织开展对各类施工作业人员的安全教育培训。定期组织员工进行消防应急演练，不断提高员工防火、防爆、防静电的安全意识，防止类似事故再次发生，确保安全生产。

83. 易燃气体在排气管道中聚集引发爆炸事故

2017 年 5 月 3 日 15 时 40 分，上海某化工设备有限公司（本案例以下简称设备公司）作业人员在上海某化工厂（本案例以下简称化工厂）厂区内进行设备安装作业过程中，发生一起爆炸事故，造成 3 人死亡、3 人重伤。

（1）事故相关情况

设备公司经营范围：压滤机、储罐、水喷射泵、离心风机等化工塑料设备。

2016 年 10 月，化工厂以口头约定方式，向设备公司订购 2 套聚丙烯吸收塔（本案例以下简称吸收塔），并由设备公司负责安装。2017 年 3 月，第一套吸收塔安装到位，并开始运行，另一套吸收塔运抵后未进行安装。事故发生前，化工厂要求设备公司进行第二套吸收塔的安装。

（2）事故发生经过

5 月 3 日 8 时左右，设备公司负责人沈某官安排公司员工胡某某、沈某辉、姚某某、陆某金、陆某芳、吴某某 6 人到化工厂进行第二套吸收塔安装工作，其中胡某某为现场负责人，吴某某因身体不适，当日下午在车内休息。

13 时 40 分，化工厂铝灰反应车间操作人员王某某来到车间，开始当日下午的作业。15 时 40 分，王某某完成向 3 个反应釜添加碱液、水和第一轮铝灰的作业，并开始添加第二轮铝灰。与此同时，作业平台上，姚某某等 5 人已完成排气管道与烟囱开孔、铁质法兰安装、排气管道内盲板焊接、排气管道与吸收塔进气口连接、吸收塔出气口与塑料管连接等作业，当姚某某在对塑料管道口进行倒角时发生爆炸。

爆炸事故发生后，受爆炸气浪冲击，姚某某、沈某辉 2 人被震倒在作业平台上；胡某某、陆某金、陆某芳 3 人被冲下作业平台；正在反应釜前作业的王某某被爆炸气浪冲倒，其左手臂被激起的反应液灼伤。在车内休息的吴某某听到爆炸声后，迅速赶到事故现场，并立即拨打“120”急救电话，同时还通过电话向公司负责人沈某某报告了事故的情况。医护人员到达现场后，确认胡某某、陆某金已死亡，陆某芳、姚某某、沈某辉、王某某 4 名伤者被立即送往医院抢救。其中陆某芳于当日 23 时，经抢救无效死亡。王某某因受到化学灼伤，转院后继续救治。

（3）事故原因分析

1）直接原因

化工厂铝灰反应车间在生成铝酸钠过程中，氢氧化钠（碱液）和铝灰反应，产生含有氢气的易燃气体，在正在安装的吸收塔和排气管道中聚集，达到爆炸极限，遇到设备公司作业人员在吸收塔安装过程中产生的机械热量和静电放电，发生爆炸。

2）间接原因

①化工厂未按照《化学品生产单位特殊作业安全规范》（GB 30871—2014）的要求，对作业过程中可能存在的危险、有害因素进行辨识，制定相应安全措施。

②化工厂未按照安全生产法律、法规的要求，对作业现场的安全生产工作进行统一协调、管理，及时停止铝灰反应车间的生产活动，并将作业过程中可能存在的危险、有害因素向作业人员进行安全技术交底，导致铝灰反应车间作业人员在生产过程中产生含有氢气的易燃气体，聚集在正在安装的吸收塔和排气管道内，形成爆炸性混合物。

③设备公司未按照相关规定要求对作业过程中可能存在的危险、有害因素进行辨识，制定相应安全措施；未督促现场人员执行该公司“危险作业管理制度”的相关规定，落实动火作业审批制度，导致作业人员在作业过程中产生的机械热量和静电放电，点燃聚集在吸收塔和排气管道内的爆炸性混合物。

（4）事故教训和相关知识

化学品生产单位设备检修过程中可能涉及动火、进入有限空间、盲板抽堵、高处作业、吊装、临时用电、动土、断路等，对操作者本人、他人及周围建（构）筑物、设备、设施的安全可能造成危害的作业，在《化学品生产单位特殊作业安全规范》（GB 30871—2014）中，对几种危险性较大的作业，有针对性地提出了不同的安全要求。

化工厂要加强对生产过程中产生尾气的分析与监控力度，强化对员工的安全教育培训工作，督促员工严格遵守各项安全生产规章制度和操作规程。结合本次事故教训，认真整改，立即对本单位全面展开事故隐患排查治理，对发现与本次事故类似的事故隐患，要组织专家及技术人员全面审视作业过程，并及时消除事故隐患，避免类似事故再次发生。

84. 皮带清扫工未仔细观察环境与装载机相撞伤害事故

2018 年 1 月 16 日 17 时 24 分，在江苏省常州市某炼铁有限公司（本案例以下简称炼铁公司）内，其外包单位某人力资源服务有限公司（本案例以下简称人力资源公司）在组织作业过程中发生一起车辆伤害事故，造成 1 人死亡，直接经济损失约 89. 5 万元。

（1）事故相关情况

人力资源公司，成立于 2010 年 9 月 3 日，经营范围：劳务派遣，企业管理咨询服务，信息咨询服务等。

2017 年 5 月，钢渣加工厂进行了危险源目视化管理，对压球铲车上料区域的危险、有害因素和防范措施等进行了公示，并张贴了“小心车辆、当心火灾、禁止吸烟”等安全警示标志。2017 年 7 月 1 日，人力资源公司与炼铁公司签订劳务外包合同，由该公司负责承包炼铁公司钢渣加工厂劳务派遣工作。

（2）事故发生经过

2018 年 1 月 16 日 17 时 24 分，炼铁公司钢渣加工厂区内，人力资源公司驾驶员景某某（驾龄 7 年）正常驾驶额定载质量 5 t 的装载机，从装料车间返回到压球车间途中，人力资源公司皮带清扫工安某某从压球车间通道南侧围墙区域突然窜出，直接撞到行驶中的装载机右前轮上，被装载机压中头部受伤，安全帽也被压碎。

事故发生后，景某某立即报告人力资源公司领导，并拨打“120”急救电话和“110”报警电话。经医护人员到场确认安某某已经死亡。

(3) 事故原因分析

1) 直接原因

人力资源公司皮带清扫工安某某安全意识淡薄，从钢渣加工厂压球车间围墙区域内走出来时未仔细观察周边环境，未沿墙安全行走，而是直接撞到行驶中的装载机右前轮上，被压受伤，其不安全行为是导致事故发生的直接原因。

2) 间接原因

①人力资源公司主要负责人罗某安全生产职责履行不到位，未认真督促、检查本单位的安全生产工作，未能及时消除生产安全事故隐患，未制订安全教育培训计划，安全教育培训工作不到位。

②人力资源公司安全生产管理不到位，劳动组织不合理，未建立事故隐患排查治理制度，未及时发现并消除生产现场存在的事故隐患，安全教育培训工作开展不到位。

(4) 事故教训和相关知识

在车辆运行中，对驾驶员而言最害怕的情况就是行人突然出现在道路上，来不及采取措施，最容易引发事故。这起事故的发生，就与皮带清扫工未沿墙安全行走，而是突然窜出撞到行驶中的装载机右前轮被压受伤。

类似的事故有很多。例如，2002 年某一天的 0 时左右，山东省某运输公司驾驶员刘某某驾驶货车，执行运输排泥管的任务。在行驶中，当货车行驶至山东临沂太平镇路段时，刘某某突然发现有 1 个人横穿公路，急踩刹车，由于后车跟随太紧，车速又快，来不及刹车，直接追尾，致使后车驾驶室严重变形损坏，后车司机王某某肝脏破裂于当日死亡，前车司机刘某某则受重伤。

再如，1999 年 10 月 25 日 7 时左右，陕西省某厂汽车队司机张某某，驾驶一辆货车在执行送货任务时，突然发现对面有几名学生骑着自行车过来，其中有 1 名学生骑着自行车见到货车后左右摇摆，张某某感到情况不妙，急忙打方向盘并紧急制动，但是因车速过快，距离过近，处理情况不及时，货车将人撞倒，导致骑车的学生因伤势过重，经抢救无效死亡。

人力资源公司要深刻吸取此次事故教训，进一步完善安全生产规章制度和操作规程；加强对员工的安全教育培训，保证员工具备必要的安全生产知识，并掌握本岗位的安全操作技能，经考核合格后方可上岗作业；加强对生产现场的事故隐患排查治理工作，应当及时发现并消除事故隐患；加强作业现场的安全管理，杜绝员工的“三违”现象，确保安全生产。

85. 卸车作业过程中导致作业人员高处坠落事故

2014 年 3 月 12 日 8 时 20 分，山东省新泰市某运输公司（本案例以下简称运输公司）在制管公司的钢材堆场处发生一起高处坠落事故，造成 1 人死亡，直接经济损失 30. 8 万元。

（1）事故相关情况

发生事故的重型半挂牵引车核载人数 3 人，核准牵引总质量 37 955 kg，检验有效期至 2014 年 4 月。2013 年 4 月 27 日，刘某军与运输公司签订车辆挂靠合同，约定将重型半挂牵引车挂靠于运输公司，并向该公司缴纳挂靠管理费。2014 年初，刘某军雇用刘某担任跟车员兼装卸工。

（2）事故发生经过

3 月 10 日，制管公司分别从其他 2 家制管公司采购钢管共计约 45 t。3 月 11 日，由运输公司将约 45 t 的钢管运至制管公司，承运人为刘某军，货物于 3 月 11 日装车，3 月 12 日卸货。

3 月 12 日 2 时左右，刘某军驾驶装载约 45 t 钢管的重型半挂牵引车与刘某一同抵达制管公司，将车辆停于该公司钢材堆场北侧过道后，解除车上用于固定钢管的钢丝绳。8 时 20 分，刘某将车辆右侧绑扎钢管的尼龙绳解开后，登上待卸载的钢管，由于钢管滚动，导致刘某坠落至地面（坠落高度约 3.7 m）受伤。

事故发生后，刘某军立即呼救，周围人员赶来并拨打“120”急救电话。8 时 45 分，医护人员到达现场，将刘某送往医院，经抢救无效死亡。

（3）事故原因分析

1）直接原因

运输钢管的车辆无防止货物滚动的禁锢装置，在解除固定钢管的绳索后，待卸载的钢管处于不稳定状态。在未采取安全防护措施的情况下，作业人员冒险登上钢管，后坠落至地面，是事故发生的直接原因。

2）间接原因

①安全管理缺失。运输公司未制定相关安全操作规程，且未对员工进行有针对性的安全教育培训，作业人员不具备相应的安全操作技能；运输公司未对进入本单位区域内的外来作业人员进行入场安全告知。

②现场管理存在缺陷。现场安全管理人员未履行其监督、检查的职责，对现场作业中存在的事故隐患失察；车辆驾驶员未督促跟车员在作业过程中采取必要的安全防护措施。

（4）事故教训和相关知识

装卸作业应遵守以下要求：

1）装卸货物要指派专门人员担任装卸车工作，装卸人员确保材料、货物堆放稳固，不滚动，不滑落，装车时由下向上，分层堆放。装车完毕，绑扎牢固。

2）卸车时由上向下，分层卸货，保持车辆重心稳定，不偏载。

3）用起重设备配合作业时，严格执行6个“禁止”。

4）机动车驾驶员负责监督装卸作业。用起重机装卸货物时，机动车驾驶员和随员必须离开车辆。

5）装载成件货物时，必须靠紧稳固。可移动的货物，用支杆、垫板或挡板固定。高出车厢栏板的货物，使用绳索捆绑牢固。

6）机动车装卸时的停车位置，与货物堆垛的间距不小于1 m，与滚动货物的间距不小于2 m。

7）装卸场地和堆场应保证装卸人员、装卸机械和车辆有足够的活动范围和必要的安全距离。

8）物料按其品种、特性和安全要求分类摆放。成箱、成捆等规则形状的物料，码成稳固的堆垛。摆放高度，机械装卸时不大于3.5 m，人工装卸时不大于2 m。散装物料根据其性质确定摆放高度，但最大高度不超过2 m。

类似事故经常发生，类似的风险也一直存在。运输公司要结合承运货物的特点，制定有针对性的安全生产规章制度和安全操作规程。此外，该公司要加强对作业人员的安全教育培训，确保其具备必要的安全生产知识、掌握本岗位的安全操作技能，预防类似事故再次发生。

86. 登高检修网络线路站立不稳致高处坠落事故

2017 年 5 月 22 日 13 时 12 分，浙江某工程有限公司（本案例以下简称工程公司）生产基地员工在登高检修仓库办公室网络线路时，发生一起高处坠落事故，造成 1 人死亡，直接经济损失 148 万元。

（1）事故相关情况

工程公司成立于 2008 年 10 月 23 日，经营范围：幕墙工程、建筑装饰工程、钢结构工程、铝合金门窗工程的设计、施工等。现有员工 221 人，年生产总值 1. 8 亿元。

工程公司生产基地占地面积约 5 万平方米，在生产基地 A 加工车间西侧，使用砖墙隔开一片办公区域作为仓库保管员办公室，墙体高度为 4. 5 m、面墙厚度为 24 cm、分隔墙厚度为 12 cm，办公室面积约 46 m^2，办公室装饰吊顶高度为 3. 6 m，室内网络线路从办公室西南墙角装饰吊顶上面接入。

（2）事故发生经过

5 月 22 日 8 时左右，仓库保管员办公室员工发现电脑网络故障，影响正常工作。仓库管理负责人高某某得知情况后向公司报告，请求派人检修。13 时左右，高某某未见公司派人来检修网络，于是与办公室员工来某某一起到 A 加工车间搬来一把长约 6 m 的竹梯子，将竹梯子放置在办公室墙外，准备自行检修办公室装饰吊顶上面的网络线路。13 时 10 分，来某某在下面扶住竹梯子，高某某从竹梯子爬到面墙顶部，站立在距地面约 4. 5 m 高的墙头上，查找网络线路。13 时 12 分，高某某因站立不稳，身体失衡，从墙头上坠落，头部撞击水泥地面受伤。

事故发生后，现场人员迅速拨打“120”急救电话，将高某某送往医院，后经抢救无效于当日死亡。

（3）事故原因分析

1）直接原因

工程公司生产基地员工在没有采取任何安全防护措施的情况下，擅自登高检修办公室装饰吊顶上面的网络线路，因站立不稳，身体失衡，从墙头上坠落，头部撞击水泥地面伤重致死。

2）间接原因

①作业现场安全管理不严格。工程公司生产基地员工在登高检修办公室装饰吊顶上面的网络线路时，没有履行登高作业审批程序，没有专职安全员现场监护，盲目冒险登高作业。

②安全生产规章制度不健全。工程公司生产基地未建立高处作业安全生产规章制度，登高所用的工具、器材等没有建立登记，做到专人保管，随地乱放，随便使用。

（4）事故教训和相关知识

在这起事故中，办公室电脑网络出现故障，影响正常工作，于是仓库管理负责人便自行修理，虽然出发点是好的，但行为是错的。

在安全生产管理中，规定就是规定，规定是不讲究出发点的，即使出发点是好的，但违章行为依旧是违章。仓库管理负责人作为班组长，应该要做遵章守纪的模范。

班组长应具备的安全管理素质，其中一条就是要有认真负责的工作态度。安全生产工作是人命关天的大事，同时安全生产管理工作又来不得半点马虎和虚假。因此，班组长要有高度的责任心和认真负责的工作态度，时时处处想到班组成员的安全和健康，认真执行有关安全生产的法律、法规以及规章制度。班组长要在工作中带头穿戴好劳动防护用品，带头遵章守纪，带头遵守安全操作规程，带头搞好本岗位的安全生产。

工程公司应该全面开展安全生产大检查，排查治理事故隐患，健全企业的安全生产组织架构，落实安全生产责任制，完善各类安全生产规章制度，建立、健全安全生产台账，真实记录安全检查情况，防止类似事故再次发生，确保安全生产。同时认真组织安全警示教育，切实提高安全意识。针对作业人员分布点多面广的特点，采取形式多样的安全教育培训，尤其要加强防高处坠落、防触电、防机械伤害等安全生产知识教育和培训工作，定期组织消防应急演练，熟悉应急救援程序，不断提高作业人员的安全意识。

87. 未佩戴劳动防护用品进行屋面维修作业导致高处坠落事故

2017 年 11 月 9 日 14 时 35 分，江苏某自控设备有限公司（本案例以下简称设备公司）作业人员在进行厂房屋面维修时，发生一起高处坠落事故，造成 1 人死亡，直接经济损失约 150 万元。

（1）事故相关情况

设备公司的经营范围：自控机械设备、仪器仪表、低压控制柜的生产与销售。

2017 年 10 月 24 日，设备公司与徐某康签订了厂房维修合同，将 6 栋厂房的维修工程发包给徐某康。维修范围：所有厂房水槽、落水管、屋面。事故发生地点位于设备公司 1 号厂房。1 号厂房为东西方向单跨起脊的建筑结构（中间高南北低），长 36 m、宽 15 m，屋面用夹芯板铺设，屋面南北两侧山墙高约 1. 2 m，屋面靠近山墙处设有天沟（宽约 40 cm、深约 25 cm），坠落处屋面距离地面约 7. 8 m。

（2）事故发生经过

2017 年 11 月 2 日，徐某康带领徐某友、徐某荣等人到设备公司开始进行厂房维修。按照作业流程安排，作业人员要先在地面将新水槽焊接起来，之后用吊车吊运到厂房屋面，将新水槽放置到厂房屋面原来的水槽（即屋面南北两侧的天沟）内。作业中，由于厂房屋面原来的水槽被夹芯板盖住一部分，导致新水槽无法放置进去，徐某友将夹芯板盖在原来水槽上的部分切掉（切断部分的宽度为 13~20 cm），使得夹芯板下端（即搭在天沟上一端，靠近山墙部位）与水槽内侧基本平齐。为便于上下厂房屋面进行作业，徐某友等人在山墙内侧屋面上放置一架小木梯，并用绳子将其绑在山墙顶部的避雷线上，在山墙外侧放置了两架竹梯，一架放在厂房大门外雨搭上用于爬上屋顶，另一架放在地面上用于从地面爬到雨搭上。

11 月 9 日下午，徐某友和徐某荣在设备公司 1 号厂房屋面上进行水槽安装作业。14 时 20 分，徐某友和徐某荣收拾工具准备从 1 号厂房屋面下来。徐某荣先下到地面，徐某友在屋面上用绳子将工具放下来。14 时 35 分，徐某友站在厂房屋面上把小木梯解下来的过程中，屋面夹芯板无法承受徐某友的体重，下端从水槽边缘滑脱，徐某友坠落到地面。

事故发生后，现场人员拨打了“120”急救电话，120 救护车将徐某友送往医院抢救，经抢救无效死亡。

（3）事故原因分析

1）直接原因

①施工现场环境不良。在厂房屋面上作业过程中，为铺设新水槽，徐某友将作业区域屋面夹芯板盖在原来水槽上的部分切掉，破坏了原有屋面的承重结构，导致屋面夹芯板无法承受徐某友的体重，夹芯板下端从水槽边缘滑脱。

②未佩戴劳动防护用品。徐某友在厂房屋面维修作业过程中，未按规定佩戴安全帽、安全带等劳动防护用品。

2）间接原因

①安全教育培训不到位。设备公司未对屋面维修作业人员进行安

全教育培训，未向作业人员说明危险、有害因素、作业安全要求和应急措施；屋面维修作业人员进行高处作业前未接受专门的安全培训并经考核合格取得相应资格，不具备必要的安全生产知识，自身安全意识和防范能力不强。

②安全生产工作统一协调、管理不到位。设备公司对屋面维修作业人员安全生产工作统一协调、管理不到位，在屋面维修作业人员进行高处作业过程中，未明确专人现场统一指挥和监督。

③对现场工作缺乏监督检查。作业人员在进行屋面维修作业过程中，设备公司未派监督人员定期进行安全检查，未确认现场作业条件是否符合安全作业的规范要求，未确认作业人员是否具备上岗资格及配备的劳动防护用品是否合格、齐备。

（4）事故教训和相关知识

在建筑施工中经常出现这样的现象：建房与拆房相比，拆房事故的发生率远远高于建房的；大的工程项目与小的工程项目，小的工程项目事故的发生率远远高于大的工程项目。这是因为，对大的工程项目，人们的警惕性比较高，计划周密、管理严格，而小的工程项目，人们的警惕性就比较弱，管理也不严格。以不按规定正确佩戴安全帽而论，在大的工程项目中，如果不按规定正确佩戴安全帽，立刻会被纠正并且处以重罚，而在小的工程项目中，即使不按规定正确佩戴安全帽，也没有人纠正并予以处罚。

在这起事故中，屋面维修作业人员高处作业未按规定正确佩戴安全帽、安全带，这与现场安全管理松懈有直接的关系，也与事故的发生存在一定的联系。设备公司应从这起事故中吸取深刻的教训，切实履行企业安全生产主体责任，进一步健全本单位的安全生产规章制度和操作规程，监督、教育从业人员按照相关规定正确使用劳动防护用品，认真分析评估作业场所存在的危险、有害因素，提出有效的安全防范措施和应急救援预案，建立、健全生产安全事故隐患排查治理制度，及时发现并消除事故隐患，杜绝类似事故再次发生。

88. 吊装作业时尼龙绳被切断导致人员伤害事故

2018 年 3 月 27 日 9 时左右，江苏省徐州市某浓浆泵业有限公司（本案例以下简称泵业公司）内，员工在进行吊装作业时发生一起伤害事故，造成 1 人死亡，直接经济损失约 130 万元。

（1）事故相关情况

泵业公司成立于 2004 年 1 月 5 日，经营范围：浓浆输送设备、液压控制系统的设计、制造、销售、安装、维修等。该公司现有员工约 80 人。事故发生在该公司的铆焊车间，车间内的悬挂式行车（桥式起重机）有相关的安全操作规程，根据其定期检验报告，检测结果显示合格。

（2）事故发生经过

3 月 27 日 9 时左右，泵业公司铆焊班班长张某贞让铆焊工张某庆把车间里面的一个大型钢铁配件用悬挂式行车吊到一边去，张某贞安排完工作之后就离开了。张某庆拿着悬挂式行车的遥控器控制行车的吊装钩移动到焊接好的钢铁配件前，用尼龙绳穿过钢铁配件上面的一个铁环以后，将尼龙绳挂在悬挂式行车的吊装钩上，然后用遥控器控制悬挂式行车的吊装钩向上吊运配件。在作业过程中，吊装钩上面的尼龙绳突然在靠近中间的位置断开，钢铁配件砸中张某庆将其压倒在地。

事故发生后，现场人员听到呼救声，急忙进行救援，一起把钢铁配件抬起来，将张某庆挪至安全区域。分管安全的领导毛某某闻讯后立即拨打了“120”急救电话，医务人员赶到现场后，经检查确认张某庆已经死亡。

（3）事故原因分析

1）直接原因

员工张某庆在进行吊装作业时，挂钩钢铁环上有棱角，没有遵守起重作业“十不吊”中的“被吊物棱角处与捆绑钢绳间未加衬垫时不吊”的规定，导致吊装时尼龙绳被切断，由于站位不当、躲闪不及被钢铁配件砸中，造成事故发生。

2）间接原因

①泵业公司对从业人员安全教育培训不到位，缺乏完善的作业人员安全教育培训档案。

②铆焊班组对泵业公司制定的安全生产规章制度和操作规程执行不力，安全生产管理不到位。

③泵业公司没有建立事故隐患排查治理制度，对“三违”行为监督检查不及时、不到位。

（4）事故教训和相关知识

在生产生活中我们都有这样的经验，用剪刀剪绳索时，如果绳索处于自然状态，很难剪断，如果绳索被拉紧、拉直，那么就非常容易剪断。这个道理与起重作业“十不吊”中的“被吊物棱角处与捆绑钢绳间未加衬垫时不吊”的道理是相同的，当绳索（包括尼龙绳）被拉紧、拉直时，如果被吊的物体边角锋利，会迅速将绳索切断，就像这起事故一样。因此，当遇到这种情况时，应该将被吊物棱角处与捆绑钢绳间用衬垫垫好，使用尼龙绳穿过U形环悬挂重物，或者使用钢丝绳或铁链进行吊装，并且在操作时保持安全距离。

类似事故经常发生，例如，1998年3月20日上午，某机械制造厂水冷炉车间需要吊装一台水冷炉半成品，负责该项任务的工人张某，用三根吊绳缠绕水冷炉的前段，然后在地面操作起重机进行吊装。在张某将水冷炉吊起距地面约 1 m 时，三根吊绳中的一根发生断裂，被吊起的水冷炉坠落至地面并发生倾翻，将张某砸伤导致其死亡。经过调查分析，事故原因是吊绳经过被吊物锐利的边角处时，没有使用衬垫进行保护，被锐利的边角切断。再比如，1998 年 10 月，某公司成品库车间作业人员使用手持遥控器操纵车间北端的起重机吊运成捆的钢筋时，钢筋被吊起向车间门口方向移动时突然“嘣”的一声，起吊绳索被磨断，被吊钢筋将作业人员砸伤。事故原因也是起吊绳索没有使用衬垫进行保护，而且在吊运钢筋移动时作业人员跟随距离过近。

这起事故是一起由员工违规操作、生产经营单位安全生产管理不到位所造成的生产安全责任事故。泵业公司要切实加强作业现场的安全生产管理，进一步加强事故隐患排查治理工作，并将本起事故情况对全体员工进行通报，使从业人员受到安全警示教育，同时加强对从业人员的安全教育培训，使安全管理步入标准化、制度化、规范化的轨道，切实防止类似事故再次发生。

89. 巡检皮带运输机时不慎跌倒机械伤害事故

2016 年 3 月 14 日 9 时 10 分，河北省唐山市迁西县某矿业有限公司（本案例以下简称矿业公司）破碎建筑石渣场发生一起机械伤害事故，造成 1 人死亡，直接经济损失 92 万元。

（1）事故相关情况

矿业公司成立于 2011 年 3 月 29 日，拥有露天铁矿和选矿厂，主要从事铁矿石开采，磁选铁精粉，铁矿石、铁精粉销售，年产铁精粉 7 万吨。矿业公司下设办公室、财务科、安全科、采矿车间、选矿车间、破碎场 6 个部门，现有员工 120 人，其中专（兼）职安全管理人员共有20人。

（2）事故发生经过

3月14日7时50分，矿业公司破碎场副主任金某友组织召开由李某某、周某某、刘某成、金某存、王某某等15人参加的乙班班前安全例会。会上安排B系列1号皮带运输机于当日8时至9时30分停机检修（9时30分启动试运行），周某某负责清理皮带运输机下的碎料，刘某成、金某存、王某某、方某某4人负责清理下料口。

8时左右，班前会结束后，员工们按照分工安排开始上岗作业。破碎场车间主任刘某春与李某某前往B系列进行安全巡检工作。9时左右，刘某春、李某某2人到达B系列1号皮带运输机处，李某某去皮带运输机机尾处检查设备，刘某春在独自沿着皮带运输机西侧通道由底端向顶端设备（此时，1号皮带运输机为运转状态，未按班前安全例会安排实施停机检修）进行巡检时，不慎跌倒在皮带运输机与槽钢立柱（防止皮带跑偏）之间，运行中的皮带带动刘某春前行，直到撞击槽钢立柱后他才脱离皮带倒在检修平台防护栏杆处。9时10分，当班班长周某某去库房更换铁锹的锹头，行至皮带运输机检修平台下方不远处，发现刘某春呈半蹲式斜靠在检修平台防护栏杆上摆手求助，周某某迅速赶到检修平台查看。当时刘某春告诉周某某："快报告矿部，把设备停下来，把我弄下去。"周某某立即去向李某某报告并呼喊其他人员来帮忙。正在1号皮带运输机机尾清理卫生的王某某听到呼喊后，立即对1号皮带运输机实施了停机，并与岗位工刘某成、金某存、方某某3人一起合力将刘某春抬至地面。9时15分，众人将刘某春送往医院进行抢救。当日11时左右，刘某春经抢救无效死亡。

（3）事故原因分析

1）直接原因

刘某春在进行安全巡检时，违反了矿业公司"皮带工安全操作规程”的规定，在1号皮带运输机未停机时，违章进入正在运转的皮带运输机西侧通道区域进行安全巡检工作，不慎跌倒被皮带运输机挤伤。

2）间接原因

①矿业公司安全管理不到位。破碎场乙班违反安全操作规程，未对1号皮带运输机实施停机检修，刘某春在设备未停机的情况下实施安全巡检。对此违章行为矿业公司没有及时发现并有效制止。

②矿业公司事故隐患排查治理不到位。对1号皮带运输机两侧通道踏板上的散碎料没有及时清理，易致人滑倒的事故隐患没有及时排查治理。

③矿业公司安全防护设施设置不到位。未按规定要求在皮带运输机输送线路上设置紧急停车开关、电气连锁装置、制动或逆止装置等安全防护设施，未在皮带运输机两侧通道踏板上设置规范的人行踏步和安全防护栏。

（4）事故教训和相关知识

这是一起由于员工违章作业、安全管理不到位、事故隐患排查治理不到位、安全防护设施设置不到位而引发的生产安全责任事故。

事故之后，矿业公司采取了一系列的整改措施。一是进一步强化红线意识和企业安全生产主体责任意识，加强安全监管，特别是作业现场的安全监管，督导从业人员严格遵守各项安全生产规章制度，提高安全管理水平，杜绝各类事故发生。二是认真吸取此次事故教训，举一反三，切实加强企业的事故隐患排查治理工作，并在全公司范围内开展安全生产大检查活动，重点检查皮带运输机等事故易发部位，全面排查并及时治理各类事故隐患，杜绝类似事故再次发生。

90. 运送物料时钢丝绳突然断裂导致车辆伤害事故

2016 年 5 月 2 日 11 时 45 分，河北省邯郸市某矿业有限公司（本案例以下简称矿业公司）某铁矿北采区 120 平回风盲斜井在下放物料过程中发生一起车辆伤害事故，造成 2 人死亡，直接经济损失约 170 万元。

（1）事故相关情况

矿业公司某铁矿成立于 2011 年 1 月 19 日，经营范围：地下铁矿开采，铁矿石、铁精粉销售，铁精粉洗选等。矿山下设 4 个采区，以及运输、提升、选矿、尾矿、机修动力、汽车队等辅助生产单位，现有员工约 1 700 人。

（2）事故发生经过

5 月 2 日 6 时 50 分，该铁矿北采区召开调度会，会上北区采矿队长刘某某报告说："需要运送铲运机轮胎至 0 平。"会议结束后，刘某某和相关作业人员于 8 时 30 分左右到达该铁矿北采区 160 平信号房召开当日的工作布置会，刘某某安排胡某某操作提升机，张某某和逯某某负责运送铲运机轮胎和备件。

11 时 40 分，在收到张某某和逯某某从 0 平信号房发出的开车信号后，胡某某开动提升机，在抱闸的情况下慢速下放，当钢丝绳下放了三四圈时，钢丝绳上下颤动，胡某某立即在斜坡上紧急停车，并呼喊在 0 平信号房处的逯某某和张某某，他们答应后并来到提升机房，胡某某对来到提升机房前（提升机房前安装有一台慢速卷扬机）的张某某和逯某某说："刚才钢丝绳一直抖动，你们下去看看什么情况。"于是，张某某和逯某某便下去查看情况。11 时 45 分，胡某某看到钢丝绳突然回弹落地，就赶紧跑出机房，发现钢丝绳断了，运送物料的矿车和张某某、逯某某也不见了；胡某某一面呼喊，一面向下跑，跑到40平和0平之间的拱架附近，看到逯某某趴在轨道边，后在0平垛子附近发现趴在地上已受伤的张某某。

事故发生后，胡某某大声呼救，在0平躲避硐室的队长刘某某听到呼救声来到现场后，立即向该铁矿北采区调度室电话汇报事故情况，并组织在0平工作的十几名员工进行施救并保护现场，将受伤的2人抬到0平进风斜井车场，然后通过矿车提升到80平，再通过电机车运到1号副井，将张某某和逯某某先后运出地表，由等待在120救护车上的医护人员送往医院进行抢救，经抢救无效死亡。

（3）事故原因分析

1）直接原因

盲斜井内运送物料的钢丝绳抖动异常，运送物料人员在查看矿车异常情况时，钢丝绳突然断裂，发生跑车，导致张某某和逯某某受伤致死。

2）间接原因

①张某某和逯某某违反安全操作规程。矿车在斜坡上紧急停车后，在未做好可靠的固定措施情况下，违规登上矿车进行检查。

②盲斜井内未设置常闭式防跑车装置，未严格执行卷扬机钢丝绳定期检测检验安全操作规程。

③矿业公司对从业人员的安全教育培训不到位，从业人员安全意识不强，存在违反安全操作规程的行为。

（4）事故教训和相关知识

事故发生后，事故调查组聘请专家对事故现场进行了勘查，并对事故原因进行了分析和论证。

事故发生时，操作提升机的胡某某看不到盲斜井落平点下方情况，事故发生现场只有张某某和逯某某2人，由于2人均在事故中死亡，现场没有其他目击者，无法直接了解事故发生时的情况。专家们经过对事故现场的勘察及调查询问，对事故发生时现场的情况判断为：11 时 40 分，胡某某发现钢丝绳抖动异常后停车，让张某某、逯某某前去查看钢丝绳抖动原因，2 人到达矿车附近后，发现运送的铲运机轮胎捆绑不牢固，就到矿车上对轮胎进行捆绑固定，此时钢丝绳突然断裂，2 人随失控的矿车高速下行，在 40 平附近，矿车车轮破损，掉道后继续翻滚下行，将矿车上的张某某、逯某某甩出，导致 2 人死亡。

经现场勘察和专家判断，钢丝绳断裂的原因是：由于该提升机在 4 月 26 日与慢速卷扬机配合，共同运送过 11 t 重的铲运机，在运行过程中因加减速度过大，钢丝绳受到直接冲击，产生内部损伤，趋于钢丝绳极限强度。事故发生当天点检（不是全面检查）钢丝绳时，由于无法发现钢丝绳内部损伤，导致在运送物料时，该钢丝绳达到极限强度而断裂。

事故之后，调查组要求该铁矿要加强检修工作，特别是加大对钢丝绳、固定器材等设备的检查维护力度。按照相关安全技术规程，定期检修相关设备，对于长期未使用的器材、设备，使用前必须进行全面维修检查，并依据设备的实际情况完善安全操作规程和检修管理制度，在保证操作安全和使用安全的前提下方可启用。同时要加强对从业人员的安全教育培训力度，增强其自我保护意识和相互保护意识，严格遵守各项安全生产规章制度和操作规程，坚决杜绝违章作业现象，确保从业人员具备对本岗位各类事故隐患和风险的判断识别能力，从本质上提升从业人员的安全意识和操作技能。

91. 驾驶电机车碰撞移动操作平台造成车辆伤害事故

2012 年 5 月 10 日 14 时 40 分，在某轨道交通工程某标段的区间隧道内，发生一起车辆伤害事故，造成 2 人死亡、1 人受伤，直接经济损失约 166 万元。

（1）事故相关情况

某标段工程的建设单位是某轨道交通有限公司，监理单位是某工程管理咨询有限公司，总承包单位是某市政工程（集团）有限公司。上海某建筑工程有限公司（本案例以下简称建筑公司）、某劳动服务有限公司（本案例以下简称劳动服务公司）作为劳务分包单位参与该标段工程施工。

（2）事故发生经过

5 月 10 日 14 时 40 分，劳动服务公司电机车司机任某某驾驶电机车，行进到该标段时，碰撞到用于管片修补作业的移动操作平台，致使建筑公司在该操作平台上作业的 3 名施工人员跌落，造成 3 人不同程度受伤。

事故发生后，总承包单位项目部拨打了“120”急救电话，3 名伤员被送往医院抢救，其中 2 人经医护人员确认来院前已死亡，1 人经诊疗后于 5 月 25 日出院。

（3）事故原因分析

1）直接原因

电机车司机驾驶无视频探头的电机车，在通过缺少安全防护设施的移动操作平台时，电机车载运的垃圾土箱与移动操作平台的立杆发生碰撞，导致在该操作平台上的施工人员跌落。

2）间接原因

①施工现场的设备、设施安全管理存在盲点。一是施工现场存在电机车的视频探头缺失、无行车记录、车上搭载未固定土箱的情况。二是用于管片修补作业的移动操作平台没有设置防护栏杆等安全防护设施，且已验收通过。

②安全教育培训不到位，施工人员的安全意识淡薄。一是管片修补人员对施工现场的事故隐患辨识不足，未严格遵守高处作业的相关规定，移动操作平台的脚轮未锁死。二是电机车司机在无法观察到前方路况的情况下，凭经验驾车行驶，未严格执行电机车安全操作规程。

③施工组织和项目管理存在疏漏，安全生产责任制落实不到位。总承包单位项目部对多班组立体交叉作业的协调不到位，对可能存在的风险认识不足，没有制定当多种作业交叉时的避让程序和防护措施。

（4）事故教训和相关知识

事故相关单位要认真吸取事故教训，举一反三，完善安全生产管理体系，采取有效措施，查找事故隐患，加强整改。劳动服务公司要加强安全教育培训，提高作业人员遵守安全操作规程的自觉性，加强督导和检查，发现设备、设施故障应及时报告并进行维修。建筑公司要加强安全教育培训，提高作业人员的安全意识，做好班前检查和风险辨识，杜绝在安全防护措施不足的情况下进行施工的现象。

92. 上船作业未穿戴救生衣意外落水导致人员淹溺事故

2012 年 5 月 19 日 15 时 20 分，江苏省南通市某港务有限公司（本案例以下简称港务公司）在某水泥有限公司（本案例以下简称水泥公司）码头从事清舱作业时，发生一起人员淹溺事故，造成 1 人死亡，直接经济损失 80 万元。

（1）事故相关情况

港务公司成立于 1991 年 3 月 14 日，经营范围：道路普通货物运输，货物装卸、起重、仓储。

2011 年 1 月 30 日，水泥公司将用船运方式运进的水泥熟料、石膏、石灰石、粉煤灰等材料的清舱及码头设备、场地卫生清扫、保洁工作发包给港务公司，双方签订了“码头清舱协议书”。

（2）事故发生经过

5 月 19 日 14 时左右，港务公司现场负责人黄某某根据水泥公司码头工作人员电话通知，安排港务公司的清舱工许某某、马某某、周某某、邵某某 4 人到某轮船上进行水泥熟料清舱。15 时 20 分，清舱作业结束，许某某等 4 人准备通过舷梯从船上回到岸边，该轮船上的船员王某某、崔某某将船上自备的下舱舷梯一端搭在船上，另一端搁在码头上，让清舱工下船，2 人在船上扶着舷梯。马某某通过舷梯第一个上岸，许某某第二个走上舷梯，当他走到接近岸边时，风浪致使船身突然离档外移，舷梯搁在码头的另一端离岸悬空，船员王某某、崔某某拉不住舷梯，许某某与舷梯一同坠入江中。

事故发生后，港务公司立刻向泰州海事局、泰州市公安局水警支队报告，并组织人员搜救。5 月 24 日，许某某尸体在下游 10 km 处被打捞上岸。

（3）事故原因分析

1）直接原因

许某某在未穿戴救生衣的情况下从无安全防护措施的舷梯上岸，因风浪致使船身离档外移，舷梯失去支撑，许某某与舷梯一同坠入江中，是造成事故发生的直接原因。

2）间接原因

①港务公司派驻码头的管理人员未对作业人员进行现场督导、管理，未监督作业人员穿戴救生衣等劳动防护用品。

②作业人员上下船的舷梯下方未挂置安全防护网，不符合安全生产条件。

（4）事故教训和相关知识

港务公司要从这起事故中深刻吸取教训，要根据码头作业的特点完善相关安全操作规程，在作业人员未穿戴好劳动防护用品和上下船安全防护措施未落实等安全生产条件不具备的情况下，不得进行上下船作业；应充分履行和水泥公司签订的安全协议中明确的乙方义务，派驻专人在作业现场实施管理，加强对作业人员上下船的安全监管，防止同类事故的再次发生。

对于这起事故，运输船只也要采取可靠的安全防护措施，落实相关安全生产规章制度和安全操作规程，明确上下船舷梯方案并落实相关责任；码头上要配备专职管理人员对上下船舷梯及其安全防护措施的设置情况、临水作业人员救生衣穿戴情况进行监管；要立即开展安全警示教育及事故隐患排查治理工作，对港口船舶的舷梯及其安全防护措施进行检查，消除不安全因素；督促相关协作单位按照安全生产相关法律、法规的要求建立、健全安全操作规程，落实安全管理人员责任，加强现场管理。

93. 作业人员未采取安全防护措施进行船舶上排作业导致淹溺事故

2016 年 8 月 31 日 12 时，江苏省泰州市某船舶服务有限公司（本案例以下简称服务公司）在船舶上排作业过程中，发生一起淹溺事故，造成 2 人死亡，直接经济损失 222 万元。

（1）事故相关情况

服务公司成立于 2007 年 3 月，经营范围：船舶用气囊上排、下水服务。

服务公司与某港口船舶有限公司（本案例以下简称船舶公司）属于合作关系，船舶公司主要从事船舶制造、修理、拆解等业务。

（2）事故发生经过

8 月 25 日，船舶公司副总经理朱某某电话联系服务公司李某忠，将船舶公司承接维修保养的某船委托服务公司从江边码头拖上岸（上排作业），口头商定劳务费为 3.6 万元。8 月 30 日，该船入港停靠于船舶公司码头。

8 月 31 日 6 时左右，服务公司李某、李某忠及其雇用的王某某、李某桂等 7 名作业人员到达船舶公司码头，进行上排作业准备工作。10 时 30 分，开始上排作业，服务公司作业人员在未穿救生衣、系安全绳等安全防护措施的情况下，站在齐腰深的江水中在该船铺设第一个气囊，待气囊充气后，未能将该船顶起。11 时左右，服务公司作业人员开始铺设第二个气囊，12 时左右，王某某在调整气囊方向时被水浪打入船底，李某将王某某从船底拽出，因 2 人均未站稳，又同时被水浪打入船底。

事故发生后，现场人员立即组织救援，并拨打“110”电话报警。14 时 35 分，李某被打捞上岸，15 时 40 分，王某某被打捞上岸。2 人被送往医院后，经医护人员确认已经死亡。

（3）事故原因分析

1）直接原因

作业人员在未采取相应安全防护措施的情况下，进行船舶上排作业，被水浪打入船底。

2）间接原因

①服务公司法定代表人李某作为劳务承包方的现场负责人，未组织编制船舶上排作业方案。上排作业前，未对作业人员进行针对性安全教育培训。上排作业中，未督促作业人员采取相应的安全防护措施。

②船舶公司作为劳务发包方，在服务公司进行上排作业前，未检

查服务公司上排作业方案以及安全防护措施的情况；未及时制止服务公司作业人员无安全防护措施进行上排作业的违规行为。

（4）事故教训和相关知识

在船舶或者江边作业受天气影响很大，遇到刮风下雨，在陆地上可以到房屋里躲避，在路上行走可以打伞或者穿雨衣，不用担心大地会出现摇晃。在船舶或者江边作业，遇到刮风下雨，站在船舶里会不住地摇晃。因此，在船舶或者江边作业危险性较大，需要时刻注意安全。

按照船舶港内安全作业要求，在大风、大浪等恶劣天气或其他可能影响港内安全作业的情况下，船舶不得进行或及时停止有关港内作业。在船舶进行危险作业时，应满足以下条件：一是承接作业的单位必须具备船舶修理从业资格；二是从事作业的人员，必须经过相应的专业技术培训，取得相应的资格证书；三是船舶进行危险作业的条件应符合国家规定的有关要求。

在这起事故中，作业人员在未采取相应安全防护措施的情况下，进行船舶上排作业，作业的时候风浪较大，按照相关安全要求应该停止作业，但在恶劣天气下未停止作业，造成2名作业人员均被江浪打入船底，导致人员伤亡。

船舶公司应从这起事故中深刻吸取教训，加强对外包施工单位的安全管理，严格审查施工单位的作业方案，尤其是船舶上排下水的作业方案，组织外来作业人员进行安全教育培训，落实专职安全管理人员对作业现场进行全程管理，避免此类事故再次发生。

94. 爆炸性粉末随意弃置导致爆炸事故

2016年6月29日14时23分，浙江省宁波市某再生资源有限公司（本案例以下简称再生资源公司）在对废旧金属进行拆解的过程中，发生一起爆炸事故，造成3人死亡、2人重伤，直接经济损失约436万元。

（1）事故相关情况

再生资源公司成立于2007年5月31日，经营范围：国内再生金属拆解加工、分类、批发、零售等。

事故发生地位于该公司的厂棚内，厂棚建有长139.4 m、宽35 m、高8.3 m砖墙钢结构的彩钢顶。厂棚大门朝向东，大门北侧为再生资源公司的办公室，大门南侧自东向西依次为门卫室、餐厅（厨房）及称重间，称重间外装有地磅。

（2）事故发生经过

6月29日14时左右，再生资源公司员工任某某、汤某、赖某某、钟某某4人在地磅旁边分拣带杂质的进口废旧金属，訾某某在办公室西南墙角处使用砂轮切割机对任某某等人分拣出来的废旧金属进行分解。14时20分，任某某起身进入办公室。14时22分，任某某走出办公室，走向分拣处。此时，温某某在司磅间内，徐某某在厨房内，董某某在办公室内，14时23分，现场发生爆炸。

爆炸发生后，董某某、温某某等人立即报警，并开展灭火和找寻现场作业人员等自救工作。接到报警后，当地消防、“120”急救中心等救援人员先后赶到现场开展救援。经过现场搜救，赖某某、訾某某2人已死亡，任某某、汤某、钟某某3人立即被送往医院抢救。其中，任某某因伤势过重，于6月30日经抢救无效死亡。汤某、钟某某2人经抢救，已脱离危险。

（3）事故原因分析

1）直接原因

董某某等人在不了解爆炸物的性质及拆解风险的情况下，对其进行了拆解，并将拆解出的爆炸性粉末随意弃置并堆积在地面。訾某某使用砂轮切割机分解废旧金属时产生的火花引燃了爆炸性粉末，导致事故的发生。

2）间接原因

①再生资源公司未认真履行安全生产主体责任，安全生产管理不到位。未认真组织开展进口废旧金属分拣、拆解事故隐患排查治理，未能及时发现并消除现场存在有爆炸物的隐患。

②再生资源公司未按规定开展安全教育培训，导致现场作业人员安全意识淡薄，对进口废旧金属分拣、拆解的安全风险辨识能力和安全操作技能不足。

（4）事故教训和相关知识

废旧金属种类繁多，各种各样，对废旧金属处理作业难度较大，而且这项工作又脏又累，不受重视。对废旧金属处理通常采用的方法有机械打包法、机械压块法，这两种方法的前提都是首先进行分类，这起事故就发生在废旧金属的分类过程中。

再生资源公司要深刻吸取事故教训，强化对废旧金属分拣的安全生产管理，严格按照废物利用处置的各项标准、要求和产业特点，认真开展废旧金属进口风险评估、危险源辨识和事故隐患排查治理工作，加强废旧金属进口、运输、装卸、分拣全过程安全监控管理，落实各项安全防护措施，对分拣过程中发现的不明物品和放射性、易爆性等危险性物品，要立即上报相关部门，并按照要求进行妥善处置；要按相关规定开展安全教育培训，切实加强作业人员对废旧金属分拣风险的辨识，掌握相关安全生产知识和安全操作技能。同时该公司要切实加强对安全生产工作的管理，认真组织开展事故隐患排查治理，及时消除事故隐患。

95. 爆破作业人员随意抛掷雷管引发爆炸事故

2018 年 6 月 5 日 16 时 09 分，北京某矿业科技有限公司（本案例以下简称矿业科技公司）投资建设的某矿业有限公司某铁矿基建期间，措施井井口发生一起爆炸事故，造成 14 人死亡、10 人受伤，直接经济损失约 4 723 万元。

（1）事故相关情况

该矿业有限公司位于辽宁省本溪市，拥有某铁矿的采矿权，是矿业科技公司的全资子公司。该铁矿探明储量 24.84 亿吨，铁矿平均品位为 31.19%，一期设计规模为年采选铁矿石 1 500 万吨，服务年限 100 年以上。

（2）事故发生经过

6 月 5 日 16 时 09 分，该铁矿在进行爆破作业时，1 名作业人员（无爆破作业人员资质）手提一塑料袋雷管走到主提吊桶旁边，将雷管抛入装有 14 箱炸药的吊桶内，随即做出欲爬上吊桶动作。就在这时，雷管发生爆炸，引爆吊桶内的 336 kg 乳化炸药。爆炸产生的强烈冲击波，使该铁矿项目部措施井井口附近地面方圆约 150 m 范围内建（构）筑物和设施受到不同程度的损毁，吊桶瞬间被击碎，夹带金属碎片的冲击波将井筒内多条钢丝绳、电缆切断，副提升吊桶连带钢丝绳、电缆向井下坠落。造成井口地面 12 人死亡、9 人受伤，井下共计 23 人被困。

事故发生后，经过全力救援，被困人员全部获救生还，其中 1 人受轻伤；井筒 -1 010 m 处的吊盘被砸落至井底，吊盘上 2 名作业人员死亡。

（3）事故原因分析

1）直接原因

该铁矿在进行爆破作业时，作业人员将一塑料袋雷管扔进装有炸药的吊桶内，雷管与吊桶内壁发生碰撞，产生的机械能超过了雷管的机械感度，导致雷管发生爆炸，进而引发炸药爆炸。

2）间接原因

①爆破单位某建设有限公司未履行安全生产法定职责，未按规定设置安全生产管理机构和配备安全管理人员，对从业人员的安全教育培训不到位，公司管理人员岗位职责不清，安全生产主体责任不落实。未执行安全生产的相关规定，未依据已签订的“工程爆破服务协议书”，实施“一体化”爆破作业服务，爆破作业过程管理混乱。

②该建设有限公司违反规定在上下班和人员集中的时间内运输爆破器材，未在民用爆炸物品装卸现场设置警戒，导致民用爆炸物品装卸现场人员聚集，作业现场管理混乱。

③该建设有限公司未执行《爆破安全规程》（GB 6722—2014）要求，没有将雷管和炸药分别放在专用提包（木箱）内，而是违规用塑料袋装雷管运输；人工搬运爆破器材时，起爆体、起爆药包没有由爆破员携带、运送，没有遵守“装卸、搬运爆破器材应轻拿轻放，装好、码平、卡牢、捆紧，不得摩擦、撞击、抛掷、翻滚、侧置、倒置爆破器材”的规定。

（4）事故教训和相关知识

经调查认定，该事故是一起由于违章指挥、违章操作引发的重大生产安全责任事故。

事故企业应全面加强对民用爆炸物品及爆破作业的管理。爆破作业单位要强化对民用爆炸物品的购买、装卸、运输、清退和爆破作业过程的管理，严格执行相关规定要求，不得以任何方式将爆破作业交给无爆破作业资质的单位和人员实施。民用爆炸物品装卸现场必须按规定设置警戒，运送雷管放在专用木箱或提包内，不得将雷管和炸药同时运送，确保运输过程安全。加大对从业人员的安全培训力度，定期对本单位的爆破作业人员进行法律法规、专业知识、安全技能、岗位风险教育和培训。加强对民用爆炸物品储存库的管理，严格落实民用爆炸物品储存库预防措施，严格执行民用爆炸物品流向登记“日清点、周核对、月检查”制度，严禁无关人员接触民用爆炸物品。

96. 爆破员起爆前未进行安全确认导致爆破事故

2016 年 8 月 24 日 15 时 32 分，河北省承德市某矿业有限公司（本案例以下简称矿业公司）某铁矿露天采场发生一起爆破事故，造成 2 人死亡、2 人受伤，直接经济损失约 300 万元。

（1）事故相关情况

矿业公司成立于 2003 年 7 月 30 日，是集铁矿石开采、铁精粉加工、销售为一体的冶金工业企业，现有员工 402 人。该公司下设选矿厂、某铁矿（采区）等部门。某铁矿为矿业公司的分公司，非独立法人，采区面积 0.577 8 km^2，开采深度由 1 069 m 至 850 m 标高，生产规模 200 万吨/年，现有员工 60 人，开采方式为露天开采，主要产品为铁矿石。

承德某爆破工程有限公司（本案例以下简称爆破公司）成立于 2013 年 7 月 4 日，经营范围：民用爆破工程设计施工，安全监理。该公司现有爆破工程技术人员 13 人，爆破员、安全员等爆破作业人员约 60 人。2016 年 5 月，矿业公司与爆破公司签订了爆破作业合同，委托爆破公司承担某铁矿的爆破工程。

（2）事故发生经过

8月24日9时左右，爆破公司将炸药运送到该铁矿第八平台，该铁矿爆破工程技术员燕某骑摩托车也同时到达现场，爆破公司双滦分公司安全员郭某生、修某某、爆破员卢某、郭某刚负责卸车作业，燕某负责卸车作业的全程录像。10时左右，卸车作业结束，随即开始装药，燕某负责确定每孔装药量、测孔、堵塞质量和确定连线方式等工作。13时左右，郭某生因家里装修房子需要回去处理一下，便离开现场。14时左右，隆化某矿业有限公司王某永驾车来到D80孔装药点（此次爆破共3个爆破点，自西向东排列，此点为第三爆破点），当时作业人员已经装了约3个炮孔，一共有8个炮孔。王某永将车停在现场，20多分钟后，隆化某矿业有限公司李某全、徐某某、刘某某驾乘另一辆车来到D80孔装药点，将车停在现场，王某永带领李某全等人到采场西侧勘察矿石运输路况及爆破情况。

15时左右，装药、填塞炮孔、连接爆破网络等工作全部结束。卢某到爆破点西侧后山负责警戒，燕某骑摩托车离开爆破现场到爆破点东侧的挖掘机处负责警戒、躲炮，随后，修某某收拾完工具前往爆破点东侧负责警戒。没有人对爆破现场周边的爆破警戒区进行清场，只是燕某在去躲炮的途中经过D80孔装药点（此爆破点为事故发生地点）时跟王某永说："王某永，要响炮了"，王某永说："知道了"，同时也跟另一名越野车司机说："快响炮了，快走吧。"司机回答道"这就走"，之后燕某驾驶摩托车离开爆破现场。

15时16分，燕某给本公司调度员李某杰打电话，安排李某杰打开对讲机，帮忙拉警报，燕某告诉李某杰说："等郭某刚让你拉警报时你再拉"。15时30分，李某杰接到郭某刚用对讲机发来的拉警报指令，发出第一次爆破预警信号，大约过了1分钟，郭某刚指挥李某杰发出第二次爆破预警信号。在此期间，郭某刚收到了卢某用对讲机报告他本人负责的西侧后山警戒点的安全情况，但郭某刚没有联系和确认修某某负责的东侧警戒点的安全情况。15 时 32 分，郭某刚起爆，造成仍停放在 D80 孔装药点的两辆车严重受损，车外的 2 人（王某永、李某全）重伤，车内的 2 人（徐某某、刘某某）受伤。

听到爆破声后，燕某、钻工王某刚、钻工班长韩某某、郭某刚等人发现 2 辆车仍在爆破作业面上，立即赶到现场施救。同时，燕某用手机向矿业公司安全科科长董某某报告事故情况。燕某等人首先抢救出受伤人员王某永，用附近村民丁某某的皮卡车将其拉下山；接着调度员李某杰等 5 人上山救援，15 时 40 分，矿业公司安全科长董某某、生产科长赵某某等救援人员也赶到现场实施救援，将李某全、徐某某、刘某某救出。16 时左右，120 救护车赶到现场，将受伤人员运送至医院救治。19 时左右，李某全经抢救无效死亡；21 时 10 分，王某永经抢救无效死亡。刘某某腰椎骨折，徐某某鼻梁软骨骨折、身体有多处擦伤，经医护人员救治，2 人生命体征平稳。

（3）事故原因分析

1）直接原因

爆破员郭某刚在起爆前未进行确认是否具备安全起爆条件便进行违章起爆操作（爆破员郭某刚只对卢某负责的警戒点进行了确认，未对修某某负责的警戒点进行确认，修某某使用的手持式对讲机电池没有电了，不能正常使用，爆破员郭某刚未用其他联系方式跟修某某联系确认）。

2）间接原因

①矿业公司安全生产主体责任落实不到位。该公司未按规定与爆破工程承包单位签订爆破安全生产协议，未对爆破公司的安全生产工作进行统一协调、管理和定期进行安全检查。

②矿业公司员工违章作业、安全意识淡薄。王某永作为矿山企业

负责人安全意识淡薄，对于自身习惯性违章习以为常，作为领导带头违章，带领与爆破作业无关人员进入爆破作业区域。燕某作为矿业公司爆破工程技术员对爆破公司在该铁矿采区进行爆破作业存在的违章行为没有制止和上报，违章安排李某杰负责操作爆破预警信号。李某杰不是专职操作爆破预警信号的人员，也未接受过爆破安全培训。

③矿业公司未认真进行事故隐患排查。对爆破作业过程中存在的警报器不合格、警戒距离不够等违章行为没有及时制止和督促整改。

④爆破公司未严格执行双方签订的爆破作业合同的有关条款，未安排人员对爆破作业现场进行安全警戒以及对人员、设备进行清场。

（4）事故教训和相关知识

在这起事故中，按照2016年5月28日爆破公司编制的“矿业公司某铁矿露天开采爆破设计方案”，第一次爆破预警信号时间为起爆前30 min，第二次爆破预警信号时间为起爆前5 min，爆破员郭某刚未按该方案规定的时间起爆。爆破现场的警报器为非专用警报器，而且两只报警喇叭中一只已经损坏，发出的警报信号无法达到危险区域内所有人员都能听到的强度。这是引发事故的一个重要因素。爆破作业现场管理混乱，也是引发事故的另一个重要因素。王某永作为矿山企业负责人安全意识淡薄，对于自身习惯性违章习以为常，作为领导带头违章，带领与爆破作业无关人员进入爆破作业区域。在警戒人员发出警告后，仍然停留在原地不撤离。

矿业公司要认真吸取本次事故教训，认真落实安全生产主体责任，加强对爆破工程承包单位的安全管理，严格落实安全教育培训制度，深入开展事故隐患排查治理工作，发现事故隐患及时整改，防止发生各类安全事故。爆破公司要严格落实安全生产主体责任。加强安全警示教育工作，提高员工安全意识；严格落实安全生产岗位责任制、安全生产规章制度和安全操作规程；加强对从业人员的安全教育培训，使其熟练掌握本岗位作业流程和作业标准，熟知和执行各项技术规范，提高安全操作技能，及时消除各类事故隐患，确保安全生产。

班组应对措施和讨论

事故的发生往往具有随机性的特点，只能通过各种迹象，即不安全因素（事故隐患）的存在情况以及以往发生事故的规律进行分析判断，通过分析判断发出警示，告诫人们预防危险、注意安全。一般来讲，这种经验性的分析判断在一些特定条件下，发生事故的概率较高。

1. 事故发生的因果关系

在同一类的事故中，事故发生的原因往往具有许多相似之处，这也是事故因果特性的结果。事物的发展变化都是有因才有果，事故也不例外，同样具有因果特性，前有因，后有果，因果关系造就了事故的特点。

我们来看几起事故案例中的因果关系。

（1）第一天上班就被切断 9 根手指

2010 年 10 月 29 日 8 时 40 分，湖北省十堰市某工厂发生一起机械伤害事故，年仅 17 岁的魏某当日第一天上班，被安排在机械加工车间操作剪板机。上岗之前没有人对他进行安全教育培训，也没有人告诉他在操作过程中的注意事项，只是来到班组，在剪板机旁边看了看，接着就开始操作剪板机。还不到一个小时，魏某便在操作中不慎将一双手 9 根指头截断，只剩下一个被鲜血覆盖的大拇指，当时魏某惊叫一声昏了过去，鲜血直往外喷，染红了衣服，染红了整个工作台面，在场的员工个个都吓得脸色苍白，哆哆嗦嗦说不出话来。后来，魏某被该工厂管理人员送往医院，但是他的手指再也回不来了。

事后经调查发现，魏某是经朋友介绍来到这家工厂上班的，由于是第一天上班，他很高兴，特别起了个大早，7 时 30 分便进厂了，还未进行安全教育培训，在剪板机旁边看了看，就直接被安排操作剪板机。8 时左右，他正式开始操作剪板机；8 时 40 分，事故便发生了。未对新上岗员工进行安全教育培训，不告知其安全操作规程，没有师傅在旁边指点和指导，在如此危险的剪板机上操作，发生事故的概率非常高。

（2）疲劳驾驶卧铺大客车翻下山坡

2004 年 1 月 2 日 6 时，元旦刚过，节日的喜庆气氛还依然浓厚。昆明某运输经贸总公司东川分公司驾驶员刘某某和王某，驾驶卧铺大客车，从昆明市某客运站驶往昭通市巧家县某镇。6 时 07 分，刘某某等人驾车来到大（麦地）巧（家）公路 53 km+600 m 处。此处道路系下坡转右弯，冰雪路面，属于比较难驾驶的地方。而在此时，驾驶员刘某某已连续驾车长达 9 个小时，因过度疲劳，驾车行驶中打起了瞌睡。车辆在转弯过程中未能采取恰当的安全措施，导致车辆向左跑偏，在连续撞翻道路左侧 3 个防护墩后，翻下 72 m 深的山坡，造成 5 人当场死亡、8 人受伤，车辆严重受损的特大道路交通事故。

事故发生后，驾驶员刘某某在看守所对民警说：“我未遵守交通法规，疲劳驾驶车辆，造成了特大道路交通事故，对不起死者、伤者和他们的家属，也对不起自己的父母、妻子和孩子。要过年了，不能与家人团聚。我的小孩现在正是长身体、长知识的时候，我在看守所不能照顾他，心里很痛苦。现在我很后悔，当初疲劳的时候就应该及时休息或是换王某驾驶，但现在说什么都已经晚了，希望其他的驾驶员以我为鉴，千万不要疲劳驾驶”。从科学的角度讲，人的精力是有限的，超出人的精力范围，必然导致体力下降、感觉迟钝、反应迟缓，如果这个时候疲劳驾驶车辆，发生交通事故的概率也是非常高的。

(3) 焊工违章维修油罐车造成爆炸事故

2004年2月24日10时左右，重庆某燃油公司驾驶员罗某，驾驶公司加长油罐车，前往贵州省某企业运送燃油。在经过贵州省习水县东皇镇休息时，发现3个油格中间有隔离挡板出现渗漏，罗某便将油罐车开到一家车辆焊接维修店前，请修理工张某为油罐车补焊。张某最初不同意补焊，但驾驶员罗某要张某放心操作，并称油罐里已经没有油了，而且油罐已被他放水冲洗过了。在罗某的再三要求下，张某找来一架梯子，顺着油罐车顶部的进油口进入油罐内部进行补焊。10时30分，就在张某打开焊枪的一瞬间，油罐车突然发生剧烈爆炸，爆炸产生的巨大冲击力将罐内的梯子从油罐顶部入口处炸飞起5米多高，击中附近的输电线路后造成了电线短路，张某也被炸得血肉模糊，当场死亡，油罐车被炸毁。

造成这起事故的主要原因是，油罐车驾驶员罗某和焊工张某缺乏安全生产知识，同时又麻痹大意，违章进行焊接作业。油罐车不仅在运输燃油时会产生可燃气体，而且在运输后仍然会存有可燃气体，在油罐密闭时不易扩散，当可燃气体（蒸气）与空气进行混合，达到一定的浓度，遇到火源就会发生爆炸。因此，在油罐车驾驶员与焊工的安全生产知识中，都特别强调存放过易燃物质的油罐，必须经过清洗、置换、检测后，才能进行焊接作业或者其他明火作业。所以，违章违规又缺乏安全生产知识，这样的事故发生概率也是非常高的。

2. 预防事故发生要重视安全教育

在企业生产过程中存在着各种危险，因此，在企业的安全生产管理中，主要任务是消除危险、预防事故的发生。为了预防事故，需要从安全技术、安全教育、安全管理三方面入手，采取相应措施。安全技术措施着重解决物的不安全状态问题，安全教育措施和安全管理措施则主要着眼于人的不安全行为问题。通过安全教育措施，主要使员工知道，在生产作业中存在哪些危险、如何避免危险、如何采取有效的方式方法控制危险，以及如果发生事故之后如何正确处置等。安全管理措施则是要求班组和员工必须怎样做。

对班组来讲，要重视安全教育，特别是安全生产技术知识的教育。安全生产技术知识教育包括一般生产技术知识、一般安全生产技术知识、专业安全生产技术知识等的教育。

3. 班组讨论

(1) 你会参加企业和班组组织的安全生产技术知识的教育学习吗？你认为学习安全生产技术知识有用吗？

(2) 在业余时间你会主动去学习安全生产技术知识吗？学习这些知识与你的工作有什么样的联系呢？

(3) 对于许多在生产作业中发生的事故，你认为如何才能避免事故发生？你在作业中遇到过比较危险的情况吗？

(4) 在生产作业过程中如果发现事故隐患，你会主动向班组长报告吗？你会提出治理该事故隐患的建议吗？

(5) 在班组学习和安全活动中，你是否愿意向班组成员讲解安全生产技术知识？你是否愿意介绍一些事故案例？